卞尺丹几乙し丹卞と

Translated Language Learning

Las Aventuras de Pinocho

The Adventures of Pinocchio

Carlo Collodi

Español / English

Copyright © 2024 Tranzlaty
All rights reserved
Published by Tranzlaty
ISBN: **978-1-83566-253-3**
Le Avventure di Pinocchio. Storia di un Burattino
Original text by Carlo Callodi
First published in Italianin 1883
Illustrated By Alice Carsey
www.tranzlaty.com

El pedazo de madera que reía y lloraba como un niño
The Piece of Wood that Laughed and Cried like a Child

Hace siglos vivían
Centuries ago there lived
"¡Un rey!", dirán inmediatamente mis pequeños lectores
"A king!" my little readers will say immediately
No, hijos, estáis equivocados
No, children, you are mistaken
Érase una vez un trozo de madera
Once upon a time there was a piece of wood
La madera estaba en el taller de un viejo carpintero
the wood was in the shop of an old carpenter
este viejo carpintero se llamaba maese Antonio
this old carpenter was named Master Antonio
Todos, sin embargo, lo llamaban Maestro. Cereza
Everybody, however, called him Master. Cherry
lo llamaban Maestro. Cereza por su nariz
they called him Master. Cherry on account of his nose
Su nariz era siempre tan roja y pulida como una cereza madura
his nose was always as red and polished as a ripe cherry
El maestro Cereza puso sus ojos en el trozo de madera
Master Cherry set eyes upon the piece of wood
Su rostro resplandeció de alegría cuando vio el tronco
his face beamed with delight when he saw the log
Se frotó las manos con satisfacción
he rubbed his hands together with satisfaction
Y el amable maestro se habló en voz baja
and the kind master softly spoke to himself
"Esta madera ha llegado a mí en el momento adecuado"
"This wood has come to me at the right moment"
"He estado planeando hacer una nueva mesa"
"I have been planning to make a new table"
"Es perfecto para la pata de una mesita"
"it is perfect for the leg of a little table"
Inmediatamente salió a buscar un hacha afilada

He immediately went out to find a sharp axe
Primero iba a quitar la corteza de la madera
he was going to remove the bark of the wood first
Y luego iba a quitar cualquier superficie áspera
and then he was going to remove any rough surface
y estaba a punto de golpear la madera con su hacha
and he was just about to strike the wood with his axe
Pero justo antes de golpear la madera oyó algo
but just before he struck the wood he heard something
"¡No me golpees tan fuerte!", imploró una vocecita
"Do not strike me so hard!" a small voice implored
Volvió sus ojos aterrorizados por toda la habitación
He turned his terrified eyes all around the room
¿De dónde podría haber salido la vocecita?
where could the little voice possibly have come from?
Miró por todas partes, ¡pero no vio a nadie!
he looked everywhere, but he saw nobody!
Miró debajo del banco, pero no había nadie
He looked under the bench, but there was nobody
Miró dentro de un armario que siempre estaba cerrado
he looked into a cupboard that was always shut
Pero tampoco había nadie dentro del armario
but there was nobody inside the cupboard either
Miró dentro de una canasta donde guardaba aserrín
he looked into a basket where he kept sawdust
Tampoco había nadie en la cesta de serrín
there was nobody in the basket of sawdust either
Al fin abrió la puerta de la tienda
at last he even opened the door of the shop
Y miró de un lado a otro de la calle vacía
and he glanced up and down the empty street
Pero tampoco se veía a nadie en la calle
But there was no one to be seen in the street either
"¿Quién, entonces, podría ser?", se preguntó
"Who, then, could it be?" he asked himself
Al fin se echó a reír y se rascó la peluca
at last he laughed and scratched his wig

"Ya veo cómo es", se dijo a sí mismo, divertido
"I see how it is," he said to himself, amused

"Evidentemente la vocecita era toda mi imaginación"
"evidently the little voice was all my imagination"

"Pongámonos manos a la obra de nuevo", concluyó
"Let us set to work again," he concluded

Volvió a coger el hacha y se puso manos a la obra
he picked up his axe again and set to work

Asestó un tremendo golpe al trozo de madera
he struck a tremendous blow to the piece of wood

—¡Oh! ¡oh! ¡Me has hecho daño!", gritó la vocecita
"Oh! oh! you have hurt me!" cried the little voice

Era exactamente la misma voz que antes
it was exactly the same voice as it was before

Esta vez Maestro. Cereza estaba petrificada
This time Master. Cherry was petrified

Se le salieron los ojos de la cabeza de miedo
His eyes popped out of his head with fright

Su boca permanecía abierta y su lengua colgaba
his mouth remained open and his tongue hung out

Su lengua casi llegaba a la punta de su barbilla
his tongue almost came to the end of his chin

y parecía una cara en una fuente
and he looked just like a face on a fountain

Maestro. Cereza primero tuvo que recuperarse de su susto
Master. Cherry first had to recover from his fright

El uso de su discurso volvió a él
the use of his speech returned to him

y empezó a hablar tartamudeando;
and he began to talk in a stutter;

"¿De dónde demonios podría haber salido esa vocecita?"
"where on earth could that little voice have come from?"

"¿Podría ser que este pedazo de madera haya aprendido a llorar?"
"could it be that this piece of wood has learned to cry?"

"No puedo creerlo", se dijo a sí mismo
"I cannot believe it," he said to himself

"Este pedazo de madera no es más que un tronco para combustible"
"This piece of wood is nothing but a log for fuel"
"es como todos los troncos de madera que tengo"
"it is just like all the logs of wood I have"
"Bastaría con hervir una cacerola de frijoles"
"it would only just suffice to boil a saucepan of beans"
"¿Alguien puede estar escondido dentro de este pedazo de madera?"
"Can anyone be hidden inside this piece of wood?"
"Si hay alguien dentro, tanto peor para él"
"If anyone is inside, so much the worse for him"
—Lo acabaré de una vez —amenazó a la madera—
"I will finish him at once," he threatened the wood
Agarró el pobre pedazo de madera y lo golpeó
he seized the poor piece of wood and beat it
Lo golpeó sin piedad contra las paredes de la habitación
he mercilessly hit it against the walls of the room
Luego se detuvo para ver si podía oír la vocecita
Then he stopped to see if he could hear the little voice
Esperó dos minutos, nada. Cinco minutos, nada
He waited two minutes, nothing. Five minutes, nothing
Esperó otros diez minutos, ¡todavía nada!
he waited another ten minutes, still nothing!
"Ya veo cómo es", se dijo a sí mismo
"I see how it is," he then said to himself
Se obligó a reír y se subió la peluca
he forced himself to laugh and pushed up his wig
"¡Evidentemente la vocecita era toda mi imaginación!"
"evidently the little voice was all my imagination!"
—Pongámonos manos a la obra —decidió, nervioso—
"Let us set to work again," he decided, nervously
A continuación, comenzó a pulir el trozo de madera
next he started to polish the bit of wood
pero mientras pulía oyó la misma vocecita
but while polishing he heard the same little voice
Esta vez la vocecita se reía incontrolablemente

this time the little voice was laughing uncontrollably
**"¡Alto! ¡Me estás haciendo cosquillas por todas partes!",
decía**
"Stop! you are tickling me all over!" it said
**pobre Maestro. Cereza cayó como si hubiera sido alcanzado
por un rayo**
poor Master. Cherry fell down as if struck by lightning
Algún tiempo después volvió a abrir los ojos
sometime later he opened his eyes again
Se encontró sentado en el suelo de su taller
he found himself seated on the floor of his workshop
Su rostro estaba muy cambiado con respecto a antes
His face was very changed from before
e incluso la punta de su nariz había cambiado
and even the end of his nose had changed
Su nariz no era de su habitual color carmesí brillante
his nose was not its usual bright crimson colour
Su nariz se había vuelto azul helado por el susto
his nose had become icy blue from the fright

Maestro. El cerezo regala la madera
Master. Cherry Gives the Wood Away

En ese momento alguien llamó a la puerta
At that moment someone knocked at the door
-Entra -dijo el carpintero al visitante-
"Come in," said the carpenter to the visitor
No tenía fuerzas para ponerse de pie
he didn't have the strength to rise to his feet
Un viejecito animado entró en la tienda
A lively little old man walked into the shop
este hombrecillo vivaz se llamaba Geppetto
this lively little man was called Geppetto
aunque había otro nombre por el que se le conocía
although there was another name he was known by
Había un grupo de chicos traviesos del barrio

there was a group of naughty neighbourhood boys
Cuando querían enojarlo, lo llamaban pudín
when they wished to anger him they called him pudding
hay una famosa morcilla amarilla hecha de maíz indio
there is a famous yellow pudding made from Indian corn
y la peluca de Geppetto se parece a este famoso pudín
and Geppetto's wig looks just like this famous pudding
Geppetto era un viejecito muy fogoso
Geppetto was a very fiery little old man
¡Ay de aquel que lo llamó pudín!
Woe to him who called him pudding!
cuando estaba furioso no había quien lo detuviera
when furious there was no holding him back
"Buenos días, Maestro. Antonio", dijo Geppetto
"Good-day, Master. Antonio," said Geppetto
"¿Qué estás haciendo ahí en el piso?"
"what are you doing there on the floor?"
"Le estoy enseñando el alfabeto a las hormigas"
"I am teaching the alphabet to the ants"
"No puedo imaginar el bien que te hace"
"I can't imagine what good it does to you"
—¿Qué te ha traído hasta mí, vecino Geppetto?
"What has brought you to me, neighbour Geppetto?"
"Mis piernas me han traído hasta aquí, a ti"
"My legs have brought me here to you"
"Pero déjame decirte la verdad, Maestro. Antonio"
"But let me tell you the truth, Master. Antonio"
"la verdadera razón por la que vine es para pedirte un favor"
"the real reason I came is to ask a favour of you"
"Aquí estoy, listo para servirte", respondió el carpintero
"Here I am, ready to serve you," replied the carpenter
Y se levantó del suelo y se puso de rodillas
and he got off the floor and onto his knees
"Esta mañana me ha venido una idea a la cabeza"
"This morning an idea came into my head"
"Déjanos escuchar la idea que tuviste"
"Let us hear the idea that you had"

"Pensé en hacer una hermosa marioneta de madera"
"I thought I would make a beautiful wooden puppet"
"Un títere que sabía bailar y esgrimir"
"a puppet that could dance and fence"
"Una marioneta que puede saltar como un acróbata"
"a puppet that can leap like an acrobat"
"¡Con esta marioneta podría viajar por el mundo!"
"With this puppet I could travel about the world!"
"El títere me dejaba ganar un pedazo de pan"
"the puppet would let me earn a piece of bread"
"Y el títere me dejaba ganar una copa de vino"
"and the puppet would let me earn a glass of wine"
—¿Qué te parece mi idea, Antonio?
"What do you think of my idea, Antonio?"
"¡Bravo, pudín!", exclamó la vocecita
"Bravo, pudding!" exclaimed the little voice
Era imposible saber de dónde venía la voz
it was impossible to know where the voice had came from
A Geppetto no le gustaba oír que le llamaban pudín
Geppetto didn't like hearing himself called pudding
Te puedes imaginar que se puso tan rojo como un pavo
you can imagine he became as red as a turkey
"¿Por qué me insultas?", le preguntó a su amigo
"Why do you insult me?" he asked his friend
"¿Quién te insulta?", replicó su amigo
"Who insults you?" his friend replied
"¡Me llamaste pudín!" Geppetto lo acusó
"You called me pudding!" Geppetto accused him
"¡No fui yo!" Antonio dijo honestamente
"It was not I!" Antonio honestly said
—¿Crees que me llamaba a mí mismo pudín?
"Do you think I called myself pudding?"
"¡Fuiste tú, digo!", "¡No!", "¡Sí!", "¡No!"
"It was you, I say!", "No!", "Yes!", "No!"
Cada vez más enojados, llegaron a las manos
becoming more and more angry, they came to blows
Volaron el uno hacia el otro y se mordieron, pelearon y

arañaron
they flew at each other and bit and fought and scratched
Tan pronto como había comenzado, la pelea había terminado de nuevo
as quickly as it had started the fight was over again
Geppetto tenía entre los dientes la peluca gris de carpintero
Geppetto had the carpenter's grey wig between his teeth
y Maestro. Antonio tenía la peluca amarilla de Geppetto
and Master. Antonio had Geppetto's yellow wig
"Devuélveme mi peluca", gritó el Maestro. Antonio
"Give me back my wig" screamed Master. Antonio
"Y me devuelves la peluca", gritó el Maestro. Cereza
"and you give me back my wig" screamed Master. Cherry
"Volvamos a ser amigos", acordaron
"let us be friends again" they agreed
Los dos ancianos se devolvieron las pelucas
The two old men gave each other their wigs back
y los ancianos se estrecharon la mano
and the old men shook each other's hands
Juraron que todo había sido perdonado
they swore that all had been forgiven
Seguirían siendo amigos hasta el final de sus vidas
they would remain friends to the end of their lives
-Pues bien, vecino Geppetto -dijo el carpintero-
"Well, then, neighbour Geppetto" said the carpenter
Él preguntó: "¿Cuál es el favor que deseas de mí?"
he asked "what is the favour that you wish of me?"
Esto probaría que se había hecho la paz
this would prove that peace was made
"Quiero un poco de madera para hacer mi marioneta"
"I want a little wood to make my puppet"
—¿Me darás un poco de leña?
"will you give me some wood?"
Maestro. Antonio estaba encantado de deshacerse de la madera
Master. Antonio was delighted to get rid of the wood
Inmediatamente se dirigió a su mesa de trabajo

he immediately went to his work bench
Y trajo de vuelta el pedazo de madera
and he brought back the piece of wood
el pedazo de madera que tanto miedo le había causado
the piece of wood that had caused him so much fear
Le llevaba el pedazo de madera a su amigo
he was bringing the piece of wood to his friend
¡Pero entonces el trozo de madera comenzó a temblar!
but then the piece of wood started to shake!
El pedazo de madera se le escapó violentamente de las manos
the piece of wood wriggled violently out of his hands
¡Este pedazo de madera sabía cómo causar problemas!
this piece of wood knew how to make trouble!
con todas sus fuerzas golpeó al pobre Geppetto
with all its might it struck against poor Geppetto
Y le pegó justo en sus pobres espinillas secas
and it hit him right on his poor dried-up shins
te puedes imaginar el grito que dio Geppetto
you can imagine the cry that Geppetto gave
"¿Es esa la forma cortés en que haces tus regalos?"
"is that the courteous way you make your presents?"
"Casi me has dejado cojo, Maestro. ¡Antonio!".
"You have almost lamed me, Master. Antonio!"
"¡Te juro que no fui yo!"
"I swear to you that it was not I!"
"¿Crees que me hice esto a mí mismo?"
"Do you think I did this to myself?"
"¡La madera tiene toda la culpa!"
"The wood is entirely to blame!"
"Sé que era la madera"
"I know that it was the wood"
"¡Pero fuiste tú quien me golpeó las piernas con él!"
"but it was you that hit my legs with it!"
"¡No te golpeé con eso!"
"I did not hit you with it!"
"¡Mentiroso!", exclamó Geppetto

"Liar!" exclaimed Geppetto
"¡Geppetto, no me insultes o te llamaré Pudín!"
"Geppetto, don't insult me or I will call you Pudding!"
"¡Bribón!", "¡Pudín!", "¡Burro!"
"Knave!", "Pudding!", "Donkey!"
"¡Pudín!", "¡Babuino!", "¡Pudín!"
"Pudding!", "Baboon!", "Pudding!"
Geppetto volvió a enloquecer de rabia
Geppetto was mad with rage all over again
¡Lo habían llamado pudín tres veces!
he had been called been called pudding three times!
Cayó sobre el carpintero y lucharon desesperadamente
he fell upon the carpenter and they fought desperately
Esta batalla duró tanto como la primera
this battle lasted just as long as the first
Maestro. Antonio tenía dos rasguños más en la nariz
Master. Antonio had two more scratches on his nose
Su adversario había perdido dos botones de su chaleco
his adversary had lost two buttons off his waistcoat
Con las cuentas así cuadradas, se dieron la mano
Their accounts being thus squared, they shook hands
Y juraron seguir siendo buenos amigos por el resto de sus vidas
and they swore to remain good friends for the rest of their lives
Geppetto se llevó su fino trozo de madera
Geppetto carried off his fine piece of wood
le dio las gracias al Maestro. Antonio y regresó cojeando a su casa
he thanked Master. Antonio and limped back to his house

Geppetto nombra a su títere Pinocho
Geppetto Names his Puppet Pinocchio

Geppetto vivía en una pequeña habitación de la planta baja
Geppetto lived in a small ground-floor room
Su habitación solo estaba iluminada desde la escalera
his room was only lighted from the staircase
El mobiliario no podía ser más sencillo
The furniture could not have been simpler
una silla desvencijada, una cama pobre y una mesa rota
a rickety chair, a poor bed, and a broken table
Al final de la habitación había una chimenea
At the end of the room there was a fireplace
pero el fuego estaba pintado, y no daba fuego
but the fire was painted, and gave no fire
y junto al fuego pintado había una cacerola pintada
and by the painted fire was a painted saucepan
y la cacerola pintada hervía alegremente
and the painted saucepan was boiling cheerfully
Una nube de humo se elevó exactamente como el humo real
a cloud of smoke rose exactly like real smoke
Geppetto llegó a su casa y sacó sus herramientas
Geppetto reached home and took out his tools
E inmediatamente se puso a trabajar en el trozo de madera
and he immediately set to work on the piece of wood

Iba a recortar y modelar su títere
he was going to cut out and model his puppet
"¿Qué nombre le pondré?", se dijo a sí mismo
"What name shall I give him?" he said to himself
"Creo que lo llamaré Pinocho"
"I think I will call him Pinocchio"
"Es un nombre que le traerá suerte"
"It is a name that will bring him luck"
"Una vez conocí a toda una familia llamada Pinocho"
"I once knew a whole family called Pinocchio"
"Estaba Pinocho el padre y Pinocho la madre"
"There was Pinocchio the father and Pinocchio the mother"
"y allí estaban Pinocho los niños"
"and there were Pinocchio the children"
"Y a todos les fue bien en la vida"
"and all of them did well in life"
"El más rico de ellos era un mendigo"
"The richest of them was a beggar"
Había encontrado un buen nombre para su títere
he had found a good name for his puppet
Así que comenzó a trabajar en serio
so he began to work in good earnest
Primero se hizo el pelo y luego la frente
he first made his hair, and then his forehead
Y luego trabajó cuidadosamente en sus ojos
and then he worked carefully on his eyes
Geppetto creyó notar la cosa más extraña
Geppetto thought he noticed the strangest thing
¡Estaba seguro de que vio los ojos moverse!
he was sure he saw the eyes move!
Los ojos parecían mirarlo fijamente
the eyes seemed to look fixedly at him
Geppetto se enojó de que lo miraran fijamente
Geppetto got angry from being stared at
Los ojos de madera no lo dejaban perder de vista
the wooden eyes wouldn't let him out of their sight
"Malvados ojos de madera, ¿por qué me miras?"

"Wicked wooden eyes, why do you look at me?"
pero el pedazo de madera no respondió
but the piece of wood made no answer
Luego procedió a tallar la nariz
He then proceeded to carve the nose
pero tan pronto como hubo hecho la nariz, comenzó a crecer
but as soon as he had made the nose it began to grow
Y la nariz creció, y creció, y creció
And the nose grew, and grew, and grew
En pocos minutos se había convertido en una nariz inmensa
in a few minutes it had become an immense nose
Parecía que nunca dejaría de crecer
it seemed as if it would never stop growing
El pobre Geppetto se cansó de cortarlo
Poor Geppetto tired himself out with cutting it off
¡Pero cuanto más cortaba, más crecía la nariz!
but the more he cut, the longer the nose grew!
La boca aún no estaba terminada
The mouth was not even completed yet
pero ya empezaba a reírse y a burlarse de él
but it already began to laugh and deride him
-¡Deja de reírte! -dijo Geppetto, provocado-
"Stop laughing!" said Geppetto, provoked
pero bien podría haberle hablado a la pared
but he might as well have spoken to the wall
"¡Deja de reírte, te digo!", rugió en tono amenazante
"Stop laughing, I say!" he roared in a threatening tone
La boca dejó entonces de reír
The mouth then ceased laughing
pero el rostro sacó la lengua hasta donde pudo
but the face put out its tongue as far as it would go
Geppetto no quería estropear su obra
Geppetto did not want to spoil his handiwork
fingió no ver, y continuó sus trabajos
so he pretended not to see, and continued his labours
Después de la boca formó la barbilla
After the mouth he fashioned the chin

luego la garganta y luego los hombros
then the throat and then the shoulders
Luego talló el estómago e hizo las manos de los brazos
then he carved the stomach and made the arms hands
ahora Geppetto trabajaba en la fabricación de manos para su títere
now Geppetto worked on making hands for his puppet
y en un momento sintió que le arrebataban la peluca de la cabeza
and in a moment he felt his wig snatched from his head
Se dio la vuelta, ¿y qué vio?
He turned round, and what did he see?
Vio su peluca amarilla en la mano de la marioneta
He saw his yellow wig in the puppet's hand
"¡Pinocho! ¡Devuélveme mi peluca al instante!"
"Pinocchio! Give me back my wig instantly!"
Pero Pinocho hizo cualquier cosa menos devolverle su peluca
But Pinocchio did anything but return him his wig
¡Pinocho se puso la peluca en la cabeza!
Pinocchio put the wig on his own head instead!
A Geppetto no le gustaba este comportamiento insolente y burlón
Geppetto didn't like this insolent and derisive behaviour

Se sentía más triste y melancólico de lo que nunca se había sentido
he felt sadder and more melancholy than he had ever felt
volviéndose hacia Pinocho, le dijo: "¡Joven bribón!"
turning to Pinocchio, he said "You young rascal!"
"Ni siquiera te he completado todavía"
"I have not even completed you yet"
"¡Y ya le estás faltando el respeto a tu padre!"
"and you are already failing to respect to your father!"
—¡Eso es malo, hijo mío, muy malo!
"That is bad, my boy, very bad!"
Y se secó una lágrima de la mejilla
And he dried a tear from his cheek
Las piernas y los pies estaban por hacer
The legs and the feet remained to be done
pero pronto se arrepintió de haberle dado los pies a Pinocho
but he soon regretted giving Pinocchio feet
Como agradecimiento recibió una patada en la punta de la nariz
as thanks he received a kick on the point of his nose
"¡Me lo merezco!", se dijo a sí mismo
"I deserve it!" he said to himself
"¡Debería haberlo pensado antes!"
"I should have thought of it sooner!"
"¡Ahora es demasiado tarde para hacer algo al respecto!"
"Now it is too late to do anything about it!"
Luego tomó la marioneta bajo los brazos
He then took the puppet under the arms
y lo colocó en el suelo para enseñarle a caminar
and he placed him on the floor to teach him to walk
Las piernas de Pinocho estaban rígidas y no podía moverse
Pinocchio's legs were stiff and he could not move
pero Geppetto lo llevó de la mano
but Geppetto led him by the hand
y le enseñó a poner un pie delante del otro
and he showed him how to put one foot before the other
con el tiempo, las piernas de Pinocho se volvieron flexibles

eventually Pinocchio's legs became limber
y pronto comenzó a caminar solo
and soon he began to walk by himself
Y comenzó a correr por la habitación
and he began to run about the room
Luego salió por la puerta de la casa
then he got out of the house door
y saltó a la calle y escapó
and he jumped into the street and escaped
el pobre Geppetto corrió tras él
poor Geppetto rushed after him
Por supuesto, no fue capaz de adelantarlo
of course he was not able to overtake him
porque Pinocho saltó delante de él como una liebre
because Pinocchio leaped in front of him like a hare
y golpeó sus pies de madera contra el pavimento
and he knocked his wooden feet against the pavement
Hacía tanto ruido como veinte pares de zuecos de campesinos
it made as much clatter as twenty pairs of peasants' clogs
"¡Detente! ¡Deténganlo!", gritó Geppetto
"Stop him! stop him!" shouted Geppetto
Pero la gente en la calle se quedó quieta asombrada
but the people in the street stood still in astonishment
Nunca habían visto una marioneta de madera corriendo como un caballo
they had never seen a wooden puppet running like a horse
y se reían y se reían de la desgracia de Geppetto
and they laughed and laughed at Geppetto's misfortune
Por fin, por suerte, llegó un soldado
At last, as good luck would have it, a soldier arrived
El soldado había oído el alboroto
the soldier had heard the uproar
Imaginó que un potro se había escapado de su amo
he imagined that a colt had escaped from his master
Se plantó en medio del camino
he planted himself in the middle of the road

Esperó con el decidido propósito de detenerlo
he waited with the determined purpose of stopping him
así evitaría la posibilidad de desastres peores
thus he would prevent the chance of worse disasters
Pinocho vio al soldado atrincherando toda la calle
Pinocchio saw the soldier barricading the whole street
Así que se esforzó por tomarlo por sorpresa
so he endeavoured to take him by surprise
Planeaba correr entre sus piernas
he planned to run between his legs
pero el soldado era demasiado listo para Pinocho
but the soldier was too clever for Pinocchio
El soldado lo agarró hábilmente por la nariz
The soldier caught him cleverly by the nose
y le devolvió Pinocho a Geppetto
and he gave Pinocchio back to Geppetto
Queriendo castigarlo, Geppetto tenía la intención de tirarle de las orejas
Wishing to punish him, Geppetto intended to pull his ears
¡Pero no pudo encontrar las orejas de Pinocho!
But he could not find Pinocchio's ears!
¿Y sabes la razón?
And do you know the reason why?
Se había olvidado de hacerle orejas
he had forgotten to make him any ears
Entonces lo tomó por el cuello
so then he took him by the collar
"Nos iremos a casa enseguida", lo amenazó
"We will go home at once," he threatened him
"En cuanto lleguemos saldaremos cuentas"
"as soon as we arrive we will settle our accounts"
Ante esta información, Pinocho se arrojó al suelo
At this information Pinocchio threw himself on the ground
Se negó a dar un paso más
he refused to go another step
Una multitud de personas curiosas comenzó a reunirse
a crowd of inquisitive people began to assemble

Hicieron un anillo a su alrededor
they made a ring around them
Algunos decían una cosa, otros otra
Some of them said one thing, some another
"¡Pobre marioneta!", exclamaron varios de los espectadores
"Poor puppet!" said several of the onlookers
—¡Tiene razón en no querer volver a casa!
"he is right not to wish to return home!"
"¡Quién sabe cómo lo vencerá Geppetto!"
"Who knows how Geppetto will beat him!"
"¡Geppetto parece un buen hombre!"
"Geppetto seems a good man!"
—¡Pero con los muchachos es un tirano normal!
"but with boys he is a regular tyrant!"
"No dejes a ese pobre títere en sus manos"
"don't leave that poor puppet in his hands"
"¡Es muy capaz de despedazarlo!"
"he is quite capable of tearing him to pieces!"
Por lo que se dijo, el soldado tuvo que intervenir de nuevo
from what was said the soldier had to step in again
el soldado le dio la libertad a Pinocho
the soldier gave Pinocchio his freedom
y el soldado llevó a Geppetto a la cárcel
and the soldier led Geppetto to prison
El pobre hombre no estaba dispuesto a defenderse con palabras
The poor man was not ready to defend himself with words
gritó como un ternero: "¡Desdichado muchacho!"
he cried like a calf "Wretched boy!"
—¡Pensar en cómo me esforcé por convertirlo en un buen títere!
"to think how I laboured to make him a good puppet!"
"¡Pero todo lo que he hecho me sirve bien!"
"But all I have done serves me right!"
"¡Debería haberlo pensado antes!"
"I should have thought of it sooner!"

El grillito parlante regaña a Pinocho
The Talking Little Cricket Scolds Pinocchio

el pobre Geppetto estaba siendo llevado a la cárcel
poor Geppetto was being taken to prison
Todo esto no fue su culpa, por supuesto
all of this was not his fault, of course
No había hecho nada malo en absoluto
he had not done anything wrong at all
y ese pequeño diablillo Pinocho se encontró libre
and that little imp Pinocchio found himself free
Había escapado de las garras del soldado
he had escaped from the clutches of the soldier
Y corrió tan rápido como sus piernas pudieron llevarlo
and he ran off as fast as his legs could carry him
Quería llegar a casa lo más rápido posible
he wanted to reach home as quickly as possible
por lo tanto, corrió a través de los campos
therefore he rushed across the fields
En su loca prisa saltó por encima de setos espinosos
in his mad hurry he jumped over thorny hedges
y saltó a través de zanjas llenas de agua
and he jumped across ditches full of water
Al llegar a la casa, encontró la puerta entreabierta
Arriving at the house, he found the door ajar
Lo abrió, entró y abrochó el pestillo
He pushed it open, went in, and fastened the latch
Se tiró al suelo de su casa
he threw himself on the floor of his house
Y dio un gran suspiro de satisfacción
and he gave a great sigh of satisfaction
Pero pronto oyó a alguien en la habitación
But soon he heard someone in the room
algo hacía un sonido como "¡Cri-cri-cri!"
something was making a sound like "Cri-cri-cri!"
"¿Quién me llama?", dijo Pinocho asustado
"Who calls me?" said Pinocchio in a fright

"¡Soy yo!", respondió una voz
"It is I!" answered a voice
Pinocho se dio la vuelta y vio un pequeño grillo
Pinocchio turned round and saw a little cricket
El grillo se arrastraba lentamente por la pared
the cricket was crawling slowly up the wall
"Dime, pequeño grillo, ¿quién eres?"
"Tell me, little cricket, who may you be?"
"Lo que soy es el grillo que habla"
"who I am is the talking cricket"
"Y he vivido en esta habitación cien años o más"
"and I have lived in this room a hundred years or more"
—Ahora, sin embargo, esta habitación es mía —dijo el títere—
"Now, however, this room is mine," said the puppet
"Si quieres hacerme el favor, vete de una vez"
"if you would do me the pleasure, go away at once"
"Y cuando te hayas ido, por favor, no vuelvas nunca"
"and when you're gone, please never come back"
"No me iré hasta que te haya dicho una gran verdad"
"I will not go until I have told you a great truth"
"Cuéntamelo, pues, y date prisa"
"Tell it me, then, and be quick about it"
"Ay de los muchachos que se rebelan contra sus padres"
"Woe to those boys who rebel against their parents"
"Y ay de los muchachos que huyen de casa"
"and woe to boys who run away from home"
"Nunca llegarán a nada bueno en el mundo"
"They will never come to any good in the world"
"Y tarde o temprano se arrepentirán amargamente"
"and sooner or later they will repent bitterly"
"Canta todo lo que quieras, pequeño grillo"
"Sing all you want you little cricket"
"Y siéntete libre de cantar todo el tiempo que quieras"
"and feel free to sing as long as you please"
"En mi caso, he tomado la decisión de huir"
"For me, I have made up my mind to run away"

"mañana al amanecer me escaparé para siempre"
"tomorrow at daybreak I will run away for good"
"si me quedo, no escaparé a mi destino"
"if I remain I shall not escape my fate"
"Es el mismo destino que todos los demás chicos"
"it is the same fate as all other boys"
"si me quedo, me enviarán a la escuela"
"if I stay I shall be sent to school"
"y se me hará estudiar por amor o por fuerza"
"and I shall be made to study by love or by force"
"Te lo digo en confianza, no tengo ningún deseo de aprender"
"I tell you in confidence, I have no wish to learn"
"Es mucho más divertido correr detrás de las mariposas"
"it is much more amusing to run after butterflies"
"Prefiero trepar a los árboles con mi tiempo"
"I prefer climbing trees with my time"
"Y me gusta sacar a los polluelos de sus nidos"
"and I like taking young birds out of their nests"
—Pobre ganso —intervino el grillo parlante—
"Poor little goose" interjected the talking cricket
"¿No sabes que crecerás como un burro perfecto?"
"don't you know you will grow up a perfect donkey?"
"Y todos se burlarán de ti"
"and every one will make fun of you"
A Pinocho no le gustó lo que escuchó
Pinocchio was not pleased with what he heard
—¡Cállate la lengua, corvina malvada y de mal agüero!
"Hold your tongue, you wicked, ill-omened croaker!"
Pero el pequeño grillo era paciente y filosófico
But the little cricket was patient and philosophical
No se enojó por esta impertinencia
he didn't become angry at this impertinence
Continuó en el mismo tono que antes
he continued in the same tone as he had before
"Tal vez realmente no desees ir a la escuela"
"perhaps you really do not wish to go to school"

"Entonces, ¿por qué no al menos aprender un oficio?"
"so why not at least learn a trade?"
"¡Un trabajo te permitirá ganar un pedazo de pan!"
"a job will enable you to earn a piece of bread!"
"¿Qué quieres que te diga?", replicó Pinocho
"What do you want me to tell you?" replied Pinocchio
Empezaba a perder la paciencia con el pequeño grillo
he was beginning to lose patience with the little cricket
"Hay muchos oficios en el mundo que podría hacer"
"there are many trades in the world I could do"
"Pero solo una llamada realmente me gusta"
"but only one calling really takes my fancy"
—¿Y qué vocación es la que te gusta?
"And what calling is it that takes your fancy?"
"comer, y beber, y dormir"
"to eat, and to drink, and to sleep"
"Estoy llamado a divertirme todo el día"
"I am called to amuse myself all day"
"Llevar una vida vagabunda de la mañana a la noche"
"to lead a vagabond life from morning to night"
El grillito parlante tenía una respuesta para esto
the talking little cricket had a reply for this
"La mayoría de los que siguen ese oficio acaban en el hospital o en la cárcel"
"most who follow that trade end in hospital or prison"
"Cuídate, corvina malvada y de mal agüero"
"Take care, you wicked, ill-omened croaker"
"¡Ay de ti si vuelvo hacia una pasión!"
"Woe to you if I fly into a passion!"
"¡Pobre Pinocho, realmente te compadezco!"
"Poor Pinocchio I really pity you!"
"¿Por qué me compadeces?"
"Why do you pity me?"
"Te compadezco porque eres una marioneta"
"I pity you because you are a puppet"
"Y te compadezco porque tienes la cabeza de palo"
"and I pity you because you have a wooden head"

Al oír estas últimas palabras, Pinocho saltó de rabia
At these last words Pinocchio jumped up in a rage
Cogió un martillo de madera del banco
he snatched a wooden hammer from the bench

y arrojó el martillo al grillo parlante
and he threw the hammer at the talking cricket
Tal vez nunca tuvo la intención de golpearlo
Perhaps he never meant to hit him
pero, por desgracia, le dio exactamente en la cabeza
but unfortunately it struck him exactly on the head
el pobre Grillo apenas tuvo aliento para gritar: «¡Cri-cri-cri!»
the poor Cricket had scarcely breath to cry "Cri-cri-cri!"
Permaneció seco y aplastado contra la pared
he remained dried up and flattened against the wall

El huevo volador
The Flying Egg

La noche estaba alcanzando rápidamente a Pinocho
The night was quickly catching up with Pinocchio
Recordó que no había comido nada en todo el día
he remembered that he had eaten nothing all day
Empezó a sentir un mordisco en el estómago
he began to feel a gnawing in his stomach
El roer se parecía mucho al apetito
the gnawing very much resembled appetite
Al cabo de unos minutos, su apetito se había convertido en hambre
After a few minutes his appetite had become hunger
y en poco tiempo su hambre se volvió voraz
and in little time his hunger became ravenous
El pobre Pinocho corrió rápidamente hacia la chimenea
Poor Pinocchio ran quickly to the fireplace
la chimenea donde hervía una cacerola
the fireplace where a saucepan was boiling
él iba a quitar la tapa
he was going to take off the lid
Entonces pudo ver lo que había en ella
then he could see what was in it
pero la cacerola solo estaba pintada en la pared
but the saucepan was only painted on the wall
Te puedes imaginar sus sentimientos cuando descubrió esto
You can imagine his feelings when he discovered this
Su nariz, que ya era larga, se hizo aún más larga
His nose, which was already long, became even longer
debe haber crecido al menos tres pulgadas
it must have grown by at least three inches
Luego comenzó a correr por la habitación
He then began to run about the room
Buscó en los cajones y en todos los lugares imaginables
he searched in the drawers and every imaginable place
Esperaba encontrar un poco de pan o corteza

he hoped to find a bit of bread or crust
Tal vez podría encontrar un hueso dejado por un perro
perhaps he could find a bone left by a dog
un pequeño pudín mohoso de maíz indio
a little moldy pudding of Indian corn
en algún lugar alguien podría haber dejado una espina de pescado
somewhere someone might have left a fish bone
Incluso un hueso de cereza sería suficiente
even a cherry stone would be enough
Si tan solo hubiera algo que pudiera roer
if only there was something that he could gnaw
Pero no pudo encontrar nada a lo que hincarle el diente
But he could find nothing to get his teeth into
Y mientras tanto, su hambre crecía y crecía
And in the meanwhile his hunger grew and grew
El pobre Pinocho no tuvo otro alivio que bostezar
Poor Pinocchio had no other relief than yawning
Sus bostezos eran tan grandes que su boca casi le llegaba a los oídos
his yawns were so big his mouth almost reached his ears
y sintió como si se fuera a desmayar
and felt as if he were going to faint
Entonces comenzó a llorar desesperadamente
Then he began to cry desperately
"El grillito parlante tenía razón"
"The talking little cricket was right"
"Hice mal en rebelarme contra mi papá"
"I did wrong to rebel against my papa"
"No debería haberme escapado de casa"
"I should not have ran away from home"
"¡Si mi papá estuviera aquí, no me estaría muriendo de bostezar!"
"If my papa were here I wouldn't be dying of yawning!"
—¡Oh! ¡Qué terrible enfermedad es el hambre!"
"Oh! what a dreadful illness hunger is!"
En ese momento creyó ver algo en el montón de polvo

Just then he thought he saw something in the dust-heap
algo redondo y blanco que parecía un huevo de gallina
something round and white that looked like a hen's egg
Se puso en pie de un salto y agarró el huevo
he sprung up to his feet and seized hold of the egg
Era, en efecto, un huevo de gallina, como él pensaba
It was indeed a hen's egg, as he thought
La alegría de Pinocho era indescriptible
Pinocchio's joy was beyond description
Tenía que asegurarse de que no solo estaba soñando
he had to make sure that he wasn't just dreaming
Así que siguió dándole vueltas al huevo en sus manos
so he kept turning the egg over in his hands
Sintió y besó el huevo
he felt and kissed the egg
"Y ahora, ¿cómo lo cocinaré?"
"And now, how shall I cook it?"
"¿Hago una tortilla?"
"Shall I make an omelet?"
"¡Sería mejor cocinarlo en un platillo!"
"it would be better to cook it in a saucer!"
"¿O no sería más sabroso freírlo?"
"Or would it not be more savory to fry it?"
—¿O simplemente hiervo el huevo?
"Or shall I simply boil the egg?"
"No, la forma más rápida es cocinarlo en un platillo"
"No, the quickest way is to cook it in a saucer"
"¡Tengo tanta prisa por comerlo!"
"I am in such a hurry to eat it!"
Sin pérdida de tiempo consiguió un platillo de barro
Without loss of time he got an earthenware saucer
Colocó el platillo sobre un brasero lleno de brasas al rojo vivo
he placed the saucer on a brazier full of red-hot embers
No tenía aceite ni mantequilla para usar
he didn't have any oil or butter to use
Así que vertió un poco de agua en el platillo

so he poured a little water into the saucer
Y cuando el agua empezó a humear, ¡crack!
and when the water began to smoke, crack!
Rompió la cáscara del huevo sobre el platillo
he broke the egg-shell over the saucer
y dejó caer el contenido del huevo en el platillo
and he let the contents of the egg drop into the saucer
pero el huevo no estaba lleno de clara y yema
but the egg was not full of white and yolk
En cambio, una pequeña gallina sacó el huevo
instead, a little chicken popped out the egg

Era un gallinillo muy alegre y educado
it was a very gay and polite little chicken
La gallinita hizo una hermosa cortesía
the little chicken made a beautiful courtesy
"Mil gracias, Maestro. Pinocho"
"A thousand thanks, Master. Pinocchio"
"Me has ahorrado la molestia de romper el cascarón"
"you have saved me the trouble of breaking the shell"
"Adiós, hasta que nos volvamos a encontrar", dijo la gallina
"Adieu, until we meet again" the chicken said
"¡Manténganse bien, y mis mejores felicitaciones para todos en casa!"
"Keep well, and my best compliments to all at home!"
la gallinita extendió sus alas
the little chicken spread its little wings
y la gallinita se precipitó por la ventana abierta
and the little chicken darted through the open window
Y entonces la gallinita se perdió de vista
and then the little chicken flew out of sight
El pobre títere se quedó como si hubiera sido hechizado
The poor puppet stood as if he had been bewitched
Sus ojos estaban fijos y su boca abierta
his eyes were fixed, and his mouth was open
y todavía tenía la cáscara de huevo en la mano
and he still had the egg-shell in his hand
Poco a poco se recuperó de su estupefacción
slowly he Recovered from his stupefaction
Y entonces empezó a llorar y a gritar
and then he began to cry and scream
Golpeó el suelo con desesperación
he stamped his feet on the floor in desperation
En medio de sus sollozos reunió sus pensamientos
amidst his sobs he gathered his thoughts
"Ah, en efecto, el grillito parlante tenía razón"
"Ah, indeed, the talking little cricket was right"
"No debería haberme escapado de casa"
"I should not have run away from home"

—¡Entonces no me estaría muriendo de hambre ahora!
"then I would not now be dying of hunger!"
"Y si mi papá estuviera aquí me daría de comer"
"and if my papa were here he would feed me"
—¡Oh! ¡Qué terrible enfermedad es el hambre!"
"Oh! what a dreadful illness hunger is!"
Su estómago gritaba más que nunca
his stomach cried out more than ever
y no sabía cómo calmar su hambre
and he did not know how to quiet his hunger
Pensó en salir de casa
he thought about leaving the house
Tal vez podría hacer una excursión por el barrio
perhaps he could make an excursion in the neighborhood
Esperaba encontrar a alguna persona caritativa
he hoped to find some charitable person
Tal vez le dieran un pedazo de pan
maybe they would give him a piece of bread

Los pies de Pinocho arden hasta convertirse en cenizas
Pinocchio's Feet Burn to Cinders

Era una noche especialmente salvaje y tormentosa
It was an especially wild and stormy night
El trueno fue tremendamente fuerte y espantoso
The thunder was tremendously loud and fearful
El relámpago era tan vívido que el cielo parecía en llamas
the lightning was so vivid that the sky seemed on fire
Pinocho tenía un gran miedo a los truenos
Pinocchio had a great fear of thunder
Pero el hambre puede ser más fuerte que el miedo
but hunger can be stronger than fear
Así que cerró la puerta de la casa
so he closed the door of the house
y corrió desesperadamente hacia la aldea
and he made a desperate rush for the village

Llegó a la aldea en cien saltos
he reached the village in a hundred bounds
Su lengua colgaba de su boca
his tongue was hanging out of his mouth
y jadeaba por respirar como un perro
and he was panting for breath like a dog
Pero encontró la aldea toda oscura y desierta
But he found the village all dark and deserted
Las tiendas estaban cerradas y las ventanas estaban cerradas
The shops were closed and the windows were shut
y no había ni un perro en la calle
and there was not so much as a dog in the street
Parecía que había llegado a la tierra de los muertos
It seemed like he had arrived in the land of the dead
Pinocho fue impulsado por la desesperación y el hambre
Pinocchio was urged on by desperation and hunger
Agarró el timbre de una casa
he took hold of the bell of a house
Y comenzó a tocar la campanilla con todas sus fuerzas
and he began to ring the bell with all his might
"Eso traerá a alguien", se dijo a sí mismo
"That will bring somebody," he said to himself
¡Y trajo a alguien!
And it did bring somebody!
Un viejecito apareció en una ventana
A little old man appeared at a window
El viejecito todavía tenía un gorro de dormir en la cabeza
the little old man still had a night-cap on his head
Lo llamó enojado
he called to him angrily
—¿Qué quieres a esa hora?
"What do you want at such an hour?"
—¿Sería tan amable de darme un poco de pan?
"Would you be kind enough to give me a little bread?"
El viejecito era muy servicial
the little old man was very obliging
"Espera ahí, volveré directamente"

"Wait there, I will be back directly"
Pensó que era uno de los bribones locales
he thought it was one of the local rascals
Se divierten tocando las campanas de las casas por la noche
they amuse themselves by ringing the house-bells at night
Al cabo de medio minuto, la ventana volvió a abrirse
After half a minute the window opened again
la voz del mismo viejecito le gritó a Pinocho
the voice of the same little old man shouted to Pinocchio
"Ven debajo y extiende tu gorra"
"Come underneath and hold out your cap"
Pinocho se quitó la gorra y la extendió
Pinocchio pulled off his cap and held it out
pero el gorro de Pinocho no estaba lleno de pan ni de comida
but Pinocchio's cap was not filled with bread or food
Un enorme recipiente de agua fue vertido sobre él
an enormous basin of water was poured down on him
El agua lo empapó de pies a cabeza
the water soaked him from head to foot
como si hubiera sido una maceta de geranios secos
as if he had been a pot of dried-up geraniums
Regresó a casa como un pollo mojado
He returned home like a wet chicken
Estaba bastante agotado por la fatiga y el hambre
he was quite exhausted with fatigue and hunger
Ya no tenía fuerzas para mantenerse en pie
he no longer had the strength to stand
Así que se sentó y apoyó sus pies húmedos y embarrados
so he sat down and rested his damp and muddy feet
Puso los pies sobre un brasero lleno de brasas ardientes
he put his feet on a brazier full of burning embers
Y luego se durmió, agotado por el día
and then he fell asleep, exhausted from the day
todos sabemos que Pinocho tiene pies de madera
we all know that Pinocchio has wooden feet
Y sabemos lo que le pasa a la madera en las brasas ardientes
and we know what happens to wood on burning embers

Poco a poco sus pies se quemaron y se convirtieron en cenizas
little by little his feet burnt away and became cinders
Pinocho seguía durmiendo y roncando
Pinocchio continued to sleep and snore
Sus pies bien podrían haber pertenecido a otra persona
his feet might as well have belonged to someone else
Al fin se despertó porque alguien llamaba a la puerta
At last he awoke because someone was knocking at the door
"¿Quién está ahí?", preguntó, bostezando y frotándose los ojos
"Who is there?" he asked, yawning and rubbing his eyes
"¡Soy yo!", respondió una voz
"It is I!" answered a voice
Y Pinocho reconoció la voz de Geppetto
And Pinocchio recognized Geppetto's voice

Geppetto le da su propio desayuno a Pinocho
Geppetto Gives his own Breakfast to Pinocchio

Los ojos del pobre Pinocho seguían medio cerrados por el sueño
Poor Pinocchio's eyes were still half shut from sleep
Todavía no había descubierto lo que había sucedido
he had not yet discovered what had happened
Sus pies habían sido completamente quemados
his feet had were completely burnt off
Oyó la voz de su padre en la puerta
he heard the voice of his father at the door
Y saltó de la silla en la que había dormido
and he jumped off the chair he had slept on
Quería correr hacia la puerta y abrirla
he wanted to run to the door and open it
pero tropezó y cayó al suelo
but he stumbled around and fell on the floor
Imagínate tener un saco de cucharones de madera

imagine having a sack of wooden ladles
Imagínate tirar el saco por el balcón
imagine throwing the sack off the balcony
es decir, el sonido de Pinocho cayendo al suelo
that is was the sound of Pinocchio falling to the floor
"¡Abran la puerta!", gritó Geppetto desde la calle
"Open the door!" shouted Geppetto from the street
"Querido papá, no puedo", respondió el títere
"Dear papa, I cannot," answered the puppet
y lloró y se revolcó en el suelo
and he cried and rolled about on the ground
"¿Por qué no puedes abrir la puerta?"
"Why can't you open the door?"
"Porque me han comido los pies"
"Because my feet have been eaten"
—¿Y quién te ha comido los pies?
"And who has eaten your feet?"
Pinocho miró a su alrededor en busca de algo a lo que culpar
Pinocchio looked around for something to blame
Finalmente respondió: "El gato me comió los pies"
eventually he answered "the cat ate my feet"
-¡Abre la puerta, te lo digo! -repitió Geppetto-
"Open the door, I tell you!" repeated Geppetto
"¡Si no lo abres, tendrás el gato de mí!"
"If you don't open it, you shall have the cat from me!"
"No puedo ponerme de pie, créeme"
"I cannot stand up, believe me"
"¡Oh, pobre de mí!", se lamentó Pinocho
"Oh, poor me!" lamented Pinocchio
"¡Tendré que caminar de rodillas por el resto de mi vida!"
"I shall have to walk on my knees for the rest of my life!"
Geppetto pensó que se trataba de otro de los trucos de la marioneta
Geppetto thought this was another one of the puppet's tricks
Pensó en un medio de poner fin a sus trucos
he thought of a means of putting an end to his tricks
Trepó por la pared y entró por la ventana

he climbed up the wall and got in through the window
Estaba muy enojado cuando vio a Pinocho por primera vez
He was very angry when he first saw Pinocchio
y no hizo más que regañar al pobre títere
and he did nothing but scold the poor puppet

pero luego vio que Pinocho realmente no tenía pies
but then he saw Pinocchio really was without feet
Y volvió a sentirse abrumado por la simpatía
and he was quite overcome with sympathy again
Geppetto tomó su marioneta en sus brazos
Geppetto took his puppet in his arms
y comenzó a besarlo y acariciarlo
and he began to kiss and caress him
Le dijo mil cosas entrañables
he said a thousand endearing things to him
Grandes lágrimas corrían por sus mejillas sonrosadas
big tears ran down his rosy cheeks
"¡Mi pequeño Pinocho!", lo consoló
"My little Pinocchio!" he comforted him
—¿Cómo te las arreglaste para quemarte los pies?
"how did you manage to burn your feet?"
"No sé cómo lo hice, papá"
"I don't know how I did it, papa"
"Pero ha sido una noche espantosa"
"but it has been such a dreadful night"

"Lo recordaré mientras viva"
"I shall remember it as long as I live"
"Hubo truenos y relámpagos toda la noche"
"there was thunder and lightning all night"
"Y estuve muy hambriento toda la noche"
"and I was very hungry all night"
"Y entonces el grillo parlante me regañó"
"and then the talking cricket scolded me"
"El grillo parlante dijo 'te sirve bien'"
"the talking cricket said 'it serves you right'"
"Él dijo; ' Has sido malvado y te lo mereces'".
"he said; 'you have been wicked and deserve it'"
"Y yo le dije: '¡Cuídate, pequeño Grillo!'".
"and I said to him: 'Take care, little Cricket!'"
"Y él dijo; ' Eres una marioneta'".
"and he said; 'You are a puppet'"
"Y él dijo; ' tienes una cabeza de madera'".
"and he said; 'you have a wooden head'"
"Y le tiré el mango de un martillo"
"and I threw the handle of a hammer at him"
"Y entonces murió el grillito parlante"
"and then the talking little cricket died"
"Pero fue su culpa que muriera"
"but it was his fault that he died"
"porque no quería matarlo"
"because I didn't wish to kill him"
"Y tengo pruebas de que no era mi intención"
"and I have proof that I didn't mean to"
"Había puesto un platillo de barro sobre brasas ardientes"
"I had put an earthenware saucer on burning embers"
"Pero una gallina salió volando del huevo"
"but a chicken flew out of the egg"
"La gallina dijo; ' Adiós, hasta que nos volvamos a encontrar'".
"the chicken said; 'Adieu, until we meet again'"
"Envío mis felicitaciones a todos en casa"
'send my compliments to all at home'

"Y luego me dio aún más hambre"
"and then I got even more hungry"
"Entonces estaba ese viejecito con gorro de dormir"
"then there was that little old man in a night-cap"
"Abrió la ventana de arriba"
"he opened the window up above me"
"Y me dijo que extendiera mi sombrero"
"and he told me to hold out my hat"
"Y me echó una palangana llena de agua"
"and he poured a basinful of water on me"
"Pedir un poco de pan no es una vergüenza, ¿verdad?"
"asking for a little bread isn't a disgrace, is it?"
"y luego regresé a casa de inmediato"
"and then I returned home at once"
"Tenía hambre, frío y cansancio"
"I was hungry and cold and tired"
"Y puse mis pies en el brasero para secarlos"
"and I put my feet on the brazier to dry them"
"Y luego volviste por la mañana"
"and then you returned in the morning"
"Y me encontré con que me habían quemado los pies"
"and I found my feet were burnt off"
"Y todavía tengo hambre"
"and I am still hungry"
"¡Pero ya no tengo pies!"
"but I no longer have any feet!"
Y el pobre Pinocho empezó a llorar y a rugir
And poor Pinocchio began to cry and roar
Lloró tan fuerte que se le oyó a cinco millas de distancia
he cried so loudly that he was heard five miles off
Geppetto, sólo entendió una cosa de todo esto
Geppetto, only understood one thing from all this
Comprendió que el títere se moría de hambre
he understood that the puppet was dying of hunger
Así que sacó de su bolsillo tres peras
so he drew from his pocket three pears
y le dio las peras a Pinocho

and he gave the pears to Pinocchio
"Estas tres peras estaban destinadas a mi desayuno"
"These three pears were intended for my breakfast"
"pero te daré mis peras de buena gana"
"but I will give you my pears willingly"
"Cómelos y espero que te hagan bien"
"Eat them, and I hope they will do you good"
Pinocho miró las peras con desconfianza
Pinocchio looked at the pears distrustfully
"Pero no puedes esperar que me los coma así"
"but you can't expect me to eat them like that"
"Ten la amabilidad de pelarlos por mí"
"be kind enough to peel them for me"
—¿Pelarlos? —dijo Geppetto, asombrado
"Peel them?" said Geppetto, astonished
"No sabía que eras tan delicado y fastidioso"
"I didn't know you were so dainty and fastidious"
—¡Son malos hábitos, hijo mío!
"These are bad habits to have, my boy!"
"Hay que acostumbrarse a gustar y a comer de todo"
"we must accustom ourselves to like and to eat everything"
"No se sabe a qué nos pueden llevar"
"there is no knowing to what we may be brought"
"¡Hay tantas posibilidades!"
"There are so many chances!"
—Sin duda tienes razón —interrumpió Pinocho—
"You are no doubt right," interrupted Pinocchio
"pero nunca comeré fruta que no haya sido pelada"
"but I will never eat fruit that has not been peeled"
"No soporto el sabor de la corteza"
"I cannot bear the taste of rind"
Tan bueno que Geppetto peló las tres peras
So good Geppetto peeled the three pears
y puso las cáscaras de la pera en una esquina de la mesa
and he put the pear's rinds on a corner of the table
Pinocho se había comido la primera pera
Pinocchio had eaten the first pear

Estaba a punto de tirar el corazón de la pera
he was about to throw away the pear's core
pero Geppetto lo agarró del brazo
but Geppetto caught hold of his arm
"No tires el corazón de la pera"
"Do not throw the core of the pear away"
"En este mundo todo puede ser útil"
"in this world everything may be of use"
Pero Pinocho se negó a verle sentido
But Pinocchio refused to see the sense in it
"Estoy decidido a no comerme el corazón de la pera"
"I am determined I will not eat the core of the pear"
y Pinocho se volvió contra él como una víbora
and Pinocchio turned upon him like a viper
-¡Quién sabe! -repitió Geppetto-
"Who knows!" repeated Geppetto
"Hay muchas posibilidades", dijo
"there are so many chances," he said
y Geppetto nunca perdió los estribos ni una sola vez
and Geppetto never lost his temper even once
Y así los tres corazones de pera no fueron arrojados
And so the three pear cores were not thrown out
se colocaban en la esquina de la mesa con las cortezas
they were placed on the corner of the table with the rinds
después de su pequeño festín, Pinocho bostezó tremendamente
after his small feast Pinocchio yawned tremendously
Y volvió a hablar en tono inquieto
and he spoke again in a fretful tone
"¡Estoy tan hambriento como siempre!"
"I am as hungry as ever!"
—¡Pero, hijo mío, no tengo nada más que darte!
"But, my boy, I have nothing more to give you!"
"¿No tienes nada? ¿Realmente? ¿Nada?
"You have nothing? Really? Nothing?"
"Solo tengo la cáscara y el corazón de las peras"
"I have only the rind and the cores of the pears"

"¡Hay que tener paciencia!", dijo Pinocho
"One must have patience!" said Pinocchio
"si no hay nada más me comeré la cáscara de la pera"
"if there is nothing else I will eat the pear's rind"
Y comenzó a masticar la cáscara de la pera
And he began to chew the rind of the pear
Al principio hizo una mueca irónica
At first he made a wry face
pero luego, uno tras otro, se los comió rápidamente
but then, one after the other, he quickly ate them
y después de las cáscaras de la pera hasta se comió los corazones
and after the pear's rinds he even ate the cores
Cuando hubo comido todo, se frotó el vientre
when he had eaten everything he rubbed his belly
—¡Ah! ahora me siento cómodo de nuevo"
"Ah! now I feel comfortable again"
—Ya ves que tenía razón —sonrió Gepetto—
"Now you see I was right," smiled Gepetto
"No es bueno acostumbrarnos a nuestros gustos"
"it's not good to accustom ourselves to our tastes"
"Nunca podremos saber, mi querido muchacho, lo que nos puede pasar"
"We can never know, my dear boy, what may happen to us"
"¡Hay tantas posibilidades!"
"There are so many chances!"

Geppetto hace que Pinocho tenga nuevos pies
Geppetto Makes Pinocchio New Feet

El títere había saciado su hambre
the puppet had satisfied his hunger
pero comenzó a llorar y a refunfuñar de nuevo
but he began to cry and grumble again
Recordó que quería un par de pies nuevos
he remembered he wanted a pair of new feet

Pero Geppetto lo castigó por su travesura
But Geppetto punished him for his naughtiness
Le permitió llorar y desesperarse un poco
he allowed him to cry and to despair a little
Pinocho tuvo que aceptar su destino durante la mitad del día
Pinocchio had to accept his fate for half the day
Al final del día le dijo:
at the end of the day he said to him:
"¿Por qué debería hacerte nuevos pies?"
"Why should I make you new feet?"
—¿Para que puedas escapar de nuevo de casa?
"To enable you to escape again from home?"
Pinocho sollozaba ante su situación
Pinocchio sobbed at his situation
"Te prometo que en el futuro seré bueno"
"I promise you that for the future I will be good"
pero Geppetto ya conocía los trucos de Pinocho
but Geppetto knew Pinocchio's tricks by now
"Todos los chicos que quieren algo dicen lo mismo"
"All boys who want something say the same thing"
"Te prometo que iré a la escuela"
"I promise you that I will go to school"
"y estudiaré y llevaré a casa un buen informe"
"and I will study and bring home a good report"
"Todos los chicos que quieren algo repiten la misma historia"
"All boys who want something repeat the same story"
"¡Pero yo no soy como los demás chicos!" Pinocho se opuso
"But I am not like other boys!" Pinocchio objected
"Soy mejor que todos ellos", agregó
"I am better than all of them," he added
"Y siempre digo la verdad", mintió
"and I always speak the truth," he lied
"Te prometo, papá, que aprenderé un oficio"
"I promise you, papa, that I will learn a trade"
"Te prometo que seré el consuelo de tu vejez"
"I promise that I will be the consolation of your old age"

Los ojos de Geppetto se llenaron de lágrimas al oír esto
Geppetto's eyes filled with tears on hearing this
Su corazón estaba triste al ver a su hijo así
his heart was sad at seeing his son like this
Pinocho estaba en un estado lamentable
Pinocchio was in such a pitiable state
No le dijo ni una palabra más a Pinocho
He did not say another word to Pinocchio
Consiguió sus herramientas y dos pequeños trozos de madera curada
he got his tools and two small pieces of seasoned wood
Se puso a trabajar con gran diligencia
he set to work with great diligence
En menos de una hora los pies estaban terminados
In less than an hour the feet were finished
Podrían haber sido modelados por un artista de genio
They might have been modelled by an artist of genius
Geppetto habló entonces con el títere
Geppetto then spoke to the puppet
"¡Cierra los ojos y vete a dormir!"
"Shut your eyes and go to sleep!"
Y Pinocho cerró los ojos y fingió dormir
And Pinocchio shut his eyes and pretended to sleep
Geppetto cogió una cáscara de huevo y derritió un poco de pegamento en ella
Geppetto got an egg-shell and melted some glue in it
y sujetó los pies de Pinocho en su lugar
and he fastened Pinocchio's feet in their place
fue hecho magistralmente por Geppetto
it was masterfully done by Geppetto
No se veía ni rastro del lugar donde se unían los pies
not a trace could be seen of where the feet were joined
Pinocho pronto se dio cuenta de que tenía pies de nuevo
Pinocchio soon realized that he had feet again
Y luego saltó de la mesa
and then he jumped down from the table
Saltó por la habitación con energía y alegría

he jumped around the room with energy and joy
Bailaba como si se hubiera vuelto loco de su deleite
he danced as if he had gone mad with his delight
"Gracias por todo lo que has hecho por mí"
"thank you for all you have done for me"
"Iré a la escuela de inmediato", prometió Pinocho
"I will go to school at once," Pinocchio promised
"pero para ir a la escuela necesitaré algo de ropa"
"but to go to school I shall need some clothes"
a estas alturas ya sabes que Geppetto era un hombre pobre
by now you know that Geppetto was a poor man
No tenía ni un centavo en el bolsillo
he had not so much as a penny in his pocket
Así que le hizo un vestidito de papel floreado
so he made him a little dress of flowered paper
un par de zapatos de la corteza de un árbol
a pair of shoes from the bark of a tree
e hizo un sombrero con el pan
and he made a hat out of the bread

Pinocho corrió a mirarse a sí mismo en un barril de agua
Pinocchio ran to look at himself in a crock of water
Estaba muy contento con su apariencia
he was ever so pleased with his appearance
y se pavoneaba por la habitación como un pavo real

and he strutted about the room like a peacock
"**¡Parezco un caballero!**"
"I look quite like a gentleman!"
-Sí, en efecto -respondió Geppetto-
"Yes, indeed," answered Geppetto
"**No es la ropa fina la que hace al caballero**"
"it is not fine clothes that make the gentleman"
"**Más bien, es la ropa limpia la que hace a un caballero**"
"rather, it is clean clothes that make a gentleman"
—Por cierto —añadió el títere—
"By the way," added the puppet
"**para ir a la escuela todavía hay algo que necesito**"
"to go to school there's still something I need"
"**Sigo sin lo mejor**"
"I am still without the best thing"
"**Es lo más importante para un escolar**"
"it is the most important thing for a school boy"
—¿Y qué es? —preguntó Geppetto
"And what is it?" asked Geppetto
"**No tengo libro de ortografía**"
"I have no spelling-book"
"**Tienes razón**, se dio cuenta Geppetto"
"You are right" realized Geppetto
—¿Pero qué haremos para conseguir uno?
"but what shall we do to get one?"
Pinocho consoló a Geppetto: "Es bastante fácil"
Pinocchio comforted Geppetto, "It is quite easy"
"**Lo único que tenemos que hacer es ir a la librería**"
"all we have to do is go to the bookseller's"
"**todo lo que tengo que hacer es comprarles**"
"all I have to do is buy from them"
"**Pero, ¿cómo lo compramos sin dinero?**"
"but how do we buy it without money?"
—No tengo dinero —dijo Pinocho—
"I have got no money," said Pinocchio
-Yo tampoco -añadió el buen viejo, muy triste-
"Neither have I," added the good old man, very sadly

aunque era un niño muy alegre, Pinocho se puso triste
although he was a very merry boy, Pinocchio became sad
La pobreza, cuando es real, es entendida por todos
poverty, when it is real, is understood by everybody
-¡Paciencia! -exclamó Geppetto, poniéndose en pie-
"Well, patience!" exclaimed Geppetto, rising to his feet
Y se puso su vieja chaqueta de pana
and he put on his old corduroy jacket
y salió corriendo de la casa hacia la nieve
and he ran out of the house into the snow
Regresó a la casa poco después
He returned back to the house soon after
en la mano sostenía un libro de ortografía para Pinocho
in his hand he held a spelling-book for Pinocchio
Pero la vieja chaqueta con la que se había ido había desaparecido
but the old jacket he had left with was gone
El pobre hombre estaba en mangas de camisa
The poor man was in his shirt-sleeves
y afuera hacía frío y nevaba
and outdoors it was cold and snowing
—¿Y tu chaqueta, papá? —preguntó Pinocho
"And your jacket, papa?" asked Pinocchio
—Lo he vendido —confirmó el viejo Geppetto—
"I have sold it," confirmed old Geppetto
"¿Por qué lo vendiste?", preguntó Pinocho
"Why did you sell it?" asked Pinocchio
"Porque me di cuenta de que mi chaqueta estaba demasiado caliente"
"Because I found my jacket was too hot"
Pinocho entendió esta respuesta en un instante
Pinocchio understood this answer in an instant
Pinocho fue incapaz de contener el impulso de su corazón
Pinocchio was unable to restrain the impulse of his heart
Porque, después de todo, Pinocho tenía un buen corazón
Because Pinocchio did have a good heart after all
se levantó de un salto y echó sus brazos alrededor del cuello

de Geppetto
he sprang up and threw his arms around Geppetto's neck
y lo besó una y otra vez mil veces
and he kissed him again and again a thousand times

Pinocho va a ver un espectáculo de marionetas
Pinocchio Goes to See a Puppet Show

Con el tiempo dejó de nevar afuera
eventually it stopped snowing outside
y Pinocho se dispuso a ir a la escuela
and Pinocchio set out to go to school
y llevaba su fino libro de ortografía bajo el brazo
and he had his fine spelling-book under his arm
Caminaba con mil ideas en la cabeza
he walked along with a thousand ideas in his head
Su pequeño cerebro pensó en todas las posibilidades
his little brain thought of all the possibilities
y construyó mil castillos en el aire
and he built a thousand castles in the air
Cada castillo era más hermoso que el otro
each castle was more beautiful than the other
Y, hablando consigo mismo, dijo;
And, talking to himself, he said;
"Hoy en la escuela aprenderé a leer de una vez"
"Today at school I will learn to read at once"
"entonces mañana empezaré a escribir"
"then tomorrow I will begin to write"
"Y pasado mañana aprenderé los números"
"and the day after tomorrow I will learn the numbers"
"Todas estas cosas serán muy útiles"
"all of these things will prove very useful"
"y entonces ganaré una gran cantidad de dinero"
"and then I will earn a great deal of money"
"Ya sé lo que haré con el primer dinero"
"I already know what I will do with the first money"

"Inmediatamente compraré un hermoso abrigo de tela nuevo"
"I will immediately buy a beautiful new cloth coat"
"Mi papá ya no tendrá que pasar frío"
"my papa will not have to be cold anymore"
"¿Pero qué estoy diciendo?", se dio cuenta
"But what am I saying?" he realized
"Será todo de oro y plata"
"It shall be all made of gold and silver"
"Y tendrá botones de diamantes"
"and it shall have diamond buttons"
"Ese pobre hombre realmente se lo merece"
"That poor man really deserves it"
"Me compró libros y me está enseñando"
"he bought me books and is having me taught"
"Y para ello se ha quedado en camisa"
"and to do so he has remained in a shirt"
"Ha hecho todo esto por mí en un clima tan frío"
"he has done all this for me in such cold weather"
"¡Solo los papás son capaces de tales sacrificios!"
"only papas are capable of such sacrifices!"
Todo esto se lo dijo a sí mismo con gran emoción
he said all this to himself with great emotion
pero a lo lejos creyó oír música
but in the distance he thought he heard music
Sonaba como flautas y el redoble de un gran tambor
it sounded like pipes and the beating of a big drum
Se detuvo y escuchó para escuchar lo que podría ser
He stopped and listened to hear what it could be
Los sonidos venían del final de una calle
The sounds came from the end of a street
Y la calle conducía a un pueblecito a la orilla del mar
and the street led to a little village on the seashore
"¿Qué puede ser esa música?", se preguntó
"What can that music be?" he wondered
"Qué lástima que tenga que ir a la escuela"
"What a pity that I have to go to school"

"Si tan solo no tuviera que ir a la escuela..."
"if only I didn't have to go to school..."
Y permaneció indeciso
And he remained irresolute
Sin embargo, era necesario tomar una decisión
It was, however, necessary to come to a decision
"¿Debería ir a la escuela?", se preguntó
"Should I go to school?" he asked himself
"¿O debería ir tras la música?"
"or should I go after the music?"
"Hoy iré a escuchar la música", decidió
"Today I will go and hear the music" he decided
"y mañana iré a la escuela"
"and tomorrow I will go to school"
la joven expiatoria de un muchacho había decidido
the young scapegrace of a boy had decided
Y se encogió de hombros ante su elección
and he shrugged his shoulders at his choice
Cuanto más corría, más se acercaban los sonidos de la música
The more he ran the nearer came the sounds of the music
y el redoble del gran tambor se hizo cada vez más fuerte
and the beating of the big drum became louder and louder
Por fin se encontró en medio de una plaza del pueblo
At last he found himself in the middle of a town square
La plaza estaba bastante llena de gente
the square was quite full of people
Toda la gente estaba apiñada alrededor de un edificio
all the people were all crowded round a building
y el edificio era de madera y lona
and the building was made of wood and canvas
y el edificio estaba pintado de mil colores
and the building was painted a thousand colours
"¿Qué es ese edificio?", preguntó Pinocho
"What is that building?" asked Pinocchio
Y se volvió hacia un niño
and he turned to a little boy

"Lee el cartel", le dijo el niño
"Read the placard," the boy told him
"Todo está escrito allí", agregó
"it is all written there," he added
"Léelo y entonces lo sabrás"
"read it and and then you will know"
—Lo leería de buena gana —dijo Pinocho—
"I would read it willingly," said Pinocchio
"pero sucede que hoy no sé leer"
"but it so happens that today I don't know how to read"
"¡Bravo, imbécil! Entonces te lo leeré"
"Bravo, blockhead! Then I will read it to you"
—¿Ves esas palabras tan rojas como el fuego?
"you see those words as red as fire?"
"El Gran Teatro de Títeres", le leyó
"The Great Puppet Theatre," he read to him
—¿La obra ya ha comenzado?
"Has the play already begun?"
—Ahora empieza —confirmó el muchacho—
"It is beginning now," confirmed the boy
"¿Cuánto cuesta entrar?"
"How much does it cost to go in?"
"Un centavo es lo que te cuesta"
"A dime is what it costs you"
Pinocho estaba en un arrebato de curiosidad
Pinocchio was in a fever of curiosity
Lleno de emoción, perdió todo control de sí mismo
full of excitement he lost all control of himself
y Pinocho perdió todo sentido de la vergüenza
and Pinocchio lost all sense of shame
—¿Me prestarías un centavo hasta mañana?
"Would you lend me a dime until tomorrow?"
—Te lo prestaría de buena gana —dijo el muchacho—
"I would lend it to you willingly," said the boy
"pero desgraciadamente hoy no puedo dártelo"
"but unfortunately today I cannot give it to you"
Pinocho tuvo otra idea para conseguir el dinero

Pinocchio had another idea to get the money
"Te venderé mi chaqueta por un centavo"
"I will sell you my jacket for a dime"
"Pero tu chaqueta está hecha de papel floreado"
"but your jacket is made of flowered paper"
"¿Qué uso podría tener para una chaqueta así?"
"what use could I have for such a jacket?"
"Imagínate que lloviera y se mojara la chaqueta"
"imagine it rained and the jacket got wet"
"Sería imposible quitármelo de encima"
"it would be impossible to get it off my back"
"¿Comprarás mis zapatos?", intentó Pinocho
"Will you buy my shoes?" tried Pinocchio
"Solo servirían para encender el fuego"
"They would only be of use to light the fire"
"¿Cuánto me darás por mi gorra?"
"How much will you give me for my cap?"
"¡Sería una adquisición maravillosa!"
"That would be a wonderful acquisition indeed!"
"¡Una gorra hecha de migas de pan!", bromeó el niño
"A cap made of bread crumb!" joked the boy
"Habría riesgo de que los ratones vinieran a comérselo"
"There would be a risk of the mice coming to eat it"
"¡Podrían comérselo mientras todavía estaba en mi cabeza!"
"they might eat it whilst it was still on my head!"
Pinocho estaba espinoso por su situación
Pinocchio was on thorns about his predicament
Estaba a punto de hacer otra oferta
He was on the point of making another offer
pero no tuvo el valor de preguntarle
but he had not the courage to ask him
Vaciló, se sintió indeciso y arrepentido
He hesitated, felt irresolute and remorseful
Al fin se armó de valor para preguntar
At last he raised the courage to ask
—¿Me darás un centavo por este nuevo libro de ortografía?
"Will you give me a dime for this new spelling-book?"

Pero el muchacho también rechazó esta oferta
but the boy declined this offer too
"Soy un chico y no compro a chicos"
"I am a boy and I don't buy from boys"
Un vendedor ambulante de ropa vieja los había oído
a hawker of old clothes had overheard them
"Compraré el libro de ortografía por un centavo"
"I will buy the spelling-book for a dime"
Y el libro se vendió allí mismo
And the book was sold there and then
El pobre Geppetto se había quedado en casa temblando de frío
poor Geppetto had remained at home trembling with cold
para que su hijo pudiera tener un libro de ortografía
in order that his son could have a spelling-book

Los títeres reconocen a su hermano Pinocho
The Puppets Recognize their Brother Pinocchio

Pinocho estaba en el pequeño teatro de títeres
Pinocchio was in the little puppet theatre
Ocurrió un incidente que estuvo a punto de producir una revolución
an incident occurred that almost produced a revolution
Se había levantado el telón y la obra ya había comenzado
The curtain had gone up and the play had already begun
Arlequín y Punch estaban peleando entre sí
Harlequin and Punch were quarrelling with each other
A cada momento amenazaban con llegar a las manos
every moment they were threatening to come to blows
De repente, Arlequín se detuvo y se volvió hacia el público
All at once Harlequin stopped and turned to the public
Señaló con la mano a alguien que estaba muy abajo en el pozo
he pointed with his hand to someone far down in the pit
—exclamó en tono dramático—

and he exclaimed in a dramatic tone
"¡Dioses del firmamento!"
"Gods of the firmament!"
"¿Sueño o estoy despierto?"
"Do I dream or am I awake?"
—¡Pero seguro que es Pinocho!
"But, surely that is Pinocchio!"
-¡Es Pinocho! -exclamó Punch-
"It is indeed Pinocchio!" cried Punch
Y Rose se asomó entre bastidores
And Rose peeped out from behind the scenes
—¡Sí que es él mismo! —gritó Rose—
"It is indeed himself!" screamed Rose
y todos los títeres gritaron a coro
and all the puppets shouted in chorus
"¡Es Pinocho! ¡Es Pinocho!"
"It is Pinocchio! it is Pinocchio!"
y saltaron de todos lados al escenario
and they leapt from all sides onto the stage
"¡Es Pinocho!", exclamaron todos los títeres
"It is Pinocchio!" all the puppets exclaimed
"¡Es nuestro hermano Pinocho!"
"It is our brother Pinocchio!"
"¡Viva Pinocho!", gritaron juntos
"Long live Pinocchio!" they cheered together
—Pinocho, ven aquí a verme —gritó Arlequín—
"Pinocchio, come up here to me," cried Harlequin
"¡Lánzate a los brazos de tus hermanos de madera!"
"throw yourself into the arms of your wooden brothers!"
Pinocho no pudo rechazar esta afectuosa invitación
Pinocchio couldn't decline this affectionate invitation
Saltó desde el extremo del foso a los asientos reservados
he leaped from the end of the pit into the reserved seats
Otro salto lo aterrizó en la cabeza del baterista
another leap landed him on the head of the drummer
Y entonces saltó al escenario
and he then sprang upon the stage

Los abrazos y los pellizcos amistosos
The embraces and the friendly pinches
y las demostraciones de cálido afecto fraternal
and the demonstrations of warm brotherly affection
La recepción de Pinocho por parte de los títeres fue indescriptible
Pinocchio reception from the puppets was beyond description
El espectáculo era, sin duda, conmovedor
The sight was doubtless a moving one
Pero el público en el pozo se había impacientado
but the public in the pit had become impatient
Empezaron a gritar: "Vinimos a ver una obra de teatro"
they began to shout, "we came to watch a play"
"¡Continúen con la obra!", exigieron
"go on with the play!" they demanded
Pero los títeres no continuaron el recital
but the puppets didn't continue the recital
Los títeres duplicaron su ruido y sus gritos
the puppets doubled their noise and outcries
se echaron a Pinocho sobre los hombros
they put Pinocchio on their shoulders
y lo llevaron triunfante ante los candeleros
and they carried him in triumph before the footlights
En ese momento salió el maestro de ceremonias
At that moment the ringmaster came out
Era un hombre grande y feo
He was a big and ugly man
Su visión era suficiente para asustar a cualquiera
the sight of him was enough to frighten anyone
Su barba era negra como la tinta y larga
His beard was as black as ink and long
y su barba le llegaba desde la barbilla hasta el suelo
and his beard reached from his chin to the ground
y se pisaba la barba cuando caminaba
and he trod upon his beard when he walked
Su boca era tan grande como un horno
His mouth was as big as an oven

y sus ojos eran como dos faroles de cristal rojo ardiente
and his eyes were like two lanterns of burning red glass
Llevaba un gran látigo de serpientes retorcidas y colas de zorro
He carried a large whip of twisted snakes and foxes' tails
y chasqueaba su látigo constantemente
and he cracked his whip constantly
Ante su inesperada aparición hubo un profundo silencio
At his unexpected appearance there was a profound silence
Nadie se atrevía ni siquiera a respirar
no one dared to even breathe
Se podía oír una mosca en la quietud
A fly could have been heard in the stillness
Las pobres marionetas de ambos sexos temblaban como hojas
The poor puppets of both sexes trembled like leaves
—¿Has venido a provocar disturbios en mi teatro?
"have you come to raise a disturbance in my theatre?"
Tenía la voz ronca de un duende
he had the gruff voice of a goblin
Un duende que sufre de un fuerte resfriado
a goblin suffering from a severe cold
—¡Créame, honorable señor, no es culpa mía!
"Believe me, honoured sir, it it not my fault!"
"¡Basta de ti!", gritó
"That is enough from you!" he blared
"Esta noche ajustaremos nuestras cuentas"
"Tonight we will settle our accounts"
Pronto terminó la obra y los invitados se fueron
soon the play was over and the guests left
El maestro de ceremonias entró en la cocina
the ringmaster went into the kitchen
Una hermosa oveja estaba siendo preparada para su cena
a fine sheep was being prepared for his supper
Se estaba encendiendo lentamente en el fuego
it was turning slowly on the fire
No había suficiente leña para terminar de asar el cordero

there was not enough wood to finish roasting the lamb
así que llamó a Arlequín y Punch
so he called for Harlequin and Punch
"Traigan aquí a esa marioneta", les ordenó
"Bring that puppet here," he ordered them
"Lo encontrarás colgado de un clavo"
"you will find him hanging on a nail"
"Me parece que está hecho de madera muy seca"
"It seems to me that he is made of very dry wood"
"Estoy seguro de que haría un hermoso fuego"
"I am sure he would make a beautiful blaze"
Al principio, Arlequín y Punch dudaron
At first Harlequin and Punch hesitated
pero se horrorizaron por una severa mirada de su amo
but they were appalled by a severe glance from their master
y no tuvieron más remedio que obedecer sus deseos
and they had no choice but to obey his wishes
Al poco rato regresaron a la cocina
In a short time they returned to the kitchen
esta vez llevaban al pobre Pinocho
this time they were carrying poor Pinocchio
Se retorcía como una anguila fuera del agua
he was wriggling like an eel out of water
Y gritaba desesperadamente
and he was screaming desperately
"¡Papá! ¡papá! ¡Sálvame! ¡No moriré!"
"Papa! papa! save me! I will not die!"

El tragafuegos estornuda e indulta a Pinocho
The Fire-Eater Sneezes and Pardons Pinocchio

El maestro de ceremonias parecía un hombre malvado
The ringmaster looked like a wicked man
y era conocido por todos como Tragafuegos
and he was known by all as Fire-eater
Su barba negra le cubría el pecho y las piernas

his black beard covered his chest and legs
Era como si llevara un delantal
it was like he was wearing an apron
Y esto lo hacía parecer especialmente malvado
and this made him look especially wicked
En general, sin embargo, no tenía mal corazón
On the whole, however, he did not have a bad heart
vio al pobre Pinocho ser llevado ante él
he saw poor Pinocchio brought before him
Vio a la marioneta forcejeando y gritando
he saw the puppet struggling and screaming
"¡No moriré, no moriré!"
"I will not die, I will not die!"
Y se conmovió mucho con lo que vio
and he was quite moved by what he saw
Sintió mucha lástima por la marioneta indefensa
he felt very sorry for the helpless puppet
Trató de mantener sus simpatías dentro de sí mismo
he tried to hold his sympathies within himself
pero al cabo de un rato salieron todos
but after a little they all came out
Ya no podía contener su simpatía
he could contain his sympathy no longer
y soltó un enorme y violento estornudo
and he let out an enormous violent sneeze
hasta ese momento Arlequín había estado preocupado
up until that moment Harlequin had been worried
se había inclinado como un sauce llorón
he had been bowing down like a weeping willow
pero cuando oyó el estornudo se puso alegre
but when he heard the sneeze he became cheerful
se inclinó hacia Pinocho y susurró;
he leaned towards Pinocchio and whispered;
"Buenas noticias, hermano, el maestro de ceremonias ha estornudado"
"Good news, brother, the ringmaster has sneezed"
"Esa es una señal de que se compadece de ti"

"that is a sign that he pities you"
"Y si se compadece de ti, entonces eres salvo"
"and if he pities you, then you are saved"
La mayoría de los hombres lloran cuando sienten compasión
most men weep when they feel compassion
o al menos fingen secarse los ojos
or at least they pretend to dry their eyes
El Tragafuegos, sin embargo, tenía un hábito diferente
Fire-Eater, however, had a different habit
Cuando se movía por la emoción, su nariz le hacía cosquillas
when moved by emotion his nose would tickle him
El maestro de ceremonias no dejó de actuar como rufián
the ringmaster didn't stop acting the ruffian
—¿Has terminado de llorar?
"are you quite done with all your crying?"
"Me duele el estómago por tus lamentos"
"my stomach hurts from your lamentations"
"Siento un espasmo que casi..."
"I feel a spasm that almost..."
Y el maestro de ceremonias soltó otro fuerte estornudo
and the ringmaster let out another loud sneeze
-¡Bendito seas! -dijo Pinocho muy alegremente-
"Bless you!" said Pinocchio, quite cheerfully
"¡Gracias! ¿Y tu papá y tu mamá?
"Thank you! And your papa and your mamma?"
"¿Todavía están vivos?" preguntó Tragafuegos
"are they still alive?" asked Fire-Eater
"Mi papá todavía está vivo y bien", dijo Pinocho
"My papa is still alive and well," said Pinocchio
"Pero a mi mamá nunca la he conocido", agregó
"but my mamma I have never known," he added
"menos mal que no te tiré al fuego"
"good thing I did not have you thrown on the fire"
"Tu padre habría perdido todo lo que aún tenía"
"your father would have lost all who he still had"
—¡Pobre viejo! ¡Lo compadezco!"
"Poor old man! I pity him!"

"¡Etchoo! etchoo! ¡Etchoo!" El tragafuegos estornudó
"Etchoo! etchoo! etchoo!" Fire-eater sneezed
y volvió a estornudar tres veces
and he sneezed again three times
"Bendito seas", decía Pinocho cada vez
"Bless you," said Pinocchio each time
"¡Gracias! Algo de compasión se debe a mí"
"Thank you! Some compassion is due to me"
"como puedes ver no tengo más madera"
"as you can see I have no more wood"
"así que me costará terminar de asar mi cordero"
"so I will struggle to finish roasting my mutton"
—¡Me habrías sido de gran utilidad!
"you would have been of great use to me!"
"Sin embargo, he tenido lástima de ti"
"However, I have had pity on you"
"Así que debo tener paciencia contigo"
"so I must have patience with you"
"En lugar de ti quemaré otra marioneta"
"Instead of you I will burn another puppet"
A esta llamada aparecieron inmediatamente dos gendarmes de madera
At this call two wooden gendarmes immediately appeared
Eran marionetas muy largas y muy delgadas
They were very long and very thin puppets
y tenían sombreros torcidos en la cabeza
and they had wonky hats on their heads
y tenían espadas desenvainadas en sus manos
and they held unsheathed swords in their hands
El maestro de ceremonias les dijo con voz ronca:
The ringmaster said to them in a hoarse voice:
"Toma a Arlequín y átalo bien"
"Take Harlequin and bind him securely"
"Y luego tirarlo al fuego para que se queme"
"and then throw him on the fire to burn"
"Estoy decidido a que mi cordero esté bien asado"
"I am determined that my mutton shall be well roasted"

¡Imagínate cómo se habrá sentido el pobre Arlequín!
imagine how poor Harlequin must have felt!
Su terror era tan grande que sus piernas se doblaron debajo de él
His terror was so great that his legs bent under him
y cayó con el rostro en tierra
and he fell with his face on the ground
Pinocho estaba agonizando por lo que estaba viendo
Pinocchio was agonized by what he was seeing
Se arrojó a los pies del maestro de ceremonias
he threw himself at the ringmaster's feet
Bañó su larga barba con sus lágrimas
he bathed his long beard with his tears
y trató de suplicar por la vida de Arlequín
and he tried to beg for Harlequin's life
—¡Tenga piedad, señor Tragafuegos! Pinocho suplicó
"Have pity, Sir Fire-Eater!" Pinocchio begged
—Aquí no hay señores —respondió el maestro de ceremonias con severidad—
"Here there are no sirs," the ringmaster answered severely
—¡Tened piedad, señor caballero! Pinocho lo intentó
"Have pity, Sir Knight!" Pinocchio tried
"¡Aquí no hay caballeros!", respondió el maestro de ceremonias
"Here there are no knights!" the ringmaster answered
—¡Ten piedad, comandante! Pinocho lo intentó
"Have pity, Commander!" Pinocchio tried
"¡Aquí no hay comandantes!"
"Here there are no commanders!"
"¡Ten piedad, Excelencia!" Pinocho suplicó
"Have pity, Excellence!" Pinocchio pleaded
Al tragafuegos le gustó mucho lo que acababa de oír
Fire-eater quite liked what he had just heard
La excelencia era algo a lo que aspiraba
Excellence was something he did aspire to
Y el maestro de ceremonias comenzó a sonreír de nuevo
and the ringmaster began to smile again

y se volvió a la vez más amable y más dócil
and he became at once kinder and more tractable
Volviéndose hacia Pinocho, le preguntó:
Turning to Pinocchio, he asked:
"Bueno, ¿qué quieres de mí?"
"Well, what do you want from me?"
"Te imploro que perdones al pobre Arlequín"
"I implore you to pardon poor Harlequin"
"Para él no puede haber perdón"
"For him there can be no pardon"
"Te he perdonado, si te acuerdas"
"I have spared you, if you remember"
"Así que hay que ponerlo en el fuego"
"so he must be put on the fire"
"Estoy decidido a que mi cordero esté bien asado"
"I am determined that my mutton shall be well roasted"
Pinocho se enfrentó con orgullo al maestro de ceremonias
Pinocchio stood up proudly to the ringmaster
y tiró su gorro de miga de pan
and he threw away his cap of bread crumb
"En ese caso conozco mi deber"
"In that case I know my duty"
"¡Vamos, gendarmes!", gritó a los soldados
"Come on, gendarmes!" he called the soldiers
"Átame y arrójame entre las llamas"
"Bind me and throw me amongst the flames"
"¡No sería justo que Arlequín muriera por mí!"
"it would not be just for Harlequin to die for me!"
"Ha sido un verdadero amigo para mí"
"he has been a true friend to me"
Pinocho había hablado con voz fuerte y heroica
Pinocchio had spoken in a loud, heroic voice
y sus acciones heroicas hicieron llorar a todos los títeres
and his heroic actions made all the puppets cry
A pesar de que los gendarmes eran de madera
Even though the gendarmes were made of wood
Lloraron como dos corderos recién nacidos

they wept like two newly born lambs
Al principio, el tragafuegos permaneció tan duro e impasible como el hielo
Fire-eater at first remained as hard and unmoved as ice
Pero poco a poco empezó a derretirse y a estornudar
but little by little he began to melt and sneeze
Volvió a estornudar cuatro o cinco veces
he sneezed again four or five times
y abrió los brazos afectuosamente
and he opened his arms affectionately
"¡Eres un chico bueno y valiente!", elogió a Pinocho
"You are a good and brave boy!" he praised Pinocchio
"Ven aquí y dame un beso"
"Come here and give me a kiss"
Pinocho corrió inmediatamente hacia el maestro de ceremonias
Pinocchio ran to the ringmaster at once
Se subió a la barba del maestro de ceremonias como una ardilla
he climbed up the ringmaster's beard like a squirrel
y depositó un caluroso beso en la punta de la nariz
and he deposited a hearty kiss on the point of his nose
-¿Entonces se concede el indulto? -preguntó el pobre Arlequín
"Then the pardon is granted?" asked poor Harlequin
con una voz débil que apenas se oía
in a faint voice that was scarcely audible
-¡El perdón está concedido! -respondió Tragafuegos-
"The pardon is granted!" answered Fire-Eater
Luego añadió, suspirando y negando con la cabeza:
he then added, sighing and shaking his head:
"¡Debo tener paciencia con mis marionetas!"
"I must have patience with my puppets!"
Esta noche tendré que comerme el cordero medio crudo;
"Tonight I shall have to eat the mutton half raw;"
"Pero otra vez, ¡ay de aquel que me desagrada!"
"but another time, woe to him who displeases me!"

Al recibir la noticia del indulto, todos los títeres corrieron al escenario
At the news of the pardon the puppets all ran to the stage
Encendieron todas las lámparas y candelabros del espectáculo
they lit all the lamps and chandeliers of the show
Era como si hubiera una actuación de gala completa
it was as if there was a full-dress performance
Empezaron a saltar y a bailar alegremente
they began to leap and to dance merrily
Cuando amaneció, seguían bailando
when dawn had come they were still dancing

Pinocho recibe cinco piezas de oro
Pinocchio Receives Five Gold Pieces

Al día siguiente, el Tragafuegos llamó a Pinocho
The following day Fire-eater called Pinocchio over
"¿Cómo se llama tu padre?", le preguntó a Pinocho
"What is your father's name?" he asked Pinocchio
—Mi padre se llama Geppetto —respondió Pinocho—
"My father is called Geppetto," Pinocchio answered
—¿Y qué oficio sigue? —preguntó Tragafuegos
"And what trade does he follow?" asked Fire-eater
"No tiene oficio, es un mendigo"

"He has no trade, he is a beggar"
—¿Gana mucho? —preguntó Tragafuegos
"Does he earn much?" asked Fire-eater
"No, nunca tiene un centavo en el bolsillo"
"No, he has never a penny in his pocket"
"Una vez me compró un libro de ortografía"
"once he bought me a spelling-book"
"Pero tuvo que vender la única chaqueta que tenía"
"but he had to sell the only jacket he had"
—¡Pobre diablo! ¡Casi siento lástima por él!"
"Poor devil! I feel almost sorry for him!"
"Aquí hay cinco piezas de oro para él"
"Here are five gold pieces for him"
"Ve enseguida y llévale el oro"
"Go at once and take the gold to him"
Pinocho estaba encantado con el presente
Pinocchio was overjoyed by the present
Le dio las gracias mil veces al maestro de ceremonias
he thanked the ringmaster a thousand times
Abrazó a todos los títeres de la compañía
He embraced all the puppets of the company
Incluso abrazó a la tropa de gendarmes
he even embraced the troop of gendarmes
Y luego se dispuso a regresar directamente a casa
and then he set out to return straight home
Pero Pinocho no llegó muy lejos
But Pinocchio didn't get very far
en el camino se encontró con un zorro con un pie cojo
on the road he met a Fox with a lame foot
y se encontró con un gato ciego de ambos ojos
and he met a Cat blind in both eyes
Iban ayudándose unos a otros
they were going along helping each other
Fueron buenos compañeros en su desgracia
they were good companions in their misfortune
El Zorro, que era cojo, caminaba apoyado en el Gato
The Fox, who was lame, walked leaning on the Cat

y el Gato, que era ciego, fue guiado por el Zorro
and the Cat, who was blind, was guided by the Fox
el Zorro saludó a Pinocho muy cortésmente
the Fox greeted Pinocchio very politely
-Buenos días, Pinocho -dijo el Zorro-
"Good-day, Pinocchio," said the Fox
"¿Cómo llegas a saber mi nombre?", preguntó el títere
"How do you come to know my name?" asked the puppet
—Conozco bien a tu padre —dijo el zorro—
"I know your father well," said the fox
"¿Dónde lo viste?", preguntó Pinocho
"Where did you see him?" asked Pinocchio
"Lo vi ayer, en la puerta de su casa"
"I saw him yesterday, at the door of his house"
"¿Y qué hacía?", preguntó Pinocho
"And what was he doing?" asked Pinocchio
"Estaba en camisa y temblando de frío"
"He was in his shirt and shivering with cold"
—¡Pobre papá! Pero su sufrimiento ya pasó"
"Poor papa! But his suffering is over now"
—¡En el futuro no temblará más!
"in the future he shall shiver no more!"
"¿Por qué no tiembla más?", preguntó el zorro
"Why will he shiver no more?" asked the fox
-Porque me he convertido en un caballero -replicó Pinocho-
"Because I have become a gentleman" replied Pinocchio
-¡Un caballero, tú! -dijo el zorro-
"A gentleman—you!" said the Fox
Y se echó a reír grosera y desdeñosamente
and he began to laugh rudely and scornfully
El Gato también comenzó a reír con el zorro
The Cat also began to laugh with the fox
pero lo hacía mejor disimulando su risa
but she did better at concealing her laughter
y se peinó los bigotes con las patas delanteras
and she combed her whiskers with her forepaws
—No hay nada de qué reírse —exclamó Pinocho con rabia—

"There is little to laugh at," cried Pinocchio angrily
"Siento mucho que se te haga la boca agua"
"I am really sorry to make your mouth water"
"Si sabes algo, entonces sabes lo que son"
"if you know anything then you know what these are"
"Se ve que son cinco piezas de oro"
"you can see that they are five pieces of gold"
Y sacó el dinero que Tragafuegos le había dado
And he pulled out the money that Fire-eater had given him
Por un momento, el zorro y el gato hicieron algo extraño
for a moment the fox and the cat did a strange thing
El tintineo del dinero realmente llamó su atención
the jingling of the money really got their attention
el Zorro extendió la pata que parecía lisiada
the Fox stretched out the paw that seemed crippled
y la Gata abrió de par en par sus dos ojos
and the Cat opened wide her two eyes
Sus ojos parecían dos farolillos verdes
her eyes looked like two green lanterns

Es cierto que volvió a cerrar los ojos
it is true that she shut her eyes again
fue tan rápida que Pinocho no se dio cuenta
she was so quick that Pinocchio didn't notice

el Zorro tenía mucha curiosidad por lo que había visto
the Fox was very curious about what he had seen
"¿Qué vas a hacer con todo ese dinero?"
"what are you going to do with all that money?"
Pinocho estaba demasiado orgulloso para contarles sus planes
Pinocchio was all too proud to tell them his plans
"En primer lugar, tengo la intención de comprar una chaqueta nueva para mi papá"
"First of all, I intend to buy a new jacket for my papa"
"La chaqueta será de oro y plata"
"the jacket will be made of gold and silver"
"Y el abrigo vendrá con botones de diamantes"
"and the coat will come with diamond buttons"
"y luego me compraré un libro de ortografía"
"and then I will buy a spelling-book for myself"
"¿Comprarás un libro de ortografía para ti?"
"You will buy a spelling book for yourself?"
"Sí, ciertamente, porque deseo estudiar en serio"
"Yes indeed, for I wish to study in earnest"
-¡Mírame! -dijo el Zorro-
"Look at me!" said the Fox
"Por mi insensata pasión por el estudio he perdido una pierna"
"Through my foolish passion for study I have lost a leg"
-¡Mírame! -dijo el Gato-
"Look at me!" said the Cat
"Por mi insensata pasión por el estudio he perdido los ojos"
"Through my foolish passion for study I have lost my eyes"
En ese momento un mirlo blanco comenzó su canto habitual
At that moment a white Blackbird began his usual song
"Pinocho, no escuches los consejos de los malos compañeros"
"Pinocchio, don't listen to the advice of bad companions"
"¡Si escuchas sus consejos, te arrepentirás!"
"if you listen to their advice you will repent it!"
¡Pobre mirlo! ¡Ojalá no hubiera hablado!

Poor Blackbird! If only he had not spoken!

El Gato, con un gran salto, saltó sobre él

The Cat, with a great leap, sprang upon him

ni siquiera le dio tiempo a decir "¡Oh!"

she didn't even give him time to say "Oh!"

Se lo comió de un bocado, con plumas y todo

she ate him in one mouthful, feathers and all

Después de comérselo, se limpió la boca

Having eaten him, she cleaned her mouth

Y luego volvió a cerrar los ojos

and then she shut her eyes again

y fingió ceguera como antes

and she feigned blindness just as before

-¡Pobre mirlo! -dijo Pinocho al Gato-

"Poor Blackbird!" said Pinocchio to the Cat

—¿Por qué lo trataste tan mal?

"why did you treat him so badly?"

"Lo hice para darle una lección"

"I did it to give him a lesson"

"Aprenderá a no inmiscuirse en los asuntos ajenos"

"He will learn not to meddle in other people's affairs"

A estas alturas ya habían recorrido casi la mitad del camino de vuelta a casa

by now they had gone almost half-way home

el Zorro, se detuvo de repente y habló con la marioneta

the Fox, halted suddenly, and spoke to the puppet

"¿Te gustaría duplicar tu dinero?"

"Would you like to double your money?"

"¿De qué manera podría duplicar mi dinero?"

"In what way could I double my money?"

—¿Te gustaría multiplicar tus cinco miserables monedas?

"Would you like to multiply your five miserable coins?"

"¡Me gustaría mucho! Pero, ¿cómo?

"I would like that very much! but how?"

"La forma de hacerlo es bastante fácil"

"The way to do it is easy enough"

"En lugar de volver a casa, debes ir con nosotros"

"Instead of returning home you must go with us"
—¿Y adónde quieres llevarme?
"And where do you wish to take me?"
"Te llevaremos a la tierra de los Búhos"
"We will take you to the land of the Owls"
Pinocho reflexionó un momento para pensar
Pinocchio reflected a moment to think
y luego dijo resueltamente: "No, no iré"
and then he said resolutely "No, I will not go"
"Ya estoy cerca de la casa"
"I am already close to the house"
"Y volveré a casa con mi papá"
"and I will return home to my papa"
"Me ha estado esperando en el frío"
"he has been waiting for me in the cold"
"Ayer no volví en todo el día de ayer"
"all day yesterday I did not come back to him"
"¡Quién puede decir cuántas veces suspiró!"
"Who can tell how many times he sighed!"
"De hecho, he sido un mal hijo"
"I have indeed been a bad son"
"Y el grillito parlante tenía razón"
"and the talking little cricket was right"
"Los chicos desobedientes nunca llegan a nada bueno"
"Disobedient boys never come to any good"
"Lo que dijo el grillito parlante es verdad"
"what the talking little cricket said is true"
"Me han pasado muchas desgracias"
"many misfortunes have happened to me"
"Incluso ayer, en la casa del tragafuegos, me arriesgué"
"Even yesterday in fire-eater's house I took a risk"
—¡Oh! ¡Me estremece pensar en ello!"
"Oh! it makes me shudder to think of it!"
—Bien, entonces —dijo el Zorro—, ¿has decidido irte a casa?
"Well, then," said the Fox, "you've decided to go home?"
"Vete, pues, y tanto peor para ti"
"Go, then, and so much the worse for you"

-¡Tanto peor para ti! -repitió el Gato-
"So much the worse for you!" repeated the Cat
"Piénsalo bien, Pinocho", le aconsejaron
"Think well of it, Pinocchio," they advised him
"Porque le estás dando una patada a la fortuna"
"because you are giving a kick to fortune"
-¡Una patada a la fortuna! -repitió el Gato-
"a kick to fortune!" repeated the Cat
"Todo lo que habría hecho falta habría sido un día"
"all it would have taken would have been a day"
"Mañana tus cinco monedas podrían haberse multiplicado"
"by tomorrow your five coins could have multiplied"
"Tus cinco monedas podrían haberse convertido en dos mil"
"your five coins could have become two thousand"
-¡Dos mil soberanos! -repitió el Gato-
"Two thousand sovereigns!" repeated the Cat
"¿Pero cómo es posible?", preguntó Pinocho
"But how is it possible?" asked Pinocchio
y se quedó con la boca abierta de asombro
and he remained with his mouth open from astonishment
—Te lo explicaré enseguida —dijo el Zorro—
"I will explain it to you at once," said the Fox
"en la tierra de los Búhos hay un campo sagrado"
"in the land of the Owls there is a sacred field"
"Todo el mundo lo llama el campo de los milagros"
"everybody calls it the field of miracles"
"En este campo hay que cavar un pequeño hoyo"
"In this field you must dig a little hole"
"Y debes poner una moneda de oro en el agujero"
"and you must put a gold coin into the hole"
"Entonces cubres el agujero con un poco de tierra"
"then you cover up the hole with a little earth"
"Debes conseguir agua de la fuente cercana"
"you must get water from the fountain nearby"
"Debes regar el agujero con dos cubos de agua"
"you must water they hole with two pails of water"
"Luego espolvorea el agujero con dos pizcas de sal"

"then sprinkle the hole with two pinches of salt"
"Y cuando llegue la noche puedes irte tranquilamente a la cama"
"and when night comes you can go quietly to bed"
"Durante la noche ocurrirá el milagro"
"during the night the miracle will happen"
"Las piezas de oro que plantaste crecerán y florecerán"
"the gold pieces you planted will grow and flower"
—¿Y qué crees que encontrarás por la mañana?
"and what do you think you will find in the morning?"
"Encontrarás un hermoso árbol donde lo plantaste"
"You will find a beautiful tree where you planted it"
"El árbol estará cargado de monedas de oro"
"they tree will be laden with gold coins"
Pinocho estaba cada vez más desconcertado
Pinocchio grew more and more bewildered
"Supongamos que entierro mis cinco monedas en ese campo"
"let's suppose I bury my five coins in that field"
—¿Cuántas monedas podría encontrar a la mañana siguiente?
"how many coins might I find the following morning?"
-Es un cálculo muy fácil -replicó el Zorro-
"That is an exceedingly easy calculation," replied the Fox
"Un cálculo que se puede hacer con las manos"
"a calculation you can make with your hands"
"Cada moneda te dará un aumento de quinientos"
"Every coin will give you an increase of five-hundred"
"Multiplica quinientos por cinco y tendrás tu respuesta"
"multiply five hundred by five and you have your answer"
"Encontrarás dos mil quinientas piezas de oro brillante"
"you will find two-thousand-five-hundred shining gold pieces"
—¡Oh! ¡Qué delicia!", exclamó Pinocho, bailando de alegría
"Oh! how delightful!" cried Pinocchio, dancing for joy
"Me quedaré con dos mil para mí"
"I will keep two thousand for myself"
"Y los otros quinientos te daré dos"

"and the other five hundred I will give you two"
-¿Un regalo para nosotros? -exclamó el zorro con indignación-
"A present to us?" cried the Fox with indignation
Y casi pareció ofendido por la oferta
and he almost appeared offended at the offer
"¿Con qué sueñas?", preguntó el Zorro
"What are you dreaming of?" asked the Fox
"¿Con qué sueñas?", repitió el Gato
"What are you dreaming of?" repeated the Cat
"No trabajamos para acumular intereses"
"We do not work to accumulate interest"
"Trabajamos únicamente para enriquecer a los demás"
"we work solely to enrich others"
"¡Para enriquecer a los demás!", repitió el Gato
"to enrich others!" repeated the Cat
«¡Qué gente tan buena!», pensó Pinocho para sí mismo
"What good people!" thought Pinocchio to himself
Y se olvidó por completo de su papá y de la chaqueta nueva
and he forgot all about his papa and the new jacket
y se olvidó del libro de ortografía
and he forgot about the spelling-book
y olvidó todos sus buenos propósitos
and he forgot all of his good resolutions
"Vámonos de una vez", sugirió
"Let us be off at once" he suggested
"Iré con ustedes dos al campo de los Búhos"
"I will go with you two to the field of Owls"

La Posada de la Cangrejo Rojo
The Inn of the Red Craw-Fish

Caminaron, caminaron y caminaron
They walked, and walked, and walked
Todos cansados, finalmente llegaron a una posada
all tired out, they finally arrived at an inn

La posada de los cangrejos rojos
The Inn of The Red Craw-Fish
-Detengámonos aquí un poco -dijo el zorro-
"Let us stop here a little," said the Fox,
"Deberíamos tener algo para comer", añadió
"we should have something to eat," he added
"Necesitamos descansar una o dos horas"
"we need to rest ourselves for an hour or two"
"Y luego empezaremos de nuevo a medianoche"
"and then we will start again at midnight"
"Llegaremos al Campo de los Milagros por la mañana"
"we'll arrive at the Field of Miracles in the morning"
Pinocho también estaba cansado de tanto caminar
Pinocchio was also tired from all the walking
Así que fue fácil convencerlo de que entrara en la posada
so he was easily convinced to go into the inn
Los tres se sentaron a la mesa
all three of them sat down at a table
pero ninguno de ellos tenía realmente apetito
but none of them really had any appetite

El gato sufría de indigestión
The Cat was suffering from indigestion
y se sentía seriamente indispuesta
and she was feeling seriously indisposed
Solo podía comer treinta y cinco pescados con salsa de tomate

she could only eat thirty-five fish with tomato sauce
y solo comió cuatro porciones de fideos con parmesano
and she had just four portions of noodles with Parmesan
Pero pensó que los fideos no estaban lo suficientemente sazonados
but she thought the noodles weres not seasoned enough
¡Así que pidió tres veces la mantequilla y el queso rallado!
so she asked three times for the butter and grated cheese!
El zorro también podría haberse quedado sin comer
The Fox could also have gone without eating
Pero su médico le había ordenado una dieta estricta
but his doctor had ordered him a strict diet
Así que se vio obligado a contentarse simplemente con una liebre
so he was forced to content himself simply with a hare
La liebre estaba aderezada con una salsa agridulce
the hare was dressed with a sweet and sour sauce
Se adornaba ligeramente con pollos gordos
it was garnished lightly with fat chickens
Luego pidió un plato de perdices y conejos
then he ordered a dish of partridges and rabbits
y también comió algunas ranas, lagartijas y otros manjares
and he also ate some frogs, lizards and other delicacies
Realmente no podía comer nada más
he really could not eat anything else
Le importaba muy poco la comida, dijo
He cared very little for food, he said
Y dijo que le costó llevárselo a los labios
and he said he struggled to put it to his lips
El que menos comió fue Pinocho
The one who ate the least was Pinocchio
Pidió unas nueces y un trozo de pan
He asked for some walnuts and a hunch of bread
Y dejó todo en su plato
and he left everything on his plate
Los pensamientos del pobre muchacho no estaban con la comida

The poor boy's thoughts were not with the food
continuamente fijaba sus pensamientos en el Campo de los Milagros
he continually fixed his thoughts on the Field of Miracles
Cuando hubieron cenado, el Zorro habló con el anfitrión
When they had supped, the Fox spoke to the host
-Danos dos buenas habitaciones, querido posadero.
"Give us two good rooms, dear inn-keeper"
"Por favor, proporciónenos una habitación para el Sr. Pinocho"
"please provide us one room for Mr. Pinocchio"
"y compartiré la otra habitación con mi compañero"
"and I will share the other room with my companion"
"Dormiremos un poco antes de irnos"
"We will snatch a little sleep before we leave"
"Recuerde, sin embargo, que deseamos salir a medianoche"
"Remember, however, that we wish to leave at midnight"
"Así que, por favor, llámenos, para continuar nuestro viaje"
"so please call us, to continue our journey"
—Sí, señores —respondió el anfitrión—
"Yes, gentlemen," answered the host
y le guiñó un ojo al Zorro y al Gato
and he winked at the Fox and the Cat
era como si dijera "sé lo que estás haciendo"
it was as if he said "I know what you are up to"
El guiño parecía decir: "¡Nos entendemos!".
the wink seemed to say, "we understand one another!"
Pinocho estaba muy cansado del día
Pinocchio was very tired from the day
Se durmió tan pronto como se metió en su cama
he fell asleep as soon as he got into his bed
Y tan pronto como empezó a dormir empezó a soñar
and as soon as he started sleeping he started to dream
Soñó que estaba en medio de un campo
he dreamed that he was in the middle of a field
El campo estaba lleno de arbustos hasta donde alcanzaba la vista

the field was full of shrubs as far as the eye could see
Los arbustos estaban cubiertos con racimos de monedas de oro
the shrubs were covered with clusters of gold coins
Las monedas de oro se balanceaban con el viento y traqueteaban
the gold coins swung in the wind and rattled
Y emitieron un sonido como: "Tzinn, Tzinn, Tzinn"
and they made a sound like, "tzinn, tzinn, tzinn"
sonaban como si estuvieran hablando con Pinocho
they sounded as if they were speaking to Pinocchio
"Que venga quien quiera y nos lleve"
"Let who whoever wants to come and take us"
Pinocho estaba a punto de extender la mano
Pinocchio was just about to stretch out his hand
Iba a recoger puñados de esas hermosas piezas de oro
he was going to pick handfuls of those beautiful gold pieces
y casi pudo guardárselas en el bolsillo
and he almost was able to put them in his pocket
pero de repente lo despertaron tres golpes en la puerta
but he was suddenly awakened by three knocks on the door
Era el anfitrión que había venido a despertarlo
It was the host who had come to wake him up
"He venido para avisarte de que es medianoche"
"I have come to let you know it's midnight"
"¿Están listos mis compañeros?", preguntó el títere
"Are my companions ready?" asked the puppet
"¡Listo! Vaya, se fueron hace dos horas"
"Ready! Why, they left two hours ago"
—¿Por qué tenían tanta prisa?
"Why were they in such a hurry?"
"Porque el Gato había recibido un mensaje"
"Because the Cat had received a message"
"Recibió la noticia de que su gatito mayor estaba enfermo"
"she got news that her eldest kitten was ill"
—¿Pagaron la cena?
"Did they pay for the supper?"

—¿**En qué estás pensando?**
"What are you thinking of?"
"Están demasiado bien educados para soñar con insultarte"
"They are too well educated to dream of insulting you"
"Un señor como tú no dejaría pagar a sus amigos"
"a gentleman like you would not let his friends pay"
«¡Qué lástima!», pensó Pinocho
"What a pity!" thought Pinocchio
"¡Semejante insulto me habría dado mucho placer!"
"such an insult would have given me much pleasure!"
—**¿Y dónde dijeron mis amigos que me esperarían?**
"And where did my friends say they would wait for me?"
"En el Campo de los Milagros, mañana por la mañana al amanecer"
"At the Field of Miracles, tomorrow morning at daybreak"
Pinocho pagó una moneda por la cena de sus compañeros
Pinocchio paid a coin for the supper of his companions
y luego partió para el campo de los Milagros
and then he left for the field of Miracles
Fuera de la posada estaba casi a oscuras
Outside the inn it was almost pitch black
Pinocho sólo podía progresar abriéndose camino a tientas
Pinocchio could only make progress by groping his way
Era imposible ver su mano frente a él
it was impossible to see his hand's in front of him
Algunos pájaros nocturnos volaron a través de la carretera
Some night-birds flew across the road
rozaron la nariz de Pinocho con sus alas
they brushed Pinocchio's nose with their wings
Le causó un susto terrible
it caused him a terrible fright
Saltando hacia atrás, gritó: "¿Quién va allí?"
springing back, he shouted: "who goes there?"
y el eco en los cerros se repetía a lo lejos
and the echo in the hills repeated in the distance
"¿Quién va allí?" - "¿Quién va allí?" - "¿Quién va allí?"
"Who goes there?" - "Who goes there?" - "Who goes there?"

En el tronco del árbol vio una lucecita
on the trunk of the tree he saw a little light
Era un pequeño insecto que vio brillar tenuemente
it was a little insect he saw shining dimly
como una luz nocturna en una lámpara de porcelana transparente
like a night-light in a lamp of transparent china
"¿Quién eres?", preguntó Pinocho
"Who are you?" asked Pinocchio
El insecto respondió en voz baja;
the insect answered in a low voice;
"Soy el fantasma del grillito parlante"
"I am the ghost of the talking little cricket"
La voz era más débil de lo que se puede describir
the voice was fainter than can be described
La voz parecía venir del otro mundo
the voice seemed to come from the other world
"¿Qué quieres de mí?", dijo el títere
"What do you want with me?" said the puppet
"Quiero darte un consejo"
"I want to give you some advice"
"Vuelve y toma las cuatro monedas que te quedan"
"Go back and take the four coins that you have left"
"Llévale tus monedas a tu pobre padre"
"take your coins to your poor father"
"Está llorando y desesperado en casa"
"he is weeping and in despair at home"
"Porque no has vuelto a él"
"because you have not returned to him"
pero Pinocho ya había pensado en esto
but Pinocchio had already thought of this
"Mañana mi papá será un caballero"
"By tomorrow my papa will be a gentleman"
"Estas cuatro monedas se convertirán en dos mil"
"these four coins will become two thousand"
"No confíes en los que prometen hacerte rico en un día"
"Don't trust those who promise to make you rich in a day"

"¡Por lo general, son locos o pícaros!"
"Usually they are either mad or rogues!"
"Escúchame y vuelve, hijo mío"
"Give ear to me, and go back, my boy"
"Al contrario, estoy decidido a seguir"
"On the contrary, I am determined to go on"
-¡Es tarde! -dijo el grillo-
"The hour is late!" said the cricket
"Estoy decidido a seguir"
"I am determined to go on"
-¡La noche es oscura! -dijo el grillo-
"The night is dark!" said the cricket
"Estoy decidido a seguir"
"I am determined to go on"
"¡El camino es peligroso!", dijo el grillo
"The road is dangerous!" said the cricket
"Estoy decidido a seguir"
"I am determined to go on"
"Los chicos están empeñados en seguir sus deseos"
"boys are bent on following their wishes"
"Pero recuerda, tarde o temprano se arrepienten"
"but remember, sooner or later they repent it"
"Siempre las mismas historias. Buenas noches, pequeño grillo"
"Always the same stories. Good-night, little cricket"
El Grillo también le deseó a Pinocho una buena noche
The Cricket wished Pinocchio a good night too
"Que el cielo te guarde de los peligros y de los asesinos"
"may Heaven preserve you from dangers and assassins"
Entonces el grillito parlante desapareció de repente
then the talking little cricket vanished suddenly
como una luz que se ha apagado
like a light that has been blown out
y el camino se volvió más oscuro que nunca
and the road became darker than ever

Pinocho cae en manos de los asesinos
Pinocchio Falls into the Hands of the Assassins

Pinocho reanudó su viaje y habló consigo mismo
Pinocchio resumed his journey and spoke to himself
"Qué desgraciados somos los pobres muchachos"
"how unfortunate we poor boys are"
"Todo el mundo nos regaña y nos da buenos consejos"
"Everybody scolds us and gives us good advice"
"pero yo no elijo escuchar a ese pequeño grillo fastidioso"
"but I don't choose to listen to that tiresome little cricket"
"¡Quién sabe cuántas desgracias me van a suceder!"
"who knows how many misfortunes are to happen to me!"
"¡Ni siquiera he conocido a ningún asesino todavía!"
"I haven't even met any assassins yet!"
"Eso, sin embargo, tiene poca importancia"
"That is, however, of little consequence"
"porque yo no creo en asesinos"
"for I don't believe in assassins"
"Nunca he creído en asesinos"
"I have never believed in assassins"
"Creo que los asesinos han sido inventados a propósito"
"I think that assassins have been invented purposely"
"Los papás los usan para asustar a los niños"
"papas use them to frighten little boys"
"Y luego los niños pequeños tienen miedo de salir por la noche"
"and then little boys are scared of going out at night"
"De todos modos, supongamos que me encontrara con asesinos"
"Anyway, let's suppose I was to come across assassins"
—¿Te imaginas que me asustarían?
"do you imagine they would frighten me?"
"No me asustarían en lo más mínimo"
"they would not frighten me in the least"
"Iré a su encuentro y los llamaré"
"I will go to meet them and call to them"

—Señores asesinos, ¿qué queréis de mí?
'Gentlemen assassins, what do you want with me?'
'Recuerda que conmigo no hay bromas'
'Remember that with me there is no joking'
'¡Por lo tanto, ocúpate de tus asuntos y cállate!'
'Therefore, go about your business and be quiet!'
"Con este discurso huirían como el viento"
"At this speech they would run away like the wind"
"Puede ser que sean asesinos mal educados"
"it could be that they are badly educated assassins"
"Entonces los asesinos no podrían huir"
"then the assassins might not run away"
"Pero ni siquiera eso es un gran problema"
"but even that isn't a great problem"
"Entonces me escaparía yo mismo"
"then I would just run away myself"
"Y eso sería el final de eso"
"and that would be the end of that"
Pero Pinocho no tuvo tiempo de terminar su razonamiento
But Pinocchio had no time to finish his reasoning
Creyó oír un leve crujido de hojas
he thought that he heard a slight rustle of leaves
Se volvió para mirar de dónde venía el ruido
He turned to look where the noise had come from
y vio en la penumbra dos figuras negras de aspecto maligno
and he saw in the gloom two evil-looking black figures
Estaban completamente envueltos en sacos de carbón
they were completely enveloped in charcoal sacks
Corrían detrás de él de puntillas
They were running after him on their tiptoes
y daban grandes saltos como dos fantasmas
and they were making great leaps like two phantoms
"¡Aquí están en realidad!", se dijo a sí mismo
"Here they are in reality!" he said to himself
No tenía dónde esconder sus piezas de oro
he didn't have anywhere to hide his gold pieces
y se los puso en la boca, debajo de la lengua

so he put them in his mouth, under his tongue
Luego centró su atención en escapar
Then he turned his attention to escaping
Pero no logró llegar muy lejos
But he did not manage to get very far
Se sintió agarrado por el brazo
he felt himself seized by the arm

Y oyó dos voces horribles que lo amenazaban
and he heard two horrid voices threatening him
"¡Tu dinero o tu vida!", amenazaron
"Your money or your life!" they threatened
Pinocho no fue capaz de responder con palabras
Pinocchio was not able to answer in words
porque se había metido el dinero en la boca
because he had put his money in his mouth
Así que hizo mil reverencias bajas
so he made a thousand low bows
y ofreció mil pantomimas
and he offered a thousand pantomimes
Trató de hacer entender a las dos figuras
He tried to make the two figures understand
No era más que un pobre títere sin dinero
he was just a poor puppet without any money
No tenía ni una moneda de cinco centavos en el bolsillo
he had not as much as a nickel in his pocket

Pero los dos ladrones no estaban convencidos
but the two robbers were not convinced
"¡Menos tonterías y fuera con el dinero!"
"Less nonsense and out with the money!"
Y el títere hizo un gesto con las manos
And the puppet made a gesture with his hands
Fingió darle la vuelta a los bolsillos
he pretended to turn his pockets inside out
Por supuesto, Pinocho no tenía bolsillos
Of course Pinocchio didn't have any pockets
pero estaba tratando de significar: "No tengo dinero"
but he was trying to signify, "I have no money"
Poco a poco los ladrones fueron perdiendo la paciencia
slowly the robbers were losing their patience
"Entrega tu dinero o estás muerto", dijo el más alto
"Deliver up your money or you are dead," said the taller one
—¡Muerto! —repitió el más pequeño—
"Dead!" repeated the smaller one
"¡Y luego también mataremos a tu padre!"
"And then we will also kill your father!"
—¡También tu padre! —repitió de nuevo el más pequeño—
"Also your father!" repeated the smaller one again
-¡No, no, no, mi pobre papá no! -exclamó Pinocho desesperado-
"No, no, no, not my poor papa!" cried Pinocchio in despair
Y mientras lo decía, las monedas tintineaban en su boca
and as he said it the coins clinked in his mouth
—¡Ah! ¡Bribón!", se dieron cuenta los ladrones
"Ah! you rascal!" realized the robbers
"¡Has escondido tu dinero debajo de tu lengua!"
"you have hidden your money under your tongue!"
"¡Escúpelo de una vez!", le ordenó
"Spit it out at once!" he ordered him
—Escúpelo —repitió el más pequeño—
"spit it out," repeated the smaller one
Pinocho era obstinado a sus órdenes
Pinocchio was obstinate to their commands

—¡Ah! Finges ser sordo, ¿verdad?
"Ah! you pretend to be deaf, do you?"
"**Déjanos a nosotros encontrar un medio**"
"leave it to us to find a means"
"**Encontraremos la manera de hacer que renuncies a tu dinero**"
"we will find a way to make you give up your money"
—**Encontraremos la manera** —repitió el más pequeño—
"We will find a way," repeated the smaller one
Y uno de ellos agarró al títere por la nariz
And one of them seized the puppet by his nose
y el otro lo tomó por la barbilla
and the other took him by the chin
y empezaron a tirar brutalmente
and they began to pull brutally
uno tiró hacia arriba y el otro hacia abajo
one pulled up and the other pulled down
Trataron de obligarlo a abrir la boca
they tried to force him to open his mouth
Pero todo fue en vano
But it was all to no purpose
La boca de Pinocho parecía estar clavada
Pinocchio's mouth seemed to be nailed together
Entonces el asesino más bajo sacó un feo cuchillo
Then the shorter assassin drew out an ugly knife
y trató de ponérselo entre los labios
and he tried to put it between his lips
Pero Pinocho, rápido como un rayo, le cogió la mano
But Pinocchio, as quick as lightning, caught his hand
y lo mordió con los dientes
and he bit him with his teeth
y de un mordisco le arrancó la mano de un mordisco
and with one bite he bit the hand clean off
Pero no fue una mano la que escupió
but it wasn't a hand that he spat out
Era más peludo que una mano y tenía garras
it was hairier than a hand, and had claws

Imagínense el asombro de Pinocho al ver la pata de un gato
imagine Pinocchio's astonishment when saw a cat's paw
O al menos eso es lo que creyó ver
or at least that's what he thought he saw
Pinocho se sintió alentado por esta primera victoria
Pinocchio was encouraged by this first victory
Ahora usaba sus uñas para liberarse
now he used his fingernails to break free
Logró liberarse de sus agresores
he succeeded in liberating himself from his assailants
Saltó por encima del seto al borde del camino
he jumped over the hedge by the roadside
y comenzó a correr por los campos
and began to run across the fields
Los asesinos corrieron tras él como dos perros persiguiendo a una liebre
The assassins ran after him like two dogs chasing a hare
y el que había perdido una pata corría sobre una pierna
and the one who had lost a paw ran on one leg
y nadie supo nunca cómo lo logró
and no one ever knew how he managed it
Después de una carrera de algunos kilómetros, Pinocho no pudo correr más
After a race of some miles Pinocchio could run no more
Pensó que su situación estaba perdida
he thought his situation was lost
Se subió al tronco de un pino muy alto
he climbed the trunk of a very high pine tree
y se sentó en las ramas más altas
and he seated himself in the topmost branches
Los asesinos intentaron trepar tras él
The assassins attempted to climb after him
Cuando llegaron a la mitad del árbol, volvieron a deslizarse hacia abajo
when they reached half-way up the tree they slid down again
y llegaron al suelo con la piel rasgada
and they arrived on the ground with their skin grazed

Pero no se dieron por vencidos tan fácilmente
But they didn't give up so easily
Amontonaron un poco de leña seca debajo del pino
they piled up some dry wood beneath the pine
y luego prendieron fuego a la leña
and then they set fire to the wood
Muy rápidamente el pino comenzó a arder más alto
very quickly the pine began to burn higher
como una vela soplada por el viento
like a candle blown by the wind
Pinocho vio que las llamas se elevaban cada vez más
Pinocchio saw the flames rising higher and higher
No deseaba acabar con su vida como una paloma asada
he did not wish to end his life like a roasted pigeon
Así que dio un salto estupendo desde lo alto del árbol
so he made a stupendous leap from the top of the tree
y corrió por los campos y las viñas
and he ran across the fields and vineyards
Los asesinos lo siguieron de nuevo
The assassins followed him again
y se mantuvieron detrás de él sin darse por vencidos
and they kept behind him without giving up
El día comenzó a despuntar y seguían persiguiéndolo
The day began to break and they were still pursuing him
De repente, Pinocho se encontró con el camino bloqueado por una zanja
Suddenly Pinocchio found his way barred by a ditch
Estaba lleno de agua estancada del color del café
it was full of stagnant water the colour of coffee
¿Qué iba a hacer ahora nuestro Pinocho?
What was our Pinocchio to do now?
"¡Uno! ¡Dos! ¡Tres!", exclamó el títere
"One! two! three!" cried the puppet
Haciendo una carrera, saltó hacia el otro lado
making a rush, he sprang to the other side
Los asesinos también intentaron saltar la zanja
The assassins also tried to jump over the ditch

pero no habían medido la distancia
but they had not measured the distance
¡Chapoteo de derroche! cayeron en medio de la zanja
splish splash! they fell into the middle of the ditch

Pinocho oyó el chapuzón y el chapoteo
Pinocchio heard the plunge and the splashing
"Un buen baño para ustedes, caballeros asesinos"
"A fine bath to you, gentleman assassins"
Y se convenció de que se habían ahogado
And he felt convinced that they were drowned

pero es bueno que Pinocho haya mirado detrás de él
but it's good that Pinocchio did look behind him
porque sus dos asesinos no se habían ahogado
because his two assassins had not drowned
Los dos asesinos habían vuelto a salir del agua
the two assassins had got out the water again
Y los dos seguían corriendo tras él
and they were both still running after him
Todavía estaban envueltos en sus sacos
they were still enveloped in their sacks
y el agua goteaba de ellos
and the water was dripping from them
como si hubieran sido dos cestas huecas
as if they had been two hollow baskets

Los asesinos cuelgan a Pinocho del gran roble
The Assassins Hang Pinocchio to the Big Oak Tree

Al verlo, el coraje de la marioneta le falló
At this sight, the puppet's courage failed him
Estuvo a punto de tirarse al suelo
he was on the point of throwing himself on the ground
y quería entregarse por perdido
and he wanted to give himself over for lost
Volvió los ojos en todas direcciones
he turned his eyes in every direction
Vio una casita blanca como la nieve
he saw a small house as white as snow
"Si tan solo tuviera aliento para llegar a esa casa"
"If only I had breath to reach that house"
"tal vez entonces pueda salvarme"
"perhaps then I might be saved"
Sin demorarse un instante volvió a correr
without delaying an instant he recommenced running
el pobre Pinocho corría por su vida
poor little Pinocchio was running for his life

Corrió por el bosque con los asesinos detrás de él
he ran through the wood with the assassins after him
Hubo una carrera desesperada de casi dos horas
there was a desperate race of nearly two hours
Y finalmente llegó sin aliento a la puerta
and finally he arrived quite breathless at the door
Llamó desesperadamente a la puerta de la casa
he desperately knocked on the door of the house
pero nadie respondió a la llamada de Pinocho
but no one answered Pinocchio's knock
Volvió a llamar a la puerta con gran violencia
He knocked at the door again with great violence
porque oyó el sonido de pasos que se acercaban a él
because he heard the sound of steps approaching him
y oyó el pesado jadeo de sus perseguidores
and he heard the the heavy panting of his persecutors
Hubo el mismo silencio que antes
there was the same silence as before
Vio que llamar a la puerta era inútil
he saw that knocking was useless
Así que, desesperado, comenzó a patear y golpear la puerta
so he began in desperation to kick and pommel the door
La ventana junto a la puerta se abrió
The window next to the door then opened
y un hermoso Niño apareció en la ventana
and a beautiful Child appeared at the window
La hermosa niña tenía el pelo azul
the beautiful child had blue hair
y su rostro era blanco como una imagen de cera
and her face was as white as a waxen image
Tenía los ojos cerrados como si estuviera dormida
her eyes were closed as if she was asleep
y sus manos estaban cruzadas sobre su pecho
and her hands were crossed on her breast
Sin mover los labios en lo más mínimo, habló
Without moving her lips in the least, she spoke
"En esta casa no hay nadie, están todos muertos"

"In this house there is no one, they are all dead"
y su voz parecía venir del otro mundo
and her voice seemed to come from the other world
pero Pinocho gritaba y lloraba e imploraba
but Pinocchio shouted and cried and implored
"Entonces al menos ábreme la puerta"
"Then at least open the door for me"
—Yo también estoy muerta —dijo la imagen de cera—
"I am also dead," said the waxen image
—Entonces, ¿qué haces ahí en la ventana?
"Then what are you doing there at the window?"
"Estoy esperando que me lleven"
"I am waiting to be taken away"
Habiendo dicho esto, desapareció inmediatamente
Having said this she immediately disappeared
y la ventana se volvió a cerrar sin el menor ruido
and the window was closed again without the slightest noise
—¡Oh! hermoso Niño de cabellos azules", exclamó Pinocho.
"Oh! beautiful Child with blue hair," cried Pinocchio"
"¡Abre la puerta, por el amor de Dios!"
"open the door, for pity's sake!"
"Ten compasión de un pobre muchacho perseguido..."
"Have compassion on a poor boy pursued..."
Pero no pudo terminar la frase
But he could not finish the sentence
porque se sentía agarrado por el cuello
because he felt himself seized by the collar
Las mismas dos horribles voces le dijeron amenazadoramente:
the same two horrible voices said to him threateningly:
"¡No volverás a escapar de nosotros!"
"You shall not escape from us again!"
—No escaparás —jadeó el pequeño asesino—
"You shall not escape," panted the little assassin
La marioneta vio que la muerte lo miraba fijamente a la cara
The puppet saw death was staring him in the face
Fue presa de un violento ataque de temblor

he was taken with a violent fit of trembling
Las articulaciones de sus piernas de madera comenzaron a crujir
the joints of his wooden legs began to creak
y las monedas escondidas bajo su lengua comenzaron a tintinear
and the coins hidden under his tongue began to clink
—¿Abrirás la boca, sí o no? —preguntaron los asesinos
"will you open your mouth—yes or no?" demanded the assassins
—¡Ah! ¿No hay respuesta? Déjalo en nuestras manos"
"Ah! no answer? Leave it to us"
"¡Esta vez te obligaremos a abrirlo!"
"this time we will force you to open it!"
—Te obligaremos —repitió el segundo asesino—
"we will force you," repeated the second assassin
Y sacaron dos cuchillos largos y horribles
And they drew out two long, horrid knives
y los cuchillos eran afilados como navajas de afeitar
and the knifes were as sharp as razors
Intentaron apuñalarlo dos veces
they attempted to stab him twice
Pero el títere tuvo suerte en un aspecto
but the puppet was lucky in one regard
Había sido hecho de madera muy dura
he had been made from very hard wood
Los cuchillos se rompieron en mil pedazos
the knives broke into a thousand pieces
Y los asesinos se quedaron solo con las manijas
and the assassins were left with just the handles
Por un momento solo pudieron mirarse el uno al otro
for a moment they could only stare at each other
"Veo lo que tenemos que hacer", dijo uno de ellos
"I see what we must do," said one of them
"¡Hay que colgarlo! ¡Vamos a ahorcarlo!"
"He must be hung! Let us hang him!"
-¡Vamos a ahorcarlo! -repitió el otro-

"Let us hang him!" repeated the other
Sin pérdida de tiempo le ataron los brazos a la espalda
Without loss of time they tied his arms behind him
y le pasaron una soga alrededor de la garganta
and they passed a running noose round his throat
y lo colgaron de la rama de la Encina Grande
and they hung him to the branch of the Big Oak
Luego se sentaron en la hierba a ver a Pinocho
They then sat down on the grass watching Pinocchio
y esperaron a que terminara su lucha
and they waited for his struggle to end
Pero ya habían pasado tres horas
but three hours had already passed
Los ojos de la marioneta seguían abiertos
the puppet's eyes were still open
Tenía la boca cerrada como antes
his mouth was closed just as before
Y estaba pateando más que nunca
and he was kicking more than ever
Finalmente habían perdido la paciencia con él
they had finally lost their patience with him
se volvieron hacia Pinocho y hablaron en tono de broma
they turned to Pinocchio and spoke in a bantering tone
"Adiós Pinocho, nos vemos mañana"
"Good-bye Pinocchio, see you again tomorrow"
"Ojalá seas lo suficientemente amable como para estar muerto"
"hopefully you'll be kind enough to be dead"
"Y ojalá tengas la boca abierta"
"and hopefully you will have your mouth wide open"
Y se fueron en una dirección diferente
And they walked off in a different direction
Mientras tanto, un viento del norte comenzó a soplar y rugir
In the meantime a northerly wind began to blow and roar
y el viento golpeaba a la pobre marioneta de un lado a otro
and the wind beat the poor puppet from side to side

El viento le hacía balancearse violentamente
the wind made him swing about violently
como el repiqueteo de una campana que suena para una boda
like the clatter of a bell ringing for a wedding
Y el balanceo le producía espasmos atroces
And the swinging gave him atrocious spasms
y la soga se apretó más y más alrededor de su garganta
and the noose became tighter and tighter around his throat
y finalmente le quitó el aliento
and finally it took away his breath
Poco a poco sus ojos comenzaron a oscurecerse
Little by little his eyes began to grow dim
Sentía que la muerte estaba cerca
he felt that death was near
pero Pinocho nunca perdió la esperanza
but Pinocchio never gave up hope
"Tal vez alguna persona caritativa venga en mi ayuda"
"perhaps some charitable person will come to my assistance"
Pero esperó y esperó y esperó
But he waited and waited and waited
Y al final no vino nadie, absolutamente nadie
and in the end no one came, absolutely no one
Entonces se acordó de su pobre padre
then he remembered his poor father

Pensando que se estaba muriendo, tartamudeó
thinking he was dying, he stammered out
—¡Oh, papá! ¡papá! ¡Si tan solo estuvieras aquí!"
"Oh, papa! papa! if only you were here!"
Le faltó el aliento y no pudo decir nada más
His breath failed him and he could say no more
Cerró los ojos y abrió la boca
He shut his eyes and opened his mouth
y extendió los brazos y las piernas
and he stretched out his arms and legs
Dio un último y largo estremecimiento
he gave one final long shudder
Y luego se quedó rígido e insensible
and then he hung stiff and insensible

El hermoso niño rescata al títere
The Beautiful Child Rescues the Puppet

El pobre Pinocho todavía estaba suspendido del Gran Roble
poor Pinocchio was still suspended from the Big Oak tree
pero, al parecer, Pinocho estaba más muerto que vivo
but apparently Pinocchio was more dead than alive
el hermoso Niño de cabellos azules se acercó de nuevo a la ventana
the beautiful Child with blue hair came to the window again
Vio a la infeliz marioneta colgando de su garganta
she saw the unhappy puppet hanging by his throat
Lo vio bailar arriba y abajo en las ráfagas de viento
she saw him dancing up and down in the gusts of the wind
y ella se sintió conmovida por la compasión por él
and she was moved by compassion for him
La hermosa niña juntó sus manos
the beautiful child struck her hands together
y dio tres pequeños aplausos
and she gave three little claps
Se oyó un sonido de alas volando rápidamente

there came a sound of wings flying rapidly
un gran halcón voló hasta el alféizar de la ventana
a large Falcon flew on to the window-sill

—¿Cuáles son tus órdenes, graciosa Hada? —preguntó
"What are your orders, gracious Fairy?" he asked
e inclinó el pico en señal de reverencia
and he inclined his beak in sign of reverence
"¿Ves esa marioneta colgando del Gran Roble?"
"Do you see that puppet dangling from the Big Oak tree?"
—Lo veo —confirmó el halcón—
"I see him," confirmed the falcon
—Vuela hacia él de inmediato —le ordenó—
"Fly over to him at once," she ordered him
"Usa tu pico fuerte para romper el nudo"
"use your strong beak to break the knot"
"Ponlo suavemente sobre la hierba al pie del árbol"
"lay him gently on the grass at the foot of the tree"
El Halcón voló para cumplir sus órdenes
The Falcon flew away to carry out his orders
y al cabo de dos minutos volvió con el niño
and after two minutes he returned to the child
"He hecho lo que me ordenaste"
"I have done as you commanded"
—¿Y cómo lo encontraste?
"And how did you find him?"

"Cuando lo vi por primera vez parecía muerto"
"when I first saw him he appeared dead"
"Pero en realidad no podía estar completamente muerto"
"but he couldn't really have been entirely dead"
"Aflojé la soga alrededor de su garganta"
"I loosened the noose around his throat"
"Y luego dio un suave suspiro"
"and then he gave soft a sigh"
"Me murmuró con voz débil"
"he muttered to me in a faint voice"
"'¡Ahora me siento mejor!', dijo"
"'Now I feel better!' he said"
El Hada entonces golpeó sus manos juntas dos veces
The Fairy then struck her hands together twice
tan pronto como hizo esto, apareció un magnífico caniche
as soon as she did this a magnificent Poodle appeared
El caniche caminaba erguido sobre sus patas traseras
the poodle walked upright on his hind legs
Era exactamente como si hubiera sido un hombre
it was exactly as if he had been a man
Vestía la librea de un cochero
He was in the full-dress livery of a coachman
En la cabeza llevaba un gorro de tres picos trenzado de oro
On his head he had a three-cornered cap braided with gold
Su peluca blanca y rizada le llegaba hasta los hombros
his curly white wig came down on to his shoulders
Tenía un chaleco de cuello chocolate con botones de diamantes
he had a chocolate-collared waistcoat with diamond buttons
y tenía dos grandes bolsillos para contener huesos
and he had two large pockets to contain bones
los huesos que le regaló su ama en la cena
the bones that his mistress gave him at dinner
También tenía un par de calzones cortos de terciopelo carmesí
he also had a pair of short crimson velvet breeches
y llevaba unas medias de seda

and he wore some silk stockings
y usaba elegantes zapatos de cuero italiano
and he wore smart Italian leather shoes
Colgando detrás de él había una especie de estuche de paraguas
hanging behind him was a species of umbrella case
El estuche del paraguas estaba hecho de satén azul
the umbrella case was made of blue satin
Metió la cola en él cuando el tiempo estaba lluvioso
he put his tail into it when the weather was rainy
—¡Apresúrate, Medoro, como un buen perro!
"Be quick, Medoro, like a good dog!"
y el hada le dio las órdenes a su caniche
and the fairy gave her poodle the commands
"Consigue el carruaje más bonito"
"get the most beautiful carriage harnessed"
"Y tener el carruaje esperando en mi cochera"
"and have the carriage waiting in my coach-house"
"Y ve por el camino del bosque"
"and go along the road to the forest"
"Cuando llegues al Gran Roble encontrarás una pobre marioneta"
"When you come to the Big Oak tree you will find a poor puppet"
"Estará tendido en la hierba medio muerto"
"he will be stretched on the grass half dead"
"Tendrás que levantarlo con cuidado"
"you will have to pick him up gently"
"Acuéstate sobre los cojines del carruaje"
"lay him flat on the cushions of the carriage"
"Cuando hayas hecho esto, tráemelo aquí"
"when you have done this bring him here to me"
"¿Entiendes?", preguntó por última vez
"Do you understand?" she asked one last time
El Caniche demostró que había entendido
The Poodle showed that he had understood
Sacudió la caja de satén azul tres o cuatro veces

he shook the case of blue satin three or four times
Y luego se escapó como un caballo de carreras
and then he ran off like a race-horse
Pronto salió de la cochera un hermoso carruaje
soon a beautiful carriage came out of the coach-house
Los cojines estaban rellenos de plumas de canario
The cushions were stuffed with canary feathers
El carruaje estaba forrado por dentro con crema batida
the carriage was lined on the inside with whipped cream
y natillas y obleas de vainilla hacían los asientos
and custard and vanilla wafers made the seating
El pequeño carruaje era tirado por un centenar de ratones blancos
The little carriage was drawn by a hundred white mice
y el Caniche estaba sentado en el cochecito
and the Poodle was seated on the coach-box
Chasqueó el látigo de un lado a otro
he cracked his whip from side to side
como un conductor cuando tiene miedo de estar atrasado en el tiempo
like a driver when he is afraid that he is behind time
Pasó menos de un cuarto de hora
less than a quarter of an hour passed
y el carruaje regresó a la casa
and the carriage returned to the house
El Hada esperaba en la puerta de la casa
The Fairy was waiting at the door of the house
Tomó a la pobre marioneta en sus brazos
she took the poor puppet in her arms
Y ella lo llevó a un cuartito
and she carried him into a little room
La habitación estaba revestida de nácar
the room was wainscoted with mother-of-pearl
Llamó a los médicos más famosos del barrio
she called for the most famous doctors in the neighbourhood
Llegaron de inmediato, uno tras otro
They came immediately, one after the other

un cuervo, un búho y un grillito parlante
a Crow, an Owl, and a talking little cricket
—Deseo saber algo de vosotros, caballeros —dijo el Hada—
"I wish to know something from you, gentlemen," said the Fairy
"¿Está vivo o muerto este desafortunado títere?"
"is this unfortunate puppet alive or dead?"
el Cuervo comenzó por sentir el pulso de Pinocho
the Crow started by feeling Pinocchio's pulse
Luego se palpó la nariz y el dedo meñique del pie
he then felt his nose and his little toe
Hizo cuidadosamente su diagnóstico de la marioneta
he carefully made his diagnosis of the puppet
y luego pronunció solemnemente las siguientes palabras:
and then he solemnly pronounced the following words:
"A mi modo de creer, el títere ya está muerto"
"To my belief the puppet is already dead"
"Pero siempre existe la posibilidad de que siga vivo"
"but there is always the chance he's still alive"
—Lamento —dijo el Búho— contradecir al Cuervo.
"I regret," said the Owl, "to contradict the Crow"
"Mi ilustre amigo y colega"
"my illustrious friend and colleague"
"En mi opinión, el títere sigue vivo"
"in my opinion the puppet is still alive"
"Pero siempre existe la posibilidad de que ya esté muerto"
"but there's always a chance he's already dead"
por último, el Hada le preguntó al pequeño Grillo parlante
lastly the Fairy asked the talking little Cricket
—Y tú, ¿no tienes nada que decir?
"And you, have you nothing to say?"
"A los médicos no siempre se les pide que hablen"
"doctors are not always called upon to speak"
"A veces lo más sabio es callar"
"sometimes the wisest thing is to be silent"
"pero déjame decirte lo que sé"
"but let me tell you what I know"

"Ese títere tiene una cara que no es nueva para mí"
"that puppet has a face that is not new to me"
"¡Lo conozco desde hace algún tiempo!"
"I have known him for some time!"
Pinocho había permanecido inmóvil hasta ese momento
Pinocchio had lain immovable up to that moment
Era como un pedazo de madera real
he was just like a real piece of wood
pero entonces fue presa de un ataque de temblor convulsivo
but then he was seized with a fit of convulsive trembling
y toda la cama tembló por su temblor
and the whole bed shook from his shaking
el pequeño grillo parlante siguió hablando
the talking little Cricket continued talking
"Ese títere es un pícaro confirmado"
"That puppet there is a confirmed rogue"
Pinocho abrió los ojos, pero los volvió a cerrar inmediatamente
Pinocchio opened his eyes, but shut them again immediately
"Es un vagabundo que no sirve para nada"
"He is a good for nothing ragamuffin vagabond"
Pinocho escondió su rostro bajo la ropa
Pinocchio hid his face beneath the clothes
"Ese títere es un hijo desobediente"
"That puppet there is a disobedient son"
"¡Hará morir a su pobre padre con el corazón roto!"
"he will make his poor father die of a broken heart!"
En ese instante todo el mundo pudo oír algo
At that instant everyone could hear something
Se escuchó un sonido sofocado de sollozos y llantos
suffocated sound of sobs and crying was heard
Los médicos levantaron un poco las sábanas
the doctors raised the sheets a little
Imagínense su asombro cuando vieron a Pinocho
Imagine their astonishment when they saw Pinocchio
El Cuervo fue el primero en dar su opinión médica
the crow was the first to give his medical opinion

"Cuando un muerto llora, está en el camino de la recuperación"
"When a dead person cries he's on the road to recovery"
Pero el búho tenía una opinión médica diferente
but the owl was of a different medical opinion
"Me duele contradecir a mi ilustre amigo"
"I grieve to contradict my illustrious friend"
"Cuando el muerto llora significa que lamenta morir"
"when the dead person cries it means he's is sorry to die"

Pinocho se niega a tomar su medicina
Pinocchio Refuses to Take his Medicine

Los médicos habían hecho todo lo que podían
The doctors had done all that they could
así que dejaron a Pinocho con el hada
so they left Pinocchio with the fairy
el Hada tocó la frente de Pinocho
the Fairy touched Pinocchio's forehead
Se dio cuenta de que tenía fiebre alta
she could tell that he had a high fever
el Hada sabía exactamente qué regalar a Pinocho
the Fairy knew exactly what to give Pinocchio
Disolvió un polvo blanco en un poco de agua
she dissolved a white powder in some water
y le ofreció a Pinocho el vaso de agua
and she offered Pinocchio the tumbler of water
Y ella le aseguró que todo estaría bien
and she reassured him that everything would fine
"Bébelo y en pocos días estarás curado"
"Drink it and in a few days you will be cured"
Pinocho miró el vaso de medicina
Pinocchio looked at the tumbler of medicine
e hizo una mueca irónica ante la medicina
and he made a wry face at the medicine
"¿Es dulce o amargo?", **preguntó lastimeramente**

"Is it sweet or bitter?" he asked plaintively
"Es amargo, pero te hará bien"
"It is bitter, but it will do you good"
"Si es amargo, no lo beberé"
"If it is bitter, I will not drink it"
—Escúchame —dijo el Hada—, bébelo.
"Listen to me," said the Fairy, "drink it"
"No me gusta nada amargo", objetó
"I don't like anything bitter," he objected
"Te daré un terrón de azúcar"
"I will give you a lump of sugar"
"Quitará el sabor amargo"
"it will take away the bitter taste"
"Pero primero tienes que beber tu medicina"
"but first you have to drink your medicine"
"¿Dónde está el terrón de azúcar?", preguntó Pinocho
"Where is the lump of sugar?" asked Pinocchio
-Aquí está el terrón de azúcar -dijo el Hada-
"Here is the lump of sugar," said the Fairy
y sacó un pedazo de una azucarera de oro
and she took out a piece from a gold sugar-basin
"Por favor, dame primero el terrón de azúcar"
"please give me the lump of sugar first"
"y luego beberé esa mala agua amarga"
"and then I will drink that bad bitter water"
"¿Me lo prometes?", le preguntó a Pinocho
"Do you promise me?" she asked Pinocchio
—Sí, lo prometo —respondió Pinocho—
"Yes, I promise," answered Pinocchio
así que el Hada le dio a Pinocho el pedazo de azúcar
so the Fairy gave Pinocchio the piece of sugar
y Pinocho trituró el azúcar y se lo tragó
and Pinocchio crunched up the sugar and swallowed it
Se lamió los labios y disfrutó del sabor
he licked his lips and enjoyed the taste
"¡Sería una buena cosa si el azúcar fuera medicina!"
"It would be a fine thing if sugar were medicine!"

"**Entonces tomaba medicamentos todos los días**"
"then I would take medicine every day"
el Hada no había olvidado la promesa de Pinocho
the Fairy had not forgotten Pinocchio's promise
"**Cumple tu promesa y bebe esta medicina**"
"keep your promise and drink this medicine"
"**Te devolverá la salud**"
"it will restore you back to health"
Pinocho tomó el vaso de mala gana
Pinocchio took the tumbler unwillingly
Acercó la punta de la nariz al vaso
he put the point of his nose to the tumbler
Y se llevó el vaso a los labios
and he lowered the tumbler to his lips
Y luego volvió a meter la nariz en ella
and then again he put his nose to it
y al fin dijo: "¡Es demasiado amargo!"
and at last he said, "It is too bitter!"
"**No puedo beber nada tan amargo**"
"I cannot drink anything so bitter"
—Todavía no sabes si no puedes —dijo el Hada—
"you don't know yet if you can't," said the Fairy
"**Ni siquiera lo has probado todavía**"
"you have not even tasted it yet"
"**¡Puedo imaginar cómo va a saber!**"
"I can imagine how it's going to taste!"
—Lo sé por el olor —objetó Pinocho—
"I know it from the smell," objected Pinocchio
"**Primero quiero otro terrón de azúcar, por favor**"
"first I want another lump of sugar please"
"**¡Y luego te prometo que lo beberás!**"
"and then I promise that will drink it!"
El Hada tenía toda la paciencia de una buena mamá
The Fairy had all the patience of a good mamma
Y le puso otro terrón de azúcar en la boca
and she put another lump of sugar in his mouth
Y de nuevo, ella le presentó el vaso

and again, she presented the tumbler to him
"¡Todavía no puedo beberlo!", dijo el títere
"I still cannot drink it!" said the puppet
y Pinocho hizo mil muecas
and Pinocchio made a thousand grimaced faces
"¿Por qué no puedes beberlo?", preguntó el hada
"Why can't you drink it?" asked the fairy
"Porque esa almohada en mis pies me molesta"
"Because that pillow on my feet bothers me"
El Hada le quitó la almohada de los pies
The Fairy removed the pillow from his feet
Pinocho se excusó de nuevo
Pinocchio excused himself again
"He hecho todo lo posible, pero no me ayuda"
"I've tried my best but it doesn't help me"
"Incluso sin la almohada no puedo beberla"
"Even without the pillow I cannot drink it"
"¿Qué pasa ahora?", preguntó el hada
"What is the matter now?" asked the fairy
"La puerta de la habitación está entreabierta"
"The door of the room is half open"
"Me molesta cuando las puertas están entreabiertas"
"it bothers me when doors are half open"
El Hada fue y le cerró la puerta a Pinocho
The Fairy went and closed the door for Pinocchio
Pero esto no ayudó, y se echó a llorar
but this didn't help, and he burst into tears
"No beberé esa agua amarga, ¡no, no, no!"
"I will not drink that bitter water—no, no, no!"
"Hijo mío, te arrepentirás si no lo haces"
"My boy, you will repent it if you don't"
"No me importa si me arrepentiré", respondió
"I don't care if I will repent it," he replied
—Tu enfermedad es grave —advirtió el Hada—
"Your illness is serious," warned the Fairy
"No me importa si mi enfermedad es grave"
"I don't care if my illness is serious"

"**La fiebre te llevará al otro mundo**"
"The fever will carry you into the other world"
"**Entonces deja que la fiebre me lleve al otro mundo**"
"then let the fever carry me into the other world"
"**¿No le tienes miedo a la muerte?**"
"Are you not afraid of death?"
"**¡No le tengo miedo a la muerte en lo más mínimo!**"
"I am not in the least afraid of death!"
"**Prefiero morir antes que beber una medicina amarga**"
"I would rather die than drink bitter medicine"
En ese momento la puerta de la habitación se abrió de golpe
At that moment the door of the room flew open
Cuatro conejos negros como la tinta entraron en la habitación
four rabbits as black as ink entered the room
Sobre sus hombros llevaban un pequeño féretro
on their shoulders they carried a little bier

"¿Qué quieres de mí?", exclamó Pinocho
"What do you want with me?" cried Pinocchio
y se sentó en la cama con gran susto
and he sat up in bed in a great fright
—Hemos venido a llevarte —dijo el conejo más grande—
"We have come to take you," said the biggest rabbit
"Todavía no puedes llevarme; No estoy muerto"
"you cannot take me yet; I am not dead"
—¿A dónde piensas llevarme?
"where are you planning to take me to?"
—No, todavía no estás muerto —confirmó el conejo—
"No, you are not dead yet," confirmed the rabbit
"Pero solo te quedan unos minutos de vida"
"but you have only a few minutes left to live"
"Porque rechazaste la amarga medicina"
"because you refused the bitter medicine"
"La medicina amarga te habría curado la fiebre"
"the bitter medicine would have cured your fever"
"¡Oh, Hada, Hada!", comenzó a gritar la marioneta
"Oh, Fairy, Fairy!" the puppet began to scream
—Dame el vaso de una vez —suplicó—
"give me the tumbler at once," he begged
"date prisa, por piedad, no quiero morir"
"be quick, for pity's sake, I do not want die"
"No, no moriré hoy"
"no, I will not die today"
Pinocho tomó el vaso con ambas manos
Pinocchio took the tumbler with both hands

Y vació el agua de un gran trago
and he emptied the water one one big gulp
"¡Hay que tener paciencia!", dijeron los conejos
"We must have patience!" said the rabbits
"Esta vez hemos hecho nuestro viaje en vano"
"this time we have made our journey in vain"
Volvieron a cargar el pequeño féretro sobre sus hombros
they took the little bier on their shoulders again
Y salieron de la habitación de vuelta a donde habían venido
and they left the room back to where they came from
y refunfuñaban y murmuraban entre dientes
and they grumbled and murmured between their teeth
La recuperación de Pinocho no tardó en
Pinocchio's recovery did not take long at all
Unos minutos más tarde saltó de la cama
a few minutes later he jumped down from the bed
Los títeres de madera tienen un privilegio especial
wooden puppets have a special privilege
Rara vez se enferman gravemente como nosotros
they seldom get seriously ill like us
Y tienen la suerte de curarse muy rápido
and they are lucky to be cured very quickly
"¿Te ha hecho bien mi medicina?", preguntó el hada
"has my medicine done you good?" asked the fairy
"Tu medicina me ha hecho más que bien"

"your medicine has done me more than good"
"Tu medicina me ha salvado la vida"
"your medicine has saved my life"
"¿Por qué no tomaste tu medicina antes?"
"why didn't you take your medicine sooner?"
"¡Bueno, Hada, todos los chicos somos así!"
"Well, Fairy, we boys are all like that!"
"Tenemos más miedo a la medicina que a la enfermedad"
"We are more afraid of medicine than of the illness"
-¡Qué vergüenza! -exclamó el hada indignada-
"Disgraceful!" cried the fairy in indignation
"Los chicos deberían conocer el poder de la medicina"
"Boys ought to know the power of medicine"
"Un buen remedio puede salvarlos de una enfermedad grave"
"a good remedy may save them from a serious illness"
"Y tal vez incluso te salve de la muerte"
"and perhaps it even saves you from death"
"La próxima vez no necesitaré tanta persuasión"
"next time I shall not require so much persuasion"
"Me acordaré de esos conejos negros"
"I shall remember those black rabbits"
"Y me acordaré del féretro sobre sus hombros"
"and I shall remember the bier on their shoulders"
"Y luego tomaré inmediatamente el vaso"
"and then I shall immediately take the tumbler"
"¡Y me beberé toda la medicina de una sola vez!"
"and I will drink all the medicine in one go!"
El Hada estaba feliz con las palabras de Pinocho
The Fairy was happy with Pinocchio's words
"Ahora, ven aquí a mí y siéntate en mi regazo"
"Now, come here to me and sit on my lap"
"Y cuéntame todo sobre los asesinos"
"and tell me all about the assassins"
"¿Cómo terminaste colgado del gran roble?"
"how did you end up hanging from the big Oak tree?"
Y Pinocho ordenó todos los acontecimientos que sucedieron

And Pinocchio ordered all the events that happened

"Verás, había un maestro de ceremonias; Tragafuegos"
"You see, there was a ringmaster; Fire-eater"

"El Tragafuegos me dio unas piezas de oro"
"Fire-eater gave me some gold pieces"

"Me dijo que le llevara el oro a mi padre"
"he told me to take the gold to my father"

"pero no le llevé el oro directamente a mi padre"
"but I didn't take the gold straight to my father"

"De camino a casa me encontré con un zorro y un gato"
"on the way home I met a Fox and a Cat"

"Me hicieron una oferta que no pude rechazar"
"they made me an offer I couldn't refuse"

—¿Te gustaría que esas piezas de oro se multiplicaran?
'Would you like those pieces of gold to multiply?'

"'Ven con nosotros y', dijeron"
"'Come with us and,' they said"

'Te llevaremos al Campo de los Milagros'
'we will take you to the Field of Miracles'

"Y yo dije: 'Vamos al Campo de los Milagros'"
"and I said, 'Let's go to the Field of Miracles'"

"Y ellos dijeron: 'Detengámonos en esta posada'"
"And they said, 'Let us stop at this inn'"

"y nos detuvimos en el Red Craw-Fish en"
"and we stopped at the Red Craw-Fish in"

"Todos nos fuimos a dormir después de comer"
"all of us went to sleep after our food"

"cuando desperté ya no estaban"
"when I awoke they were no longer there"

"Porque tuvieron que irse antes que yo"
"because they had to leave before me"

"Entonces empecé a viajar de noche"
"Then I began to travel by night"

"No te imaginas lo oscuro que estaba"
"you cannot imagine how dark it was"

"Fue entonces cuando conocí a los dos asesinos"
"that's when I met the two assassins"

"**Y llevaban sacos de carbón**"
"and they were wearing charcoal sacks"
"**Me dijeron: 'Fuera tu dinero'**"
"they said to me: 'Out with your money'"
"**Y yo les dije: 'No tengo dinero'**"
"and I said to them, 'I have no money'"
"**porque había escondido las cuatro piezas de oro**"
"because I had hidden the four gold pieces"
"**Me había metido el dinero en la boca**"
"I had put the money in my mouth"
"**Uno intentó meterme la mano en la boca**"
"one tried to put his hand in my mouth"
"**y le mordí la mano y la escupí**"
"and I bit his hand off and spat it out"
"**Pero en lugar de una mano era una pata de gato**"
"but instead of a hand it was a cat's paw"
"**Y entonces los asesinos corrieron detrás de mí**"
"and then the assassins ran after me"
"**y corrí y corrí tan rápido como pude**"
"and I ran and ran as fast as I could"
"**Pero al final me atraparon de todos modos**"
"but in the end they caught me anyway"
"**Y me ataron una soga al cuello**"
"and they tied a noose around my neck"
"**y me colgaron del Roble Grande**"
"and they hung me from the Big Oak tree"
"**Esperaron a que dejara de moverme**"
"they waited for me to stop moving"
"**pero nunca dejé de moverme en absoluto**"
"but I never stopped moving at all"
"**Y luego me llamaron**"
"and then they called up to me"
"**Mañana volveremos aquí**"
'Tomorrow we shall return here'
"**Entonces estarás muerto con la boca abierta**"
'then you will be dead with your mouth open'
"**Y tendremos el oro debajo de tu lengua**"

'and we will have the gold under your tongue'
el Hada se interesó por la historia
the Fairy was interested in the story
—¿Y dónde has puesto ahora las piezas de oro?
"And where have you put the pieces of gold now?"
"¡Los he perdido!", dijo Pinocho, deshonestamente
"I have lost them!" said Pinocchio, dishonestly
Tenía las monedas de oro en el bolsillo
he had the pieces of gold in his pocket
como sabéis, Pinocho ya tenía una nariz larga
as you know Pinocchio already had a long nose
Pero mentir hizo que su nariz creciera aún más
but lying made his nose grow even longer
y su nariz creció otras dos pulgadas
and his nose grew another two inches
—¿Y dónde perdiste el oro?
"And where did you lose the gold?"
—Lo perdí en el bosque —volvió a mentir—
"I lost it in the woods," he lied again
y también le creció la nariz en su segunda mentira
and his nose also grew at his second lie
—No te preocupes por el oro —dijo el hada—
"worry not about the gold," said the fairy
"Iremos al bosque y encontraremos tu oro"
"we will go to the woods and find your gold"
"Todo lo que se pierde en esos bosques siempre se encuentra"
"all that is lost in those woods is always found"
Pinocho se confundió bastante acerca de su situación
Pinocchio got quite confused about his situation
—¡Ah! ahora me acuerdo de todo", respondió
"Ah! now I remember all about it," he replied
"No perdí las cuatro piezas de oro en absoluto"
"I didn't lose the four gold pieces at all"
"Acabo de tragarme tu medicina, ¿no?"
"I just swallowed your medicine, didn't I?"
"Me tragué las monedas con la medicina"

"I swallowed the coins with the medicine"
Ante esta atrevida mentira se le alargaba aún más la nariz
at this daring lie his nose grew even longer
ahora Pinocho no podía moverse en ninguna dirección
now Pinocchio could not move in any direction
Trató de girar hacia su lado izquierdo
he tried to turn to his left side
pero su nariz golpeó la cama y los cristales de las ventanas
but his nose struck the bed and window-panes
Trató de girar hacia el lado derecho
he tried to turn to the right side
pero ahora su nariz golpeaba contra las paredes
but now his nose struck against the walls
y tampoco podía levantar la cabeza
and he could not raise his head either
porque su nariz era larga y puntiaguda
because his nose was long and pointy
y su nariz podría haber golpeado al Hada en el ojo
and his nose could have poke the Fairy in the eye
el Hada lo miró y se echó a reír
the Fairy looked at him and laughed
Pinocho estaba muy confundido acerca de su situación
Pinocchio was very confused about his situation
No sabía por qué le había crecido la nariz
he did not know why his nose had grown
"¿De qué te ríes?", preguntó el títere
"What are you laughing at?" asked the puppet
"Me río de las mentiras que me has dicho"
"I am laughing at the lies you've told me"
"¿Cómo puedes saber que he dicho mentiras?"
"how can you know that I have told lies?"
"Las mentiras, mi querido muchacho, se descubren inmediatamente"
"Lies, my dear boy, are found out immediately"
"En este mundo hay dos tipos de mentiras"
"in this world there are two sorts of lies"
"Hay mentiras que tienen patas cortas"

"There are lies that have short legs"
"Y hay mentiras que tienen narices largas"
"and there are lies that have long noses"
"Tu mentira es de las que tiene la nariz larga"
"Your lie is one of those that has a long nose"
Pinocho no sabía dónde esconderse
Pinocchio did not know where to hide himself
Se avergonzaba de que sus mentiras fueran descubiertas
he was ashamed of his lies being discovered
Trató de salir corriendo de la habitación
he tried to run out of the room
pero no logró escapar
but he did not succeed at escaping
Su nariz se había alargado demasiado para escapar
his nose had gotten too long to escape
y ya no podía pasar por la puerta
and he could no longer pass through the door

Pinocho se encuentra de nuevo con el zorro y el gato
Pinocchio Meets the Fox and the Cat Again

el Hada comprendió la importancia de la lección
the Fairy understood the importance of the lesson
Dejó que la marioneta llorara durante una buena media hora
she let the puppet to cry for a good half-hour
Su nariz ya no podía pasar a través de la puerta
his nose could no longer pass through the door
Decir mentiras es lo peor que puede hacer un chico
telling lies is the worst thing a boy can do
Y ella quería que aprendiera de sus errores
and she wanted him to learn from his mistakes
pero no podía soportar verlo llorar
but she could not bear to see him weeping
Se sentía llena de compasión por la marioneta
she felt full of compassion for the puppet
Así que volvió a aplaudir

so she clapped her hands together again
un millar de grandes pájaros carpinteros entraron volando por la ventana
a thousand large Woodpeckers flew in from the window
Los pájaros carpinteros se posaron inmediatamente en la nariz de Pinocho
The woodpeckers immediately perched on Pinocchio's nose
y comenzaron a picotearle la nariz con gran celo
and they began to peck at his nose with great zeal
Te puedes imaginar la velocidad de mil pájaros carpinteros
you can imagine the speed of a thousand woodpeckers
en un abrir y cerrar de ojos la nariz de Pinocho era normal
within no time at all Pinocchio's nose was normal
Por supuesto, recuerdas que siempre tenía una nariz grande
of course you remember he always had a big nose
-¡Qué buena hada eres! -dijo la marioneta-
"What a good Fairy you are," said the puppet
y Pinocho se secó los ojos llorosos
and Pinocchio dried his tearful eyes
"¡Y cuánto te quiero!", añadió
"and how much I love you!" he added
-Yo también te quiero -respondió el Hada-
"I love you also," answered the Fairy
"Si te quedas conmigo, serás mi hermanito"
"if you remain with me you shall be my little brother"
"y yo seré tu buena hermanita"
"and I will be your good little sister"
"Me gustaría mucho quedarme", dijo Pinocho
"I would like to remain very much," said Pinocchio
"pero tengo que volver con mi pobre papá"
"but I have to go back to my poor papa"
—He pensado en todo —dijo el hada—
"I have thought of everything," said the fairy
"Ya se lo he dicho a tu padre"
"I have already let your father know"
"Y vendrá aquí esta noche"
"and he will come here tonight"

"¿En serio?", gritó Pinocho, saltando de alegría
"Really?" shouted Pinocchio, jumping for joy
"Entonces, pequeña Hada, tengo un deseo"
"Then, little Fairy, I have a wish"
"Me gustaría mucho ir a conocerlo"
"I would very much like to go and meet him"
"Quiero darle un beso a ese pobre viejo"
"I want to give a kiss to that poor old man"
"Ha sufrido mucho por mi culpa"
"he has suffered so much on my account"
"Vete, pero ten cuidado de no perderte"
"Go, but be careful not to lose your way"
"Toma el camino que atraviesa el bosque"
"Take the road that goes through the woods"
"Estoy seguro de que lo encontrarás allí"
"I am sure that you will meet him there"
Pinocho se dispuso a atravesar el bosque
Pinocchio set out to go through the woods
Una vez en el bosque, comenzó a correr como un niño
once in the woods he began to run like a kid
Pero entonces había llegado a cierto punto en el bosque
But then he had reached a certain spot in the woods
estaba casi frente al Gran Roble
he was almost in front of the Big Oak tree
Creyó oír gente entre los arbustos
he thought he heard people amongst the bushes
De hecho, dos personas salieron a la carretera
In fact, two persons came out on to the road
¿Puedes adivinar quiénes eran?
Can you guess who they were?
Eran sus dos compañeros de viaje
they were his two travelling companions
frente a él estaba el Zorro y el Gato
in front of him was the Fox and the Cat
sus compañeros que lo habían llevado a la posada
his companions who had taken him to the inn

-¡Aquí está nuestro querido Pinocho! -exclamó el zorro-
"Why, here is our dear Pinocchio!" cried the Fox
y besó y abrazó a su viejo amigo
and he kissed and embraced his old friend
"¿Cómo llegaste hasta aquí?", preguntó el zorro
"How came you to be here?" asked the fox
"¿Cómo es que estás aquí?", repitió el Gato
"How come you to be here?" repeated the Cat
—Es una larga historia —respondió el títere—
"It is a long story," answered the puppet
"Te contaré la historia cuando tenga tiempo"
"I will tell you the story when I have time"
"pero debo contarte lo que me pasó"
"but I must tell you what happened to me"
—¿Sabes que la otra noche me encontré con asesinos?
"do you know that the other night I met with assassins?"
"¡Asesinos! ¡Oh, pobre Pinocho!", se preocupó el Zorro
"Assassins! Oh, poor Pinocchio!" worried the Fox
"¿Y qué querían?", preguntó
"And what did they want?" he asked
"Querían robarme mis monedas de oro"
"They wanted to rob me of my gold pieces"
"¡Villanos!", dijo el Zorro
"Villains!" said the Fox
—¡Villanos infames! —repitió el Gato—

"Infamous villains!" repeated the Cat

—Pero yo huí de ellos —continuó el títere—
"But I ran away from them," continued the puppet

"Hicieron todo lo posible para atraparme"
"they did their best to catch me"

"Y después de una larga persecución me atraparon"
"and after a long chase they did catch me"

"Me colgaron de una rama de ese roble"
"they hung me from a branch of that oak tree"

Y Pinocho señaló el Gran Roble
And Pinocchio pointed to the Big Oak tree

el Zorro estaba horrorizado por lo que había oído
the Fox was appalled by what he had heard

—¿Es posible oír hablar de algo más espantoso?
"Is it possible to hear of anything more dreadful?"

"¡En qué mundo estamos condenados a vivir!"
"In what a world we are condemned to live!"

"¿Dónde pueden las personas respetables como nosotros encontrar un refugio seguro?"
"Where can respectable people like us find a safe refuge?"

La conversación se prolongó así durante algún tiempo
the conversation went on this way for some time

en este tiempo Pinocho observó algo sobre el Gato
in this time Pinocchio observed something about the Cat

la gata estaba coja de la pata delantera derecha
the Cat was lame of her front right leg

De hecho, había perdido su pata y todas sus garras
in fact, she had lost her paw and all its claws

Pinocho quería saber qué había pasado
Pinocchio wanted to know what had happened

—¿Qué has hecho con tu pata?
"What have you done with your paw?"

El Gato trató de responder, pero se confundió
The Cat tried to answer, but became confused

el Zorro intervino para explicar lo que había sucedido
the Fox jumped in to explain what had happened

"Debes saber que mi amigo es demasiado modesto"

"you must know that my friend is too modest"
"Su pudor es la razón por la que no suele hablar"
"her modesty is why she doesn't usually speak"
"Así que déjame contarle la historia"
"so let me tell the story for her"
"Hace una hora nos encontramos con un viejo lobo en el camino"
"an hour ago we met an old wolf on the road"
"Casi se desmayaba por falta de comida"
"he was almost fainting from want of food"
"Y nos pidió limosna"
"and he asked alms of us"
"No teníamos ni una espina de pescado para darle"
"we had not so much as a fish-bone to give him"
—¿Pero qué hizo mi amigo?
"but what did my friend do?"
"bueno, realmente tiene el corazón de un César"
"well, she really has the heart of a César"
"Se mordió una de las patas delanteras"
"She bit off one of her fore paws"
"Y le tiró la pata a la pobre bestia"
"and the threw her paw to the poor beast"
"para que aplaciara su hambre"
"so that he might appease his hunger"
Y el Zorro se puso a llorar con su historia
And the Fox was brought to tears by his story
Pinocho también se sintió conmovido por la historia
Pinocchio was also touched by the story
acercándose a la Gata, le susurró al oído
approaching the Cat, he whispered into her ear
"Si todos los gatos se parecieran a ti, ¡qué afortunados serían los ratones!"
"If all cats resembled you, how fortunate the mice would be!"
"Y ahora, ¿qué haces aquí?", preguntó el Zorro
"And now, what are you doing here?" asked the Fox
"Estoy esperando a mi papá", respondió el títere
"I am waiting for my papa," answered the puppet

"Espero que llegue en cualquier momento"
"I am expecting him to arrive at any moment now"
—¿Y qué hay de tus piezas de oro?
"And what about your pieces of gold?"
—Los tengo en el bolsillo —confirmó Pinocho—
"I have got them in my pocket," confirmed Pinocchio
aunque tuvo que explicar que había gastado una moneda
although he had to explain that he had spent one coin
El costo de su comida había llegado a una pieza de oro
the cost of their meal had come to one piece of gold
Pero les dijo que no se preocuparan por eso
but he told them not to worry about that
pero el Zorro y el Gato sí se preocuparon por ello
but the Fox and the Cat did worry about it
"¿Por qué no escuchas nuestros consejos?"
"Why do you not listen to our advice?"
"¡Para mañana podrías tener uno o dos mil!"
"by tomorrow you could have one or two thousand!"
"¿Por qué no los entierran en el Campo de los Milagros?"
"Why don't you bury them in the Field of Miracles?"
"Hoy es imposible", objetó Pinocho
"Today it is impossible," objected Pinocchio
"pero no te preocupes, iré otro día"
"but don't worry, I will go another day"
—¡Otro día será demasiado tarde! —dijo el Zorro—
"Another day it will be too late!" said the Fox
"¿Por qué habría de ser demasiado tarde?", preguntó Pinocho
"Why would it be too late?" asked Pinocchio
"Porque el campo lo ha comprado un señor"
"Because the field has been bought by a gentleman"
"Después de mañana nadie podrá enterrar dinero allí"
"after tomorrow no one will be allowed to bury money there"
"¿A qué distancia está el Campo de los Milagros?"
"How far off is the Field of Miracles?"
"Está a menos de dos millas de aquí"
"It is less than two miles from here"
"¿Quieres venir con nosotros?", preguntó el Zorro

"Will you come with us?" asked the Fox
"En media hora podemos estar allí"
"In half an hour we can be there"
"Puedes enterrar tu dinero de inmediato"
"You can bury your money straight away"
"Y en pocos minutos recogerás dos mil monedas"
"and in a few minutes you will collect two thousand coins"
"Y esta noche volverás con los bolsillos llenos"
"and this evening you will return with your pockets full"
"¿Vendrás con nosotros?", volvió a preguntar el Zorro
"Will you come with us?" the Fox asked again
Pinocho pensó en el hada buena
Pinocchio thought of the good Fairy
y Pinocho pensó en el viejo Geppetto
and Pinocchio thought of old Geppetto
Y recordó las advertencias del grillito parlante
and he remembered the warnings of the talking little cricket
Y vaciló un poco antes de contestar
and he hesitated a little before answering
a estas alturas ya sabes qué clase de niño es Pinocho
by now you know what kind of boy Pinocchio is
Pinocho es uno de esos chicos sin mucho sentido
Pinocchio is one of those boys without much sense
Terminó sacudiendo un poco la cabeza
he ended by giving his head a little shake
y luego le contó al Zorro y al Gato sus planes
and then he told the Fox and the Cat his plans
"Vámonos: iré contigo"
"Let us go: I will come with you"
y fueron al campo de los milagros
and they went to the field of miracles
Caminaron durante medio día y llegaron a un pueblo
they walked for half a day and reached a town
la ciudad era la trampa de los imbéciles
the town was the Trap for Blockheads
Pinocho notó algo interesante en esta ciudad
Pinocchio noticed something interesting about this town

Dondequiera que miraras había perros
everywhere where you looked there were dogs
Todos los perros bostezaban de hambre
all the dogs were yawning from hunger
y vio ovejas trasquiladas que temblaban de frío
and he saw shorn sheep trembling with cold
hasta los gallos mendigaban maíz indio
even the cockerels were begging for Indian corn
Había mariposas grandes que ya no podían volar
there were large butterflies that could no longer fly
porque habían vendido sus hermosas alas de colores
because they had sold their beautiful coloured wings
Había pavos reales que se avergonzaban de ser vistos
there were peacocks that were ashamed to be seen
porque habían vendido sus hermosas colas de colores
because they had sold their beautiful coloured tails
y los faisanes iban rascando de una manera tenue
and pheasants went scratching about in a subdued fashion
Estaban de luto por sus plumas de oro y plata
they were mourning for their gold and silver feathers
La mayoría eran mendigos y criaturas avergonzadas
most were beggars and shamefaced creatures
pero entre ellos pasó algún carruaje señorial
but among them some lordly carriage passed
en los carruajes había un zorro o una urraca ladrona
the carriages contained a Fox, or a thieving Magpie
o el carruaje sentado alguna otra rapiña voraz
or the carriage seated some other ravenous bird of prey
"¿Y dónde está el Campo de los Milagros?", preguntó Pinocho
"And where is the Field of Miracles?" asked Pinocchio
"Está aquí, a menos de dos pasos de nosotros"
"It is here, not two steps from us"
Cruzaron la ciudad y pasaron por encima de un muro
They crossed the town and and went over a wall
y luego llegaron a un campo solitario
and then they came to a solitary field

"Aquí estamos", le dijo el Zorro a la marioneta
"Here we are," said the Fox to the puppet
"Ahora agáchate y cava con tus manos un pequeño agujero"
"Now stoop down and dig with your hands a little hole"
"Y pon tus monedas de oro en el agujero"
"and put your gold pieces into the hole"
Pinocho obedeció lo que el zorro le había dicho
Pinocchio obeyed what the fox had told him
Cavó un hoyo y puso en él las cuatro piezas de oro
He dug a hole and put into it the four gold pieces
Y luego llenó el agujero con un poco de tierra
and then he filled up the hole with a little earth
-Ahora, pues, -dijo el Zorro-, ve a ese canal que está cerca de nosotros.
"Now, then," said the Fox, "go to that canal close to us"
"Trae un cubo de agua del canal"
"fetch a bucket of water from the canal"
"Riega la tierra donde has sembrado el oro"
"water the ground where you have sowed the gold"
Pinocho fue al canal sin cubo
Pinocchio went to the canal without a bucket
Como no tenía cubo, se quitó uno de sus zapatos viejos
as he had no bucket, he took off one of his old shoes
y llenó su zapato de agua
and he filled his shoe with water
y luego regó la tierra sobre el agujero
and then he watered the ground over the hole
Luego preguntó: "¿Hay algo más que hacer?
He then asked, "Is there anything else to be done?
-No tienes que hacer otra cosa -respondió el Zorro-
"you need not do anything else," answered the Fox
"No hay necesidad de que nos quedemos aquí"
"there is no need for us to stay here"
"Puedes volver en unos veinte minutos"
"you can return in about twenty minutes"
"Y entonces encontrarás un arbusto en el suelo"
"and then you will find a shrub in the ground"

"**Las ramas del árbol estarán cargadas de dinero**"
"the tree's branches will be loaded with money"
El pobre títere estaba fuera de sí de alegría
The poor puppet was beside himself with joy
agradeció mil veces al Zorro y al Gato
he thanked the Fox and the Cat a thousand times
y les prometió muchos regalos hermosos
and he promised them many beautiful presents
-No deseamos regalos -respondieron los dos bribones-
"We wish for no presents," answered the two rascals
"**Nos basta con haberte enseñado a enriquecerte**"
"It is enough for us to have taught you how to enrich yourself"
"**No hay nada peor que ver a otros trabajar duro**"
"there is nothing worse than seeing others do hard work"
"**Y somos tan felices como la gente que sale de vacaciones**"
"and we are as happy as people out for a holiday"
Diciendo esto, se despidieron de Pinocho
Thus saying, they took leave of Pinocchio
y le desearon una buena cosecha
and they wished him a good harvest
Y luego se dedicaron a sus asuntos
and then they went about their business

Pinocho es robado de su dinero
Pinocchio is Robbed of his Money

El títere regresó a la ciudad
The puppet returned to the town
Y empezó a contar los minutos uno a uno
and he began to count the minutes one by one
Y pronto pensó que había contado lo suficiente
and soon he thought he had counted long enough
así que tomó el camino que conducía al Campo de los Milagros
so he took the road leading to the Field of Miracles
Y caminó con pasos apresurados

And he walked along with hurried steps
y su corazón latía rápido con gran excitación
and his heart beat fast with great excitement
como un reloj de salón que va muy bien
like a drawing-room clock going very well
Mientras tanto, pensaba para sí mismo:
Meanwhile he was thinking to himself:
"¿Y si no encuentro mil piezas de oro?"
"what if I don't find a thousand gold pieces?"
"¿Y si encuentro dos mil piezas de oro en su lugar?"
"what if I find two thousand gold pieces instead?"
—¿Y si no encuentro dos mil piezas de oro?
"but what if I don't find two thousand gold pieces?"
"¿Y si encuentro cinco mil piezas de oro?"
"what if I find five thousand gold pieces!"
"¿Y si encuentro cien mil piezas de oro?"
"what if I find a hundred thousand gold pieces??"
—¡Oh! ¡Qué buen caballero me convertiría entonces!
"Oh! what a fine gentleman I should then become!"
"Podría vivir en un hermoso palacio"
"I could live in a beautiful palace"
"Y tendría mil caballitos de madera"
"and I would have a thousand little wooden horses"
"Una bodega llena de vino de grosella y jarabes dulces"
"a cellar full of currant wine and sweet syrups"
"Y una biblioteca bastante llena de caramelos y tartas"
"and a library quite full of candies and tarts"
"y comería pasteles de ciruelas y macarrones"
"and I would have plum-cakes and macaroons"
"y me comería galletas con nata"
"and I would have biscuits with cream"
Caminó construyendo castillos en el cielo
he walked along building castles in the sky
Y construyó muchos de estos castillos en el cielo
and he build many of these castles in the sky
Y finalmente llegó al borde del campo
and eventually he arrived at the edge of the field

Y se detuvo a mirar a su alrededor en busca de un árbol
and he stopped to look about for a tree
Había otros árboles en el campo
there were other trees in the field
pero habían estado allí cuando él se había ido
but they had been there when he had left
y no vio ningún árbol del dinero en todo el campo
and he saw no money tree in all the field
Caminó por el campo otros cien pasos
He walked along the field another hundred steps
Pero no pudo encontrar el árbol que buscaba
but he couldn't find the tree he was looking for
Luego entró en el campo
he then entered into the field
Y subió al agujerito
and he went up to the little hole
el agujero donde había enterrado sus monedas
the hole where he had buried his coins
Y miró el agujero con mucho cuidado
and he looked at the hole very carefully
Pero definitivamente no había ningún árbol que creciera allí
but there was definitely no tree growing there
Entonces se puso muy pensativo
He then became very thoughtful
y se olvida de las reglas de la sociedad
and he forget the rules of society
Y no le importaron los buenos modales ni por un momento
and he didn't care for good manners for a moment
Sacó las manos del bolsillo
he took his hands out of his pocket
y se rascó la cabeza
and he gave his head a long scratch
En ese momento escuchó una explosión de risas
At that moment he heard an explosion of laughter
Alguien cerca se estaba riendo tontamente
someone close by was laughing himself silly
Miró hacia uno de los árboles cercanos

he looked up one of the nearby trees
vio un gran loro posado en una rama
he saw a large Parrot perched on a branch
Al loro le cepillaron las pocas plumas que le quedaban
the parrot was brushed the few feathers he had left
—preguntó Pinocho al loro con voz airada;
Pinocchio asked the parrot in an angry voice;
"¿Por qué estás aquí riéndote tan fuerte?"
"Why are you here laughing so loud?"
"Me estoy riendo porque al cepillarme las plumas"
"I am laughing because in brushing my feathers"
"Solo me estaba rozando un poco debajo de las alas"
"I was just brushing a little under my wings"
"y mientras me cepillaba las plumas me hacía cosquillas"
"and while brushing my feathers I tickled myself"
El títere no respondió al loro
The puppet did not answer the parrot
pero en lugar de eso, Pinocho fue al canal
but instead Pinocchio went to the canal
Volvió a llenar de agua su viejo zapato
he filled his old shoe full of water again
Y procedió a regar el agujero una vez más
and he proceeded to water the hole once more
Mientras estaba ocupado haciendo esto, escuchó más risas
While he was busy doing this he heard more laughter
La risa era aún más impertinente que antes
the laughter was even more impertinent than before
resonaba en el silencio de aquel lugar solitario
it rang out in the silence of that solitary place
Pinocho gritó aún más enojado que antes
Pinocchio shouted out even angrier than before
"De una vez por todas, ¿puedo saber de qué te ríes?"
"Once for all, may I know what you are laughing at?"
-Me río de los tontos -respondió el loro-
"I am laughing at simpletons," answered the parrot
"Simplones que creen en tonterías
"simpletons who believe in foolish things

"**Las tonterías que la gente les dice**"
"the foolish things that people tell them"
"**Me río de los que se dejan engañar**"
"I laugh at those who let themselves be fooled"
"**Engañado por los más astutos que ellos**"
"fooled by those more cunning than they are"
—¿Acaso estás hablando de mí?
"Are you perhaps speaking of me?"
"**Sí, hablo de ti, pobre Pinocho**"
"Yes, I am speaking of you, poor Pinocchio"
"**Has creído una cosa muy tonta**"
"you have believed a very foolish thing"
"**Creías que el dinero se puede cultivar en los campos**"
"you believed that money can be grown in fields"
"**Pensabas que el dinero se puede cultivar como los frijoles**"
"you thought money can be grown like beans"
"**Yo también lo creí una vez**", admitió el loro
"I also believed it once," admitted the parrot
"**y hoy estoy sufriendo por haberlo creído**"
"and today I am suffering for having believed it"
"**pero he aprendido la lección de ese truco**"
"but I have learned my lesson from that trick"
"**Enfoqué mis esfuerzos en el trabajo honesto**"
"I turned my efforts to honest work"
"**Y he juntado unos cuantos centavos**"
"and I have put a few pennies together"
"**Es necesario saber cómo ganar tus centavos**"
"it is necessary to know how to earn your pennies"
"**Hay que ganárselas con las manos**"
"you have to earn them either with your hands"
"**O hay que ganárselos con el cerebro**"
"or you have to earn them with your brains"
—No te entiendo —dijo el títere—
"I don't understand you," said the puppet
y ya temblaba de miedo
and he was already trembling with fear
—¡Ten paciencia! —replicó el loro—

"Have patience!" rejoined the parrot
"Me explicaré mejor, si me dejas"
"I will explain myself better, if you let me"
"Hay algo que debes saber"
"there is something that you must know"
"Algo pasó mientras estabas en la ciudad"
"something happened while you were in the town"
"El Zorro y el Gato volvieron al campo"
"the Fox and the Cat returned to the field"
"Se llevaron el dinero que habías enterrado"
"they took the money you had buried"
"Y luego huyeron de la escena del crimen"
"and then they fled from the scene of the crime"
"Y ahora el que los atrape será listo"
"And now he that catches them will be clever"
Pinocho se quedó con la boca abierta
Pinocchio remained with his mouth open
y prefirió no creer en las palabras del loro
and he chose not to believe the Parrot's words
Comenzó con sus manos a cavar la tierra
he began with his hands to dig up the earth
Y cavó hondo en la tierra
And he dug deep into the ground
Un pedazo de paja podría haber estado en el agujero
a rick of straw could have stood in the hole
Pero el dinero ya no estaba
but the money was no longer there
Se apresuró a regresar a la ciudad en un estado de desesperación
He rushed back to the town in a state of desperation
y acudió en seguida a los Tribunales de Justicia
and he went at once to the Courts of Justice
Y habló directamente con el juez
and he spoke directly with the judge
Denunció a los dos bribones que le habían robado
he denounced the two knaves who had robbed him
El juez era un gran simio de la tribu de los gorilas

The judge was a big ape of the gorilla tribe
Un viejo mono respetable por su barba blanca
an old ape respectable because of his white beard
y era respetable por otras razones
and he was respectable for other reasons
porque tenía gafas de oro en la nariz
because he had gold spectacles on his nose
aunque sus anteojos no tenían vidrio
although, his spectacles were without glass
pero siempre estaba obligado a llevarlos
but he was always obliged to wear them
a causa de una inflamación de los ojos
on account of an inflammation of the eyes

Pinocho le contó todo sobre el crimen
Pinocchio told him all about the crime
el delito del que había sido víctima
the crime of which he had been the victim of
Le dio los nombres y los apellidos
He gave him the names and the surnames
y dio todos los detalles de los bribones
and he gave all the details of the rascals
Y terminó exigiendo que se haga justicia
and he ended by demanding to have justice
El juez escuchó con gran benignidad
The judge listened with great benignity
Se interesó vivamente por la historia
he took a lively interest in the story

Estaba muy conmovido y conmovido por lo que escuchó
he was much touched and moved by what he heard
Finalmente, el títere no tenía nada más que decir
finally the puppet had nothing further to say
Y entonces el gorila hizo sonar una campana
and then the gorilla rang a bell
Dos mastines aparecieron en la puerta
two mastiffs appeared at the door
Los perros iban vestidos de gendarmes
the dogs were dressed as gendarmes
El juez señaló entonces a Pinocho
The judge then pointed to Pinocchio
"A ese pobre diablo le han robado"
"That poor devil has been robbed"
"Los bribones le quitaron cuatro monedas de oro"
"rascals took four gold pieces from him"
"Llévenselo a la cárcel inmediatamente", ordenó
"take him away to prison immediately," he ordered
La marioneta se quedó petrificada al oír esto
The puppet was petrified on hearing this
No era en absoluto el juicio que esperaba
it was not at all the judgement he had expected
y trató de protestar contra el juez
and he tried to protest the judge
pero los gendarmes le taparon la boca
but the gendarmes stopped his mouth
No querían perder tiempo
they didn't want to lose any time
y se lo llevaron a la cárcel
and they carried him off to the prison
Y allí permaneció durante cuatro largos meses
And there he remained for four long months
y habría permanecido allí aún más tiempo
and he would have remained there even longer
Pero los títeres a veces también tienen buena fortuna
but puppets do sometimes have good fortune too
un joven rey gobernaba la Trampa de los Cabezas de Bloque

a young King ruled over the Trap for Blockheads
Había obtenido una espléndida victoria en la batalla
he had won a splendid victory in battle
Por eso ordenó grandes regocijos públicos
because of this he ordered great public rejoicings
Hubo iluminaciones y fuegos artificiales
There were illuminations and fireworks
y hubo carreras de caballos y velocípedos
and there were horse and velocipede races
el rey estaba tan contento que liberó a todos los prisioneros
the King was so happy he released all prisoners
Pinocho se alegró mucho con esta noticia
Pinocchio was very happy at this news
"si ellos son liberados, yo también"
"if they are freed, then so am I"
pero el carcelero tenía otras órdenes
but the jailor had other orders
—No, tú no —dijo el carcelero—
"No, not you," said the jailor
"Porque no perteneces a la clase afortunada"
"because you do not belong to the fortunate class"
—Te ruego que me perdones —replicó Pinocho—
"I beg your pardon," replied Pinocchio
"Yo también soy un criminal", dijo con orgullo
"I am also a criminal," he proudly said
el carcelero volvió a mirar a Pinocho
the jailor looked at Pinocchio again
"En ese caso tienes toda la razón"
"In that case you are perfectly right"
y se quitó el sombrero
and he took off his hat
Y se inclinó ante él respetuosamente
and he bowed to him respectfully
y abrió las puertas de la cárcel
and he opened the prison doors
y dejó escapar a la pequeña marioneta
and he let the little puppet escape

Pinocho vuelve a la casa de las hadas
Pinocchio Goes back to the Fairy's House

Te puedes imaginar la alegría de Pinocho
You can imagine Pinocchio's joy
Finalmente fue liberado después de cuatro meses
finally he was free after four months
Pero no se detuvo para celebrar
but he didn't stop in order to celebrate
En cambio, abandonó inmediatamente la ciudad
instead, he immediately left the town
tomó el camino que conducía a la casa del Hada
he took the road that led to the Fairy's house
Había llovido mucho en los últimos días
there had been a lot of rain in recent days
Así que el camino se había convertido en un pantano y pantano
so the road had become a went boggy and marsh
y Pinocho se hundió hasta las rodillas en el barro
and Pinocchio sank knee deep into the mud

Pero el títere no era de los que se daban por vencidos
But the puppet was not one to give up
Lo atormentaba el deseo de ver a su padre
he was tormented by the desire to see his father

Y también quería volver a ver a su hermanita
and he wanted to see his little sister again too
y corrió por el pantano como un galgo
and he ran through the marsh like a greyhound
y mientras corría se salpicaba de barro
and as he ran he was splashed with mud
y estaba cubierto de pies a cabeza
and he was covered from head to foot
Y se dijo a sí mismo mientras caminaba:
And he said to himself as he went along:
"Cuántas desgracias me han pasado"
"How many misfortunes have happened to me"
"Pero me merecía estas desgracias"
"But I deserved these misfortunes"
"porque soy un títere obstinado y apasionado"
"because I am an obstinate, passionate puppet"
"Siempre estoy empeñado en salirme con la mía"
"I am always bent upon having my own way"
"Y no escucho a los que me desean lo mejor"
"and I don't listen to those who wish me well"
—¡Tienen mil veces más sentido común que yo!
"they have a thousand times more sense than I!"
"Pero a partir de ahora estoy decidido a cambiar"
"But from now I am determined to change"
"Me volveré ordenado y obediente"
"I will become orderly and obedient"
"porque he visto lo que pasó"
"because I have seen what happened"
"Los chicos desobedientes no tienen una vida fácil"
"disobedient boys do not have an easy life"
"No sirven para nada y no ganan nada"
"they come to no good and gain nothing"
—¿Y mi papá me ha esperado?
"And has my papa waited for me?"
—¿Lo encontraré en casa del Hada?
"Shall I find him at the Fairy's house?"
"Ha pasado tanto tiempo desde la última vez que lo vi"

"it has been so long since I last saw him"
"Me muero de ganas de volver a abrazarlo"
"I am dying to embrace him again"
"¡No puedo esperar para cubrirlo de besos!"
"I can't wait to cover him with kisses!"
—¿Y el Hada me perdonará mi mala conducta?
"And will the Fairy forgive me my bad conduct?"
"Pensar en toda la bondad que recibí de ella"
"To think of all the kindness I received from her"
"Oh, con qué amor me cuidó"
"oh how lovingly did she care for me"
"¡Que ahora estoy vivo se lo debo a ella!"
"that I am now alive I owe to her!"
"¿Podrías encontrar un chico más ingrato?"
"could you find a more ungrateful boy"
"¿Hay algún chico con menos corazón que yo?"
"is there a boy with less heart than I have?"
Mientras decía esto, se detuvo de repente
Whilst he was saying this he stopped suddenly
Estaba muerto de miedo
he was frightened to death
Y dio cuatro pasos hacia atrás
and he made four steps backwards
¿Qué había visto Pinocho?
What had Pinocchio seen?
Había visto una inmensa Serpiente
He had seen an immense Serpent
La serpiente estaba tendida al otro lado del camino
the snake was stretched across the road
La piel de la serpiente era de un color verde hierba
the snake's skin was a grass green colour
y tenía los ojos rojos en la cabeza
and it had red eyes in its head
y tenía una cola larga y puntiaguda
and it had a long and pointed tail
y la cola humeaba como una chimenea
and the tail was smoking like a chimney

Sería imposible imaginar el terror de la marioneta
It would be impossible to imagine the puppet's terror
Se alejó a una distancia segura
He walked away to a safe distance
y se sentó sobre un montón de piedras
and he sat on a heap of stones
allí esperó hasta que la Serpiente hubo terminado
there he waited until the Serpent had finished

pronto los asuntos de la Serpiente deberían estar terminados
soon the Serpent's business should be done
Esperó una hora; dos horas; Tres horas
He waited an hour; two hours; three hours
pero la Serpiente siempre estuvo allí
but the Serpent was always there
Incluso desde la distancia podía ver sus ojos ardientes
even from a distance he could see his fiery eyes
y pudo ver la columna de humo
and he could see the column of smoke
el humo que ascendía desde la punta de su cola
the smoke that ascended from the end of his tail
Al fin, Pinocho trató de sentirse valiente
At last Pinocchio tried to feel courageous
y se acercó a los pocos pasos
and he approached to within a few steps
le habló a la Serpiente con una vocecita suave
he spoke to the Serpent in a little soft voice
—Discúlpeme, señor Serpiente —insinuó—
"Excuse me, Sir Serpent," he insinuated
—¿Sería tan amable de moverse un poco?
"would you be so good as to move a little?"
"Solo un paso a un lado, si pudieras"
"just a step to the side, if you could"
Bien podría haberle hablado a la pared
He might as well have spoken to the wall
Comenzó de nuevo con la misma voz suave:
He began again in the same soft voice:
"Por favor, sepa, Sir Serpiente, que estoy de camino a casa"
"please know, Sir Serpent, I am on my way home"
"Mi padre me está esperando"
"my father is waiting for me"
"¡Y ha pasado tanto tiempo desde que lo vi!"
"and it has been such a long time since I saw him!"
—¿Me permitirá, pues, continuar?
"Will you, therefore, allow me to continue?"
Esperó una señal en respuesta a esta solicitud

He waited for a sign in answer to this request
pero la serpiente no respondió
but the snake made no answer
Hasta ese momento la serpiente había estado vivaz
up to that moment the serpent had been sprightly
Hasta entonces había estado lleno de vida
up until then it had been full of life
pero ahora se quedó inmóvil y casi rígido
but now he became motionless and almost rigid
Cerró los ojos y su cola dejó de humear
He shut his eyes and his tail ceased smoking
"¿De verdad puede estar muerto?", dijo Pinocho
"Can he really be dead?" said Pinocchio
y se frotó las manos con deleite
and he rubbed his hands with delight
Decidió saltar por encima de él
He decided to jump over him
Y entonces pudo llegar al otro lado del camino
and then he could reach the other side of the road
Pinocho corrió un poco hacia arriba
Pinocchio took a little run up
y fue a saltar por encima de la serpiente
and he went to jump over the snake
pero de repente la Serpiente se puso de punta
but suddenly the Serpent raised himself on end
como un resorte puesto en movimiento
like a spring set in motion
y la marioneta se detuvo justo a tiempo
and the puppet stopped just in time
Detuvo sus pies para no saltar
he stopped his feet from jumping
y cayó al suelo
and he fell to the ground
Cayó torpemente en el barro
he fell rather awkwardly into the mud
Su cabeza se quedó atascada en el barro
his head got stuck in the mud

y sus piernas se fueron por los aires
and his legs went into the air
la Serpiente entró en convulsiones de risa
the Serpent went into convulsions of laughter
Se rió hasta que rompió un vaso sanguíneo
it laughed until he broke a blood-vessel
y la serpiente murió de toda su risa
and the snake died from all its laughter
Esta vez la serpiente estaba realmente muerta
this time the snake really was dead
Pinocho se puso en marcha de nuevo
Pinocchio then set off running again
esperaba llegar a la casa del Hada antes de que oscureciera
he hoped to reach the Fairy's house before dark
Pero pronto volvió a tener otros problemas
but soon he had other problems again
Comenzó a sufrir terriblemente de hambre
he began to suffer so dreadfully from hunger
y no pudo soportar más el hambre
and he could not bear the hunger any longer
Saltó a un campo al borde del camino
he jumped into a field by the wayside
Tal vez había algunas uvas que podía recoger
perhaps there were some grapes he could pick
¡Oh, si nunca lo hubiera hecho!
Oh, if only he had never done it!
Apenas había llegado a las uvas
He had scarcely reached the grapes
Y entonces se oyó un sonido de "crujido"
and then there was a "cracking" sound
Sus piernas estaban atrapadas entre algo
his legs were caught between something
Había pisado dos barras de hierro cortantes
he had stepped into two cutting iron bars
el pobre Pinocho se mareó de dolor
poor Pinocchio became giddy with pain
Estrellas de todos los colores danzaban ante sus ojos

stars of every colour danced before his eyes
El pobre títere había caído en una trampa
The poor puppet had been caught in a trap
Había sido puesto allí para capturar turones
it had been put there to capture polecats

Pinocho se convierte en perro guardián
Pinocchio Becomes a Watch-Dog

Pinocho comenzó a llorar y a gritar
Pinocchio began to cry and scream
pero sus lágrimas y gemidos eran inútiles
but his tears and groans were useless
porque no se veía ni una casa
because there was not a house to be seen
ni el alma viviente pasó por el camino
nor did living soul pass down the road
Por fin había llegado la noche
At last the night had come on
La trampa le había cortado la pierna
the trap had cut into his leg
El dolor lo llevó al punto de desmayarse
the pain brought him the point of fainting
Tenía miedo de estar solo
he was scared from being alone

No le gustaba la oscuridad
he didn't like the darkness
Justo en ese momento vio una luciérnaga
Just at that moment he saw a Firefly
Llamó a la luciérnaga y le dijo:
He called to the firefly and said:
"Oh, pequeña luciérnaga, ¿tendrás piedad de mí?"
"Oh, little Firefly, will you have pity on me?"
"Por favor, libérame de esta tortura"
"please liberate me from this torture"
-¡Pobre muchacho! -exclamó la Luciérnaga-
"Poor boy!" said the Firefly
la Luciérnaga se detuvo y lo miró con compasión
the Firefly stopped and looked at him with compassion
"Tus piernas han sido atrapadas por esos hierros afilados"
"your legs have been caught by those sharp irons"
"¿Cómo llegaste a esta trampa?
"how did you get yourself into this trap?
"Vine al campo a recoger uvas"
"I came into the field to pick grapes"
—¿Pero dónde plantaste tus uvas?
"But where did you plant your grapes?"
"No, no eran mis uvas"
"No, they were not my grapes"
"¿Quién te enseñó a llevarte la propiedad de otras personas?"
"who taught you to carry off other people's property?"
"Tenía tanta hambre", gimió Pinocho
"I was so hungry," Pinocchio whimpered
"El hambre no es una buena razón"
"Hunger is not a good reason"
"No podemos apropiarnos de lo que no nos pertenece"
"we cannot appropriated what does not belong to us"
-¡Es verdad, verdad! -exclamó Pinocho, llorando-
"That is true, that is true!" said Pinocchio, crying
"Nunca lo volveré a hacer", prometió
"I will never do it again," he promised
En ese momento su conversación fue interrumpida

At this moment their conversation was interrupted
Se oyó un leve sonido de pasos que se acercaban
there was a slight sound of approaching footsteps
Era el dueño del campo que venía de puntillas
It was the owner of the field coming on tiptoe
Quería ver si había atrapado un turón
he wanted to see if he had caught a polecat
el turón que se comía sus pollos en la noche
the polecat that ate his chickens in the night
pero se sorprendió de lo que había en su trampa
but he was surprised by what was in his trap
En lugar de un turón, habían capturado a un niño
instead of a polecat, a boy had been captured
-¡Ah, ladrón! -dijo el campesino furioso-.
"Ah, little thief," said the angry peasant,
—¿Entonces eres tú quien se lleva mis gallinas?
"then it is you who carries off my chickens?"
"No, no me he llevado tus gallinas"
"No, I have not been carrying off your chickens"
"¡Solo vine al campo para tomar dos uvas!"
"I only came into the field to take two grapes!"
"El que roba uvas puede robar pollo fácilmente"
"He who steals grapes can easily steal chicken"
"Déjame a mí que te dé una lección"
"Leave it to me to teach you a lesson"
"Y no olvidarás esta lección rápidamente"
"and you won't forget this lesson in a hurry"
Abrió la trampa y agarró a la marioneta por el cuello
Opening the trap, he seized the puppet by the collar
y lo llevó a su casa como a un corderito
and he carried him to his house like a young lamb
Llegaron al patio frente a la casa
they reached the yard in front of the house
y lo arrojó bruscamente al suelo
and he threw him roughly on the ground
Le puso el pie en el cuello y le dijo:
he put his foot on his neck and said to him:

"Es tarde y quiero irme a la cama"
"It is late and I want to go to bed"
"Mañana ajustaremos nuestras cuentas"
"we will settle our accounts tomorrow"
"El perro que hacía guardia por la noche murió hoy"
"the dog who kept guard at night died today"
"Vivirás en su lugar a partir de ahora"
"you will live in his place from now"
"De ahora serás mi perro guardián"
"You shall be my watch-dog from now"
Tomó un gran collar de perro cubierto con perillas de latón
he took a great dog collar covered with brass knobs
y ató el collar de perro alrededor del cuello de Pinocho
and he strapped the dog collar around Pinocchio's neck
Estaba tan apretado que no podía sacar la cabeza
it was so tight that he could not pull his head out
El collar del perro estaba atado a una cadena pesada
the dog collar was attached to a heavy chain
y la pesada cadena fue atada a la pared
and the heavy chain was fastened to the wall
"Si llueve esta noche puedes entrar en la perrera"
"If it rains tonight you can go into the kennel"
"Mi pobre perro tenía un pequeño lecho de paja allí"
"my poor dog had a little bed of straw in there"
"Acuérdate de tener los oídos atentos a los ladrones"
"remember to keep your ears pricked for robbers"
"Y si oyes ladrones, ladra fuerte"
"and if you hear robbers, then bark loudly"
Pinocho había recibido sus órdenes para la noche
Pinocchio had received his orders for the night
Y el pobre hombre finalmente se fue a la cama
and the poor man finally went to bed

El pobre Pinocho permanecía tendido en el suelo
Poor Pinocchio remained lying on the ground
Se sentía más muerto que vivo
he felt more dead than he felt alive
El frío, el hambre y el miedo se habían llevado toda su energía
the cold, and hunger, and fear had taken all his energy
De vez en cuando se llevaba las manos al cuello con rabia
From time to time he put his hands angrily to the go collar
"¡Me sirve!", se dijo a sí mismo
"It serves me right!" he said to himself
"Estaba decidido a ser un vagabundo"
"I was determined to be a vagabond"
"Quería vivir la vida de un inútil"
"I wanted to live the life of a good-for-nothing"
"Solía escuchar a los malos compañeros"
"I used to listen to bad companions"
"y por eso siempre me encuentro con desgracias"
"and that is why I always meet with misfortunes"
"Si tan solo hubiera sido un buen niño"
"if only I had been a good little boy"
"entonces no estaría en medio del campo"
"then I would not be in the midst of the field"
"No estaría aquí si me hubiera quedado en casa"

"I wouldn't be here if I had stayed at home"
"No sería un perro guardián si me hubiera quedado con mi papá"
"I wouldn't be a watch-dog if I had stayed with my papa"
"¡Oh, si tan solo pudiera nacer de nuevo!"
"Oh, if only I could be born again!"
"Pero ahora es demasiado tarde para cambiar algo"
"But now it is too late to change anything"
"¡Lo mejor que puedes hacer ahora es tener paciencia!"
"the best thing to do now is having patience!"
Se sintió aliviado por este pequeño arrebato
he was relieved by this little outburst
porque había salido directamente de su corazón
because it had come straight from his heart
Y entró en la perrera y se durmió
and he went into the dog-kennel and fell asleep

Pinocho descubre a los ladrones
Pinocchio Discovers the Robbers

Había estado durmiendo profundamente durante unas dos horas
He had been sleeping heavily for about two hours
Entonces fue despertado por un extraño susurro
then he was aroused by a strange whispering
Las voces extrañas venían del patio
the strange voices were coming from the courtyard
Sacó la punta de la nariz de la perrera
he put the point of his nose out of the kennel
y vio cuatro pequeñas bestias de pelaje oscuro
and he saw four little beasts with dark fur
Parecían gatos haciendo un plan
they looked like cats making a plan
Pero no eran gatos, eran turones
But they were not cats, they were polecats
Lo que son los turones son animalitos carnívoros

- 142 -

what polecats are are carnivorous little animals
Son especialmente codiciosos de huevos y pollos jóvenes
they are especially greedy for eggs and young chickens
Uno de los turones se acercó a la entrada de la perrera
One of the polecats came to the opening of the kennel
habló en voz baja: "Buenas noches, Melampo"
he spoke in a low voice, "Good evening, Melampo"
—No me llamo Melampo —respondió el títere—
"My name is not Melampo," answered the puppet
—¡Oh! Entonces, ¿quién eres?", preguntó el turón
"Oh! then who are you?" asked the polecat
"Yo soy Pinocho", respondió Pinocho
"I am Pinocchio," answered Pinocchio
—¿Y qué haces aquí?
"And what are you doing here?"
"Estoy actuando como perro guardián", confirmó Pinocho
"I am acting as watch-dog," confirmed Pinocchio
"Entonces, ¿dónde está Melampo?", se preguntó el turón
"Then where is Melampo?" wondered the polecat
"¿Dónde está el perro viejo que vivía en esta perrera?"
"Where is the old dog who lived in this kennel?"
"Murió esta mañana", informó Pinocho
"He died this morning," Pinocchio informed
"¿Está muerto? ¡Pobre bestia! Era tan bueno"
"Is he dead? Poor beast! He was so good"
"pero yo diría que también eras un buen perro"
"but I would say that you were also a good dog"
"Puedo verlo en tu cara"
"I can see it in your face"
"Te pido perdón, no soy un perro"
"I beg your pardon, I am not a dog"
"¿No es un perro? Entonces, ¿qué eres?
"Not a dog? Then what are you?"
"Soy una marioneta", corrigió Pinocho
"I am a puppet," corrected Pinocchio
—¿Y actúas como perro guardián?
"And you are acting as watch-dog?"

- 143 -

"**Ahora entiendes la situación**"
"now you understand the situation"
"**Me han hecho ser un perro guardián como castigo**"
"I have been made to be a watch dog as a punishment"
"**Bueno, entonces te diremos cuál es el trato**"
"well, then we shall tell you what the deal is"
"**el mismo trato que tuvimos con el difunto Melampo**"
"the same deal we had with the deceased Melampo"
"**Estoy seguro de que aceptará el trato**"
"I am sure you will be agree to the deal"
"**—¿Cuáles son las condiciones de este acuerdo?**"
"What are the conditions of this deal?"
"**Una noche a la semana visitaremos el corral**"
"one night a week we will visit the poultry-yard"
"**Y nos permitirás llevarnos ocho gallinas**"
"and you will allow us to carry off eight chickens"
"**De estos pollos, siete son para que nos los comamos**"
"Of these chickens seven are to be eaten by us"
"**Y te daremos una gallina**"
"and we will give one chicken to you"
"**Tu parte del trato es muy fácil**"
"your end of the bargain is very easy"
"**Todo lo que tienes que hacer es fingir que estás dormido**"
"all you have to do is pretend to be asleep"
"**Y no se te ocurra nada sobre ladrar**"
"and don't get any ideas about barking"
"**No debes despertar al campesino cuando lleguemos**"
"you are not to wake the peasant when we come"
"**¿Actuó Melampo de esta manera?**, **preguntó Pinocho**"
"Did Melampo act in this manner?" asked Pinocchio
"**ese es el trato que teníamos con Melampo**"
"that is the deal we had with Melampo"
"**Y siempre estuvimos en los mejores términos con él**
"and we were always on the best terms with him
"**Duerme tranquilo y déjanos hacer nuestros asuntos**"
"sleep quietly and let us do our business"
"**Y por la mañana tendrás un pollo precioso**"

"and in the morning you will have a beautiful chicken"
"Estará listo para desplumar para tu desayuno mañana"
"it will be ready plucked for your breakfast tomorrow"
—¿Nos hemos entendido bien?
"Have we understood each other clearly?"
"¡Demasiado claro!", respondió Pinocho
"Only too clearly!" answered Pinocchio
Y sacudió la cabeza amenazadoramente
and he shook his head threateningly
como si dijera: «¡Pronto oirás hablar de esto!»
as if to say: "You shall hear of this shortly!"
Los cuatro turones pensaron que tenían un trato
the four polecats thought that they had a deal
Continuaron, pues, hasta el corral
so they continued to the poultry-yard
Primero abrieron la puerta con los dientes
first they opened the gate with their teeth
y luego se deslizaron uno por uno
and then they slipped in one by one
No llevaban mucho tiempo en el golpe de gallina
they hadn't been in the chicken-coup for long
pero entonces oyeron que la puerta se cerraba detrás de ellos
but then they heard the gate shut behind them
Era Pinocho quien había cerrado la puerta
It was Pinocchio who had shut the gate
y Pinocho tomó algunas medidas de seguridad adicionales
and Pinocchio took some extra security measures
Puso una gran piedra contra la puerta
he put a large stone against the gate
De esta manera, los turones no pudieron volver a salir
this way the polecats couldn't get out again
y entonces Pinocho empezó a ladrar como un perro
and then Pinocchio began to bark like a dog
y ladraba exactamente como ladra un perro guardián
and he barked exactly like a watch-dog barks
el campesino oyó ladrar a Pinocho
the peasant heard Pinocchio barking

Rápidamente se despertó y saltó de la cama
he quickly awoke and jumped out of bed
Con su pistola se acercó a la ventana
with his gun he came to the window
y desde la ventana llamó a Pinocho
and from the window he called to Pinocchio
"¿Qué pasa?", le preguntó al títere
"What is the matter?" he asked the puppet
"¡Hay ladrones!", respondió Pinocho
"There are robbers!" answered Pinocchio
"¿Dónde están?", quiso saber
"Where are they?" he wanted to know
—Están en el corral —confirmó Pinocho—
"they are in the poultry-yard," confirmed Pinocchio
—Bajaré directamente —dijo el campesino—
"I will come down directly," said the peasant
Y bajó a toda prisa
and he came down in a great hurry
habría tomado menos tiempo decir "Amén"
it would have taken less time to say "Amen"
Corrió hacia el corral
He rushed into the poultry-yard
y rápidamente atrapó a todos los turones
and quickly he caught all the polecats
Y luego metió a los turones en un saco
and then he put the polecats into a sack
Les dijo en tono de gran satisfacción:
he said to them in a tone of great satisfaction:
—¡Por fin has caído en mis manos!
"At last you have fallen into my hands!"
"Podría castigarte, si quisiera"
"I could punish you, if I wanted to"
"Pero no soy tan cruel", los consoló
"but I am not so cruel," he comforted them
"Me contentaré de otras maneras"
"I will content myself in other ways"
"Te llevaré por la mañana al posadero"

"I will carry you in the morning to the innkeeper"
"Os despellejará y cocinará como liebres"
"he will skin and cook you like hares"
"Y te servirán con una salsa dulce"
"and you will be served with a sweet sauce"
"Es un honor que no te mereces"
"It is an honour that you don't deserve"
"Tienes suerte de que sea tan generoso contigo"
"you're lucky I am so generous with you"
Luego se acercó a Pinocho y lo acarició
He then approached Pinocchio and stroked him
—¿Cómo lograste descubrir a los cuatro ladrones?
"How did you manage to discover the four thieves?"
—¡Mi fiel Melampo nunca se enteró de nada!
"my faithful Melampo never found out anything!"
El títere podría haberle contado toda la historia
The puppet could then have told him the whole story
Podría haberle contado sobre el traicionero trato
he could have told him about the treacherous deal
pero recordó que el perro estaba muerto
but he remembered that the dog was dead
Y el títere pensó:
and the puppet thought to himself:
—¿De qué sirve acusar a los muertos?
"of what use it it accusing the dead?"
"Los muertos ya no están con nosotros"
"The dead are no longer with us"
"¡Es mejor dejar a los muertos en paz!"
"it is best to leave the dead in peace!"
El campesino continuó haciendo más preguntas
the peasant went on to ask more questions
—¿Estabas durmiendo cuando llegaron los ladrones?
"were you sleeping when the thieves came?"
—Estaba dormido —respondió Pinocho—
"I was asleep," answered Pinocchio
"Pero los turones me despertaron con su parloteo"
"but the polecats woke me with their chatter"

"**Uno de los turones vino a la perrera**"
"one of the polecats came to the kennel"
Trató de hacer un trato terrible conmigo
he tried to make a terrible deal with me
"**Prométeme no ladrar y te daremos un buen pollo**"
"promise not to bark and we'll give you fine chicken"
"**Me sentí ofendido por una oferta tan solapada**"
"I was offended by such an underhanded offer"
"**Puedo admitir que soy una marioneta traviesa**"
"I can admit that I am a naughty puppet"
"**pero hay una cosa de la que nunca seré culpable**"
"but there is one thing I will never be guilty of"
"**¡No haré tratos con personas deshonestas!**"
"I will not make terms with dishonest people!"
"**y no compartiré sus ganancias deshonestas**"
"and I will not share their dishonest gains"
-¡Bien dicho, hijo mío! -exclamó el campesino-
"Well said, my boy!" cried the peasant
y le dio unas palmaditas en el hombro a Pinocho
and he patted Pinocchio on the shoulder
"**Tales sentimientos te honran mucho, hijo mío**"
"Such sentiments do you great honour, my boy"
"**Déjame mostrarte pruebas de mi gratitud hacia ti**"
"let me show you proof of my gratitude to you"
"**Te pondré en libertad de inmediato**"
"I will at once set you at liberty"
"**Y puedes volver a casa cuando quieras**"
"and you may return home as you please"
Y le quitó el collar de perro a Pinocho
And he removed the dog-collar from Pinocchio

Pinocho vuela a la orilla del mar
Pinocchio Flies to the Seashore

un collar de perro colgaba del cuello de Pinocho
a dog-collar had hung around Pinocchio's neck
pero ahora Pinocho había vuelto a tener su libertad
but now Pinocchio had his freedom again
y ya no llevaba el humillante collar de perro
and he wore the humiliating dog-collar no more
Corrió a través de los campos
he ran off across the fields
Y siguió corriendo hasta que llegó a la carretera
and he kept running until he reached the road
el camino que conducía a la casa del Hada
the road that led to the Fairy's house
en el bosque podía ver el gran roble
in the woods he could see the Big Oak tree
el gran roble del que había sido colgado
the Big Oak tree to which he had been hung
Pinocho miró a su alrededor en todas direcciones
Pinocchio looked around in every direction
pero no podía ver la casa de su hermana
but he couldn't see his sister's house
la casa del hermoso Niño de cabellos azules
the house of the beautiful Child with blue hair
Pinocho fue presa de un triste presentimiento
Pinocchio was seized with a sad presentiment
Echó a correr con todas las fuerzas que le quedaban
he began to run with all the strength he had left
A los pocos minutos llegó al campo
in a few minutes he reached the field
Estaba donde una vez estuvo la casita
he was where the little house had once stood
Pero la casita blanca ya no estaba allí
But the little white house was no longer there
En lugar de la casa vio una piedra de mármol
Instead of the house he saw a marble stone

En la piedra estaban grabadas estas tristes palabras:
on the stone were engraved these sad words:
"Aquí yace el niño del pelo azul"
"Here lies the child with the blue hair"
"fue abandonada por su hermanito Pinocho"
"she was abandoned by her little brother Pinocchio"
"Y del dolor sucumbió a la muerte"
"and from the sorrow she succumbed to death"
Con dificultad había leído este epitafio
with difficulty he had read this epitaph
Te dejo que imagines los sentimientos de la marioneta
I leave you to imagine the puppet's feelings
Cayó con la cara en el suelo
He fell with his face on the ground
Cubrió la lápida con mil besos
he covered the tombstone with a thousand kisses
y estalló en una agonía de lágrimas
and he burst into an agony of tears
Lloró toda esa noche
He cried for all of that night
Y cuando llegó la mañana todavía estaba llorando
and when morning came he was still crying
Lloró aunque no le quedaban lágrimas
he cried although he had no tears left
Sus lamentos eran desgarradores
his lamentations were heart-breaking
y sus sollozos resonaban en las colinas circundantes
and his sobs echoed in the surrounding hills
Y mientras lloraba, dijo:
And while he was weeping he said:
"Oh, pequeña Hada, ¿por qué moriste?"
"Oh, little Fairy, why did you die?"
"¿Por qué no morí yo en lugar de ti?"
"Why did I not die instead of you?"
"Yo que soy tan malvado, mientras que tú eras tan bueno"
"I who am so wicked, whilst you were so good"
"¿Y mi papá? ¿Dónde puede estar?

"And my papa? Where can he be?"
"Oh, pequeña Hada, dime dónde puedo encontrarlo"
"Oh, little Fairy, tell me where I can find him"
"porque quiero estar siempre con él"
"for I want to remain with him always"
"¡Y no quiero dejarlo nunca más!"
"and I never want to leave him ever again!"
"¡Dime que no es verdad que estés muerto!"
"tell me that it is not true that you are dead!"
"Si realmente amas a tu hermano pequeño, vuelve a la vida"
"If you really love your little brother, come to life again"
—¿No te duele verme solo en el mundo?
"Does it not grieve you to see me alone in the world?"
—¿No te entristece verme abandonado por todos?
"does it not sadden you to see me abandoned by everybody?"
"Si vienen asesinos, me volverán a colgar del árbol"
"If assassins come they will hang me from the tree again"
"Y esta vez moriría de verdad"
"and this time I would die indeed"
"¿Qué puedo hacer aquí solo en el mundo?"
"What can I do here alone in the world?"
"Te he perdido a ti y a mi papá"
"I have lost you and my papa"
"¿Quién me amará y me dará de comer ahora?"
"who will love me and give me food now?"
"¿Dónde iré a dormir por la noche?"
"Where shall I go to sleep at night?"
"¿Quién me hará una chaqueta nueva?"
"Who will make me a new jacket?"
"¡Oh, sería mejor que yo también muriera!"
"Oh, it would be better for me to die also!"
"No vivir sería cien veces mejor"
"not to live would be a hundred times better"
"Sí, me quiero morir", concluyó
"Yes, I want to die," he concluded
Y en su desesperación trató de arrancarse los cabellos
And in his despair he tried to tear his hair

pero su cabello era de madera
but his hair was made of wood
por lo que no podía tener la satisfacción
so he could not have the satisfaction
En ese momento, una gran paloma voló sobre su cabeza
Just then a large Pigeon flew over his head
La paloma se detuvo con las alas distendidas
the pigeon stopped with distended wings
y la paloma llamó desde gran altura
and the pigeon called down from a great height
"Dime, niña, ¿qué haces ahí?"
"Tell me, child, what are you doing there?"
"¿No lo ves? ¡Estoy llorando!", dijo Pinocho
"Don't you see? I am crying!" said Pinocchio
y alzó la cabeza hacia la voz
and he raised his head towards the voice
y se frotó los ojos con la chaqueta
and he rubbed his eyes with his jacket
—Dímelo —continuó la Paloma—
"Tell me," continued the Pigeon
—¿Conoces a un títere llamado Pinocho?
"do you happen to know a puppet called Pinocchio?"
"¿Pinocho? ¿Dijiste Pinocho?", repitió el títere
"Pinocchio? Did you say Pinocchio?" repeated the puppet
Y rápidamente se puso de pie de un salto
and he quickly jumped to his feet
"¡Soy Pinocho!", exclamó con esperanza
"I am Pinocchio!" he exclaimed with hope
Ante esta respuesta, la paloma descendió rápidamente
At this answer the Pigeon descended rapidly
Era más grande que un pavo
He was larger than a turkey
"¿Conoces también a Geppetto?", preguntó
"Do you also know Geppetto?" he asked
—¡Lo conozco! ¡Es mi pobre papá!".
"Do I know him! He is my poor papa!"
—¿Te ha hablado acaso de mí?

"Has he perhaps spoken to you of me?"
—¿Me llevarás con él?
"Will you take me to him?"
—¿Sigue vivo?
"Is he still alive?"
"Respóndeme, por piedad"
"Answer me, for pity's sake"
"¿Todavía está vivo?"
"is he still alive??"
"Lo dejé hace tres días en la orilla del mar"
"I left him three days ago on the seashore"
—¿Qué estaba haciendo? Pinocho tenía que saberlo
"What was he doing?" Pinocchio had to know
"Estaba construyendo un barquito para sí mismo"
"He was building a little boat for himself"
"Iba a cruzar el océano"
"he was going to cross the ocean"
"Ese pobre hombre ha estado dando vueltas por todo el mundo"
"that poor man has been going all round the world"
"Te ha estado buscando"
"he has been looking for you"
"Pero no tuvo éxito en encontrarte"
"but he had no success in finding you"
"Así que ahora se irá a los países lejanos"
"so now he will go to the distant countries"
"te buscará en el Nuevo Mundo"
"he will search for you in the New World"
—¿A qué distancia hay de aquí a la orilla?
"How far is it from here to the shore?"
"Más de seiscientas millas"
"More than six hundred miles"
—¿Seiscientas millas? —repitió Pinocho
"Six hundred miles?" echoed Pinocchio
—¡Oh, hermosa paloma! —suplicó Pinocho—
"Oh, beautiful Pigeon," pleaded Pinocchio
"¡Qué cosa tan hermosa sería tener tus alas!"

"what a fine thing it would be to have your wings!"
"Si quieres ir, te llevaré allí"
"If you wish to go, I will carry you there"
—¿Cómo pudiste llevarme hasta allí?
"How could you carry me there?"
"Puedo llevarte en mi espalda"
"I can carry you on my back"
—¿Pesas mucho?
"Do you weigh much?"
"No peso casi nada"
"I weigh next to nothing"
"Soy tan ligero como una pluma"
"I am as light as a feather"
Pinocho no dudó ni un momento más
Pinocchio didn't hesitate for another moment
y saltó al instante sobre el lomo de la Paloma
and he jumped at once on the Pigeon's back
Puso una pata a cada lado de la paloma
he put a leg on each side of the pigeon
Al igual que lo hacen los hombres cuando montan a caballo
just like men do when they're riding horseback
y Pinocho exclamó alegremente:
and Pinocchio exclaimed joyfully:
"Galope, galope, mi caballito"
"Gallop, gallop, my little horse"
"¡porque estoy ansioso por llegar rápido!"
"because I am anxious to arrive quickly!"
La Paloma voló por los aires
The Pigeon took flight into the air
y en pocos minutos casi tocaron las nubes
and in a few minutes they almost touched the clouds

Ahora la marioneta estaba a una altura inmensa
now the puppet was at an immense height
Y se volvió cada vez más curioso
and he became more and more curious
Así que miró hacia el suelo
so he looked down to the ground
pero su cabeza daba vueltas de mareo
but his head spun round in dizziness
Se asustó mucho de la altura
he became ever so frightened of the height
y tuvo que salvarse del peligro de caer
and he had to save himself from the danger of falling
y así se aferró fuertemente a su corcel emplumado
and so held tightly to his feathered steed
Volaron por los cielos todo ese día
They flew through the skies all of that day
Hacia el atardecer la Paloma dijo:
Towards evening the Pigeon said:
"¡Tengo mucha sed de tanto volar!"
"I am very thirsty from all this flying!"
"¡Y tengo mucha hambre!", coincidió Pinocho
"And I am very hungry!" agreed Pinocchio
"Detengámonos unos minutos en ese palomar"
"Let us stop at that dovecote for a few minutes"
"Y luego continuaremos nuestro viaje"

"and then we will continue our journey"

"Entonces podemos llegar a la orilla del mar al amanecer de mañana"

"then we may reach the seashore by dawn tomorrow"

Se metieron en un palomar desierto

They went into a deserted dovecote

Allí no encontraron más que una palangana llena de agua

here they found nothing but a basin full of water

y hallaron una cesta llena de veza

and they found a basket full of vetch

El títere nunca en su vida había sido capaz de comer veza

The puppet had never in his life been able to eat vetch

Según él, lo enfermó

according to him it made him sick

Esa noche, sin embargo, comió hasta la saciedad

That evening, however, he ate to repletion

y estuvo a punto de vaciar la cesta

and he nearly emptied the basket of it

y luego se volvió hacia la Paloma y le dijo:

and then he turned to the Pigeon and said to him:

"¡Nunca podría haber creído que la veza fuera tan buena!"

"I never could have believed that vetch was so good!"

-Tranquilízate, hijo mío -replicó la Paloma-

"Be assured, my boy," replied the Pigeon

"Cuando el hambre es real, hasta la veza se vuelve deliciosa"

"when hunger is real even vetch becomes delicious"

"El hambre no conoce caprichos ni codicias"

"Hunger knows neither caprice nor greediness"

Los dos terminaron rápidamente su pequeña comida

the two quickly finished their little meal

y reanudaron su viaje y se fueron volando

and they recommenced their journey and flew away

A la mañana siguiente llegaron a la orilla del mar

The following morning they reached the seashore

La paloma colocó a Pinocho en el suelo

The Pigeon placed Pinocchio on the ground

La paloma no quería que la molestaran con agradecimientos

the pigeon did not wish to be troubled with thanks
De hecho, era una buena acción la que había hecho
it was indeed a good action he had done
pero lo había hecho por la bondad de su corazón
but he had done it out the goodness of his heart
y Pinocho no tenía tiempo que perder
and Pinocchio had no time to lose
Así que se fue volando rápidamente y desapareció
so he flew quickly away and disappeared
La orilla estaba abarrotada de gente
The shore was crowded with people
La gente miraba hacia el mar
the people were looking out to sea
gritando y gesticulando ante algo
they shouting and gesticulating at something
"¿Qué ha pasado?", preguntó Pinocho a una anciana
"What has happened?" asked Pinocchio of an old woman
"Hay un padre pobre que ha perdido a su hijo"
"there is a poor father who has lost his son"
"Se ha hecho a la mar en una barquita"
"he has gone out to sea in a little boat"
"Lo buscará al otro lado del agua"
"he will search for him on the other side of the water"
"Y hoy el mar es tempestuoso"
"and today the sea is most tempestuous"
"Y el barquito está en peligro de hundirse"
"and the little boat is in danger of sinking"
"¿Dónde está el barquito?", preguntó Pinocho
"Where is the little boat?" asked Pinocchio
"Está ahí afuera en una línea con mi dedo"
"It is out there in a line with my finger"
Y señaló un barquito
and she pointed to a little boat
y el barquito parecía una pequeña cáscara de nuez
and the little boat looked like a little nutshell
una pequeña cáscara de nuez con un hombrecito en ella
a little nutshell with a very little man in it

Pinocho fijó sus ojos en la pequeña cáscara de nuez
Pinocchio fixed his eyes on the little nutshell
Después de mirar atentamente, lanzó un grito desgarrador:
after looking attentively he gave a piercing scream:
"¡Es mi papá! ¡Es mi papá!"
"It is my papa! It is my papa!"
El barco, mientras tanto, era golpeado por la furia de las olas
The boat, meanwhile, was being beaten by the fury of the waves
En un momento desapareció en el fondo del mar
at one moment it disappeared in the trough of the sea
Y en el momento siguiente el barco volvió a salir a la superficie
and in the next moment the boat came to the surface again
Pinocho estaba de pie en la cima de una roca alta
Pinocchio stood on the top of a high rock
Y siguió llamando a su padre
and he kept calling to his father
y le hizo toda clase de señas
and he made every kind of signal to him
Hizo un gesto con las manos, el pañuelo y la gorra
he waved his hands, his handkerchief, and his cap
Pinocho estaba muy lejos de él
Pinocchio was very far away from him
pero Geppetto pareció reconocer a su hijo
but Geppetto appeared to recognize his son
Y también se quitó la gorra y la agitó
and he also took off his cap and waved it
Trató de hacerle entender con gestos
he tried by gestures to make him understand
"Hubiera vuelto si fuera posible"
"I would have returned if it were possible"
"Pero el mar es tempestuoso"
"but the sea is most tempestuous"
"Y mis remos no me volverán a llevar a las orillas"
"and my oars won't take me to the shores again"
De repente, una tremenda ola se elevó del mar

Suddenly a tremendous wave rose out of the sea
Y luego la pequeña cáscara de nuez desapareció
and then the the little nutshell disappeared
Esperaron, con la esperanza de que el barco volviera a la superficie
They waited, hoping the boat would come again to the surface
pero el barquito no se vio más
but the little boat was seen no more
El pescador se había reunido en la orilla
the fisherman had assembled at the shore
«¡Pobre hombre!», decían de él, y murmuraban una oración
"Poor man!" they said of him, and murmured a prayer
Y luego se dieron la vuelta para irse a casa
and then they turned to go home
En ese momento escucharon un grito desesperado
Just then they heard a desperate cry
Mirando hacia atrás, vieron a un niño pequeño
looking back, they saw a little boy
"Salvaré a mi papá", exclamó el niño
"I will save my papa," the boy exclaimed
y saltó de una roca al mar
and he jumped from a rock into the sea
como saben, Pinocho estaba hecho de madera
as you know Pinocchio was made of wood
así que flotaba fácilmente en el agua
so he floated easily on the water
y nadó tan bien como un pez
and he swam as well as a fish
En un momento lo vieron desaparecer bajo el agua
At one moment they saw him disappear under the water
fue arrastrado por la furia de las olas
he was carried down by the fury of the waves
y al momento siguiente reapareció en la superficie del agua
and in the next moment he reappeared to the surface of the water
Le costaba nadar con una pierna o un brazo
he struggled on swimming with a leg or an arm

pero al fin lo perdieron de vista
but at last they lost sight of him
y no se le volvió a ver
and he was seen no more
y ofrecieron otra oración por el títere
and they offered another prayer for the puppet

Pinocho vuelve a encontrar al hada
Pinocchio Finds the Fairy Again

Pinocho quería llegar a tiempo para ayudar a su padre
Pinocchio wanted to be in time to help his father
Así que nadó toda la noche
so he swam all through the night
¡Y qué noche tan horrible fue!
And what a horrible night it was!
La lluvia caía a torrentes
The rain came down in torrents
Granizaba y el trueno era espantoso
it hailed and the thunder was frightful
Los relámpagos lo hicieron tan ligero como el día
the flashes of lightning made it as light as day

Hacia la mañana vio una larga franja de tierra
Towards morning he saw a long strip of land
Era una isla en medio del mar
It was an island in the midst of the sea
Hizo todo lo posible por llegar a la orilla
He tried his utmost to reach the shore
pero sus esfuerzos fueron en vano
but his efforts were all in vain
Las olas corrían y caían unas sobre otras
The waves raced and tumbled over each other
y el torrente golpeó a Pinocho
and the torrent knocked Pinocchio about
Era como si hubiera sido una brizna de paja
it was as if he had been a wisp of straw
Por fin, afortunadamente para él, se levantó una ola
At last, fortunately for him, a billow rolled up
Se levantó con tal furia que fue levantado
it rose with such fury that he was lifted up
y finalmente fue arrojado a las arenas
and finally he was thrown on to the sands
La pequeña marioneta se estrelló contra el suelo
the little puppet crashed onto the ground
y todas sus articulaciones se agrietaron por el impacto
and all his joints cracked from the impact
pero él se consoló diciendo:
but he comforted himself, saying:
"¡Esta vez también he hecho una escapada maravillosa!"
"This time also I have made a wonderful escape!"
Poco a poco el cielo se fue despejando
Little by little the sky cleared
El sol brillaba en todo su esplendor
the sun shone out in all his splendour
y el mar se volvió tan tranquilo y suave como el aceite
and the sea became as quiet and smooth as oil
El títere puso su ropa al sol para que se secara
The puppet put his clothes in the sun to dry
Y empezó a mirar en todas direcciones

and he began to look in every direction
En algún lugar del agua debe haber un pequeño bote
somewhere on the water there must be a little boat
y en la barca esperaba ver a un hombrecillo
and in the boat he hoped to see a little man
Miró hacia el mar hasta donde alcanzaba la vista
he looked out to sea as far as he could see
pero todo lo que vio fue el cielo y el mar
but all he saw was the sky and the sea
—¡Si supiera cómo se llama esta isla!
"If I only knew what this island was called!"
"Si supiera si está habitada"
"If I only knew whether it was inhabited"
"**Quizás aquí sí vive gente civilizada**"
"perhaps civilized people do live here"
"**Gente que no cuelga a los niños de los árboles**"
"people who do not hang boys from trees"
"**pero ¿a quién puedo preguntar si no hay nadie?**"
"but whom can I ask if there is nobody?"
A Pinocho no le gustaba la idea de estar solo
Pinocchio didn't like the idea of being all alone
Y ahora estaba solo en un gran país deshabitado
and now he was alone on a great uninhabited country
La idea de ello le ponía melancólico
the idea of it made him melancholy
Estaba a punto de llorar
he was just about to to cry
Pero en ese momento vio un gran pez nadando
But at that moment he saw a big fish swimming by
El pez grande estaba a poca distancia de la orilla
the big fish was only a short distance from the shore
El pez se iba tranquilamente a sus propios asuntos
the fish was going quietly on its own business
y tenía la cabeza fuera del agua
and it had its head out of the water
Sin saber su nombre, la marioneta llamó al pez
Not knowing its name, the puppet called to the fish

Gritó en voz alta para hacerse oír:
he called out in a loud voice to make himself heard:
—Eh, Sir Fish, ¿me permite hablar con usted?
"Eh, Sir Fish, will you permit me a word with you?"
—Dos palabras, si quieres —respondió el pez—
"Two words, if you like," answered the fish
De hecho, el pez no era un pez en absoluto
the fish was in fact not a fish at all
lo que el pez era un delfín
what the fish was was a Dolphin
y no podrías haber encontrado un delfín más educado
and you couldn't have found a politer dolphin
—¿Sería tan amable de decirme?
"Would you be kind enough to tell:"
—¿Hay pueblos en esta isla?
"is there are villages in this island?"
—¿Y podría haber algo de comer en estos pueblos?
"and might there be something to eat in these villages?"
—¿Y hay algún peligro en estos pueblos?
"and is there any danger in these villages?"
—¿Podría uno ser comido en estos pueblos?
"might one get eaten in these villages?"
-Ciertamente hay aldeas -replicó el Delfín-
"there certainly are villages," replied the Dolphin
"Efectivamente, encontrarás un pueblo muy cerca"
"Indeed, you will find one village quite close by"
—¿Y qué camino debo tomar para llegar allí?
"And what road must I take to go there?"
"Debes tomar ese camino a tu izquierda"
"You must take that path to your left"
"Y luego debes seguir tu nariz"
"and then you must follow your nose"
—¿Me dirás otra cosa?
"Will you tell me another thing?"
"Nadas por el mar todo el día y la noche"
"You swim about the sea all day and night"
"¿Has conocido por casualidad un barquito?"

"have you by chance met a little boat"
—¿Un barquito con mi papá dentro?
"a little boat with my papa in it?"
—¿Y quién es tu papá?
"And who is your papa?"
"Es el mejor papá del mundo"
"He is the best papa in the world"
"pero sería difícil encontrar un hijo peor que yo"
"but it would be difficult to find a worse son than I am"
El pez se arrepintió de decirle lo que temía
The fish regretted to tell him what he feared
"Viste la terrible tormenta que tuvimos anoche"
"you saw the terrible storm we had last night"
"El barquito debe haberse ido al fondo"
"the little boat must have gone to the bottom"
"¿Y mi papá?", preguntó Pinocho
"And my papa?" asked Pinocchio
"Debe haber sido tragado por el terrible Pez-Perro"
"He must have been swallowed by the terrible Dog-Fish"
"Últimamente ha estado nadando en nuestras aguas"
"of late he has been swimming on our waters"
"Y ha estado sembrando la devastación y la ruina"
"and he has been spreading devastation and ruin"
Pinocho ya empezaba a temblar de miedo
Pinocchio was already beginning to quake with fear
"¿Es este Pez-Perro muy grande?", preguntó Pinocho
"Is this Dog-Fish very big?" asked Pinocchio
"¡Oh, muy grande!", respondió el Delfín
"oh, very big!" replied the Dolphin
"Déjame hablarte de este pez"
"let me tell you about this fish"
"Entonces puedes hacerte una idea de su tamaño"
"then you can form some idea of his size"
"Es más grande que una casa de cinco pisos"
"he is bigger than a five-storied house"
"Y su boca es más enorme de lo que jamás hayas visto"
"and his mouth is more enormous than you've ever seen"

"Un tren de ferrocarril podría pasar por su garganta"
"a railway train could pass down his throat"
"¡Piedad de nosotros!", exclamó el títere aterrorizado
"Mercy upon us!" exclaimed the terrified puppet
y se vistió con la mayor prisa
and he put on his clothes with the greatest haste
"Adiós, Sir Fish, y gracias"
"Good-bye, Sir Fish, and thank you"
"Disculpa la molestia que te he causado"
"excuse the trouble I have given you"
"Y muchas gracias por su cortesía"
"and many thanks for your politeness"
Luego tomó el camino que se le había señalado
He then took the path that had been pointed out to him
Y comenzó a caminar lo más rápido que pudo
and he began to walk as fast as he could
Caminaba tan deprisa, en efecto, que casi corría
he walked so fast, indeed, that he was almost running
Y al menor ruido se volvió para mirar detrás de él
And at the slightest noise he turned to look behind him
temía ver al terrible Pez-Perro
he feared that he might see the terrible Dog-Fish
e imaginó un tren de ferrocarril en su boca
and he imagined a railway train in its mouth
Una caminata de media hora lo llevó a un pueblecito
a half-hour walk took him to a little village
la aldea era La Aldea de las Abejas Laboriosas
the village was The Village of the Industrious Bees
El camino estaba lleno de gente
The road was alive with people
y corrían de aquí para allá
and they were running here and there
y todos tenían que ocuparse de sus asuntos
and they all had to attend to their business
Todos estaban trabajando, todos tenían algo que hacer
all were at work, all had something to do
No podrías haber encontrado un holgazán o un vagabundo

You could not have found an idler or a vagabond
aunque lo buscaras con una lámpara encendida
even if you searched for him with a lighted lamp
-¡Ah! -exclamó al instante el perezoso Pinocho-
"Ah!" said that lazy Pinocchio at once
"¡Veo que este pueblo nunca me conviene!"
"I see that this village will never suit me!"
"¡No nací para trabajar!"
"I wasn't born to work!"
Mientras tanto, estaba atormentado por el hambre
In the meanwhile he was tormented by hunger
No había comido nada durante veinticuatro horas
he had eaten nothing for twenty-four hours
Ni siquiera había comido veza
he had not even eaten vetch
¿Qué iba a hacer el pobre Pinocho?
What was poor Pinocchio to do?
Solo había dos formas de obtener alimentos
There were only two ways to obtain food
Podía conseguir comida pidiendo un poco de trabajo
he could either get food by asking for a little work
o podía conseguir comida mendigando
or he could get food by way of begging
Alguien podría ser lo suficientemente amable como para tirarle una moneda de cinco centavos
someone might be kind enough to throw him a nickel
o podrían darle un bocado de pan
or they might give him a mouthful of bread
generalmente Pinocho se avergonzaba de mendigar
generally Pinocchio was ashamed to beg
Su padre siempre le había predicado que fuera laborioso
his father had always preached him to be industrious
Le enseñó que nadie tenía derecho a mendigar
he taught him no one had a right to beg
excepto los ancianos y los enfermos
except the aged and the infirm
Los realmente pobres de este mundo merecen compasión

The really poor in this world deserve compassion
Los realmente pobres de este mundo necesitan ayuda
the really poor in this world require assistance
solo aquellos que son ancianos o están enfermos
only those who are aged or sick
los que ya no pueden ganarse el pan
those who are no longer able to earn their own bread
Es deber de todos los demás trabajar
It is the duty of everyone else to work
y si no trabajan, tanto peor para ellos
and if they don't labour, so much the worse for them
que sufran de hambre
let them suffer from their hunger
En ese momento un hombre bajó por el camino
At that moment a man came down the road
Estaba cansado y jadeaba por respirar
he was tired and panting for breath
Arrastraba dos carros llenos de carbón
He was dragging two carts full of charcoal
Pinocho juzgó por su rostro que era un hombre amable
Pinocchio judged by his face that he was a kind man
así que Pinocho se acercó al carbonero
so Pinocchio approached the charcoal man
Bajó los ojos con vergüenza
he cast down his eyes with shame
Y él le dijo en voz baja:
and he said to him in a low voice:
—¿Tendrías la caridad de darme una moneda de cinco centavos?
"Would you have the charity to give me a nickel?"
"porque, como ves, me muero de hambre"
"because, as you can see, I am dying of hunger"
—No sólo tendréis una moneda de cinco centavos —dijo el hombre—
"You shall have not only a nickel," said the man
"Te daré una moneda de diez centavos"
"I will give you a dime"

"Pero por la moneda de diez centavos debes hacer algo de trabajo"
"but for the dime you must do some work"
"Ayúdame a arrastrar a casa estos dos carros de carbón"
"help me to drag home these two carts of charcoal"
"¡Estoy sorprendido de ti!", respondió el títere
"I am surprised at you!" answered the puppet
Y había un tono de ofensa en su voz
and there was a tone of offense in his voice
"Déjame decirte algo sobre mí"
"Let me tell you something about myself"
"No estoy acostumbrado a hacer el trabajo de un burro"
"I am not accustomed to do the work of a donkey"
"¡Nunca he dibujado un carro!"
"I have never drawn a cart!"
"Tanto mejor para ti", respondió el hombre
"So much the better for you," answered the man
"hijo mío, veo cómo te mueres de hambre"
"my boy, I see how you are dying of hunger"
"Cómete dos finas rebanadas de tu orgullo"
"eat two fine slices of your pride"
"Y ten cuidado de no tener indigestión"
"and be careful not to get indigestion"
Unos minutos después pasó un albañil
A few minutes afterwards a mason passed by
Llevaba una canasta de mortero
he was carrying a basket of mortar
—¿Tendrías la caridad de darme una moneda de cinco centavos?
"Would you have the charity to give me a nickel?"
"Yo, un pobre muchacho que bosteza por falta de comida"
"me, a poor boy who is yawning for want of food"
"De buena gana", respondió el hombre
"Willingly," answered the man
"Ven conmigo y lleva el mortero"
"Come with me and carry the mortar"
"y en lugar de una moneda de cinco centavos te daré una

moneda de diez centavos"
"and instead of a nickel I will give you a dime"
—Pero el mortero es pesado —objetó Pinocho—
"But the mortar is heavy," objected Pinocchio
"Y no quiero cansarme"
"and I don't want to tire myself"
"Te veo, no quieres cansarte"
"I see you you don't want to tire yourself"
"Entonces, hijo mío, ve a divertirte bostezando"
"then, my boy, go amuse yourself with yawning"
En menos de media hora pasaron otras veinte personas
In less than half an hour twenty other people went by
y Pinocho pidió caridad a todos ellos
and Pinocchio asked charity of them all
pero todos le dieron la misma respuesta
but they all gave him the same answer
—¿No te da vergüenza mendigar, jovencito?
"Are you not ashamed to beg, young boy?"
"En lugar de holgazanear, busca un poco de trabajo"
"Instead of idling about, look for a little work"
"Hay que aprender a ganarse el pan"
"you have to learn to earn your bread"
Finalmente una linda mujercita pasó
finally a nice little woman walked by
Llevaba dos latas de agua
she was carrying two cans of water
Pinocho también le pidió caridad
Pinocchio asked her for charity too
—¿Me dejas beber un poco de tu agua?
"Will you let me drink a little of your water?"
"porque estoy ardiendo de sed"
"because I am burning with thirst"
La mujercita estaba feliz de ayudar
the little woman was happy to help
—¡Bebe, hijo mío, si quieres!
"Drink, my boy, if you wish it!"
Y dejó las dos latas

and she set down the two cans
Pinocho bebía como un pez
Pinocchio drank like a fish
Y mientras se secaba la boca, murmuró:
and as he dried his mouth he mumbled:
"He saciado mi sed"
"I have quenched my thirst"
"¡Si tan solo pudiera apaciguar mi hambre!"
"If I could only appease my hunger!"
La buena mujer escuchó las súplicas de Pinocho
The good woman heard Pinocchio's pleas
Y ella estaba más que dispuesta a complacerlo
and she was only too willing to oblige
"Ayúdame a llevar a casa estas latas de agua"
"help me to carry home these cans of water"
"Y te daré un buen pedazo de pan"
"and I will give you a fine piece of bread"
Pinocho miró las latas de agua
Pinocchio looked at the cans of water
y él no respondió ni sí ni no
and he answered neither yes nor no
Y la buena mujer añadió más a la oferta
and the good woman added more to the offer
"Además de pan, comerás coliflor"
"As well as bread you shall have cauliflower"
Pinocho volvió a mirar la lata
Pinocchio gave another look at the can
y él no respondió ni sí ni no
and he answered neither yes nor no
"Y después de la coliflor habrá más"
"And after the cauliflower there will be more"
"Te daré un hermoso bombón de almíbar"
"I will give you a beautiful syrup bonbon"
La tentación de este último manjar era grande
The temptation of this last dainty was great
finalmente Pinocho no pudo resistir más
finally Pinocchio could resist no longer

Con aire de decisión dijo:
with an air of decision he said:
"¡Debo tener paciencia!"
"I must have patience!"
"Llevaré el agua a tu casa"
"I will carry the water to your house"
El agua era demasiado pesada para Pinocho
The water was too heavy for Pinocchio
No podía llevarlo con las manos
he could not carry it with his hands
Así que tuvo que cargarlo en la cabeza
so he had to carry it on his head
A Pinocho no le gustaba hacer el trabajo
Pinocchio did not enjoy doing the work
pero pronto llegaron a la casa
but soon they reached the house
y la buena mujercita le ofreció a Pinocho un asiento
and the good little woman offered Pinocchio a seat
La mesa ya había sido puesta
the table had already been laid
Y puso delante de él el pan
and she placed before him the bread
Y luego consiguió la coliflor y el bombón
and then he got the cauliflower and the bonbon
Pinocho no comió su comida, la devoró
Pinocchio did not eat his food, he devoured it
Su estómago era como un apartamento vacío
His stomach was like an empty apartment
Un apartamento que llevaba meses deshabitado
an apartment that had been left uninhabited for months
pero ahora su hambre voraz se había apaciguado un poco
but now his ravenous hunger was somewhat appeased
Levantó la cabeza para agradecer a su benefactora
he raised his head to thank his benefactress
Luego la miró mejor
then he took a better look at her
—exclamó un prolongado «¡Oh!» de asombro

he gave a prolonged "Oh!" of astonishment
Y él siguió mirándola con los ojos muy abiertos
and he continued staring at her with wide open eyes
Su tenedor estaba en el aire
his fork was in the air
y su boca estaba llena de coliflor
and his mouth was full of cauliflower
Era como si lo hubieran hechizado
it was as if he had been bewitched
La buena mujer se divirtió bastante
the good woman was quite amused
—¿Qué es lo que te ha sorprendido tanto?
"What has surprised you so much?"
"Es..." respondió el títere
"It is..." answered the puppet
"Es solo que estás como..."
"it's just that you are like..."
"Es solo que me recuerdas a alguien"
"it's just that you remind me of someone"
"Sí, sí, sí, la misma voz"
"yes, yes, yes, the same voice"
"Y tienes los mismos ojos y el mismo pelo"
"and you have the same eyes and hair"
"Sí, sí, sí. tú también tienes el pelo azul"
"yes, yes, yes. you also have blue hair"
"¡Oh, pequeña Hada! ¡Dime que eres tú!"
"Oh, little Fairy! tell me that it is you!"
"¡No me hagas llorar más!"
"Do not make me cry anymore!"
"Si supieras lo mucho que he llorado"
"If only you knew how much I've cried"
"Y he sufrido tanto"
"and I have suffered so much"
Y Pinocho se arrojó a sus pies
And Pinocchio threw himself at her feet
y abrazó las rodillas de la misteriosa mujercita
and he embraced the knees of the mysterious little woman

Y se puso a llorar amargamente
and he began to cry bitterly

Pinocho le promete al hada que volverá a ser un buen chico
Pinocchio Promises the Fairy he'll be a Good Boy Again

Al principio, la buena mujercita se hizo la inocente
At first the good little woman played innocent
dijo que no era la pequeña hada de pelo azul
she said she was not the little Fairy with blue hair
pero Pinocho no pudo ser engañado
but Pinocchio could not be tricked
Había continuado la comedia lo suficiente
she had continued the comedy long enough
Y así terminó por darse a conocer
and so she ended by making herself known
"Pequeño pícaro travieso, Pinocho"
"You naughty little rogue, Pinocchio"
—¿Cómo descubriste quién era yo?
"how did you discover who I was?"
"Fue mi gran cariño por ti lo que me dijo"
"It was my great affection for you that told me"
—¿Te acuerdas de cuando me dejaste?
"Do you remember when you left me?"

"Todavía era un niño en ese entonces"
"I was still a child back then"
"Y ahora me he convertido en una mujer"
"and now I have become a woman"
"Una mujer casi lo suficientemente mayor como para ser tu mamá"
"a woman almost old enough to be your mamma"
"Estoy encantado con eso"
"I am delighted at that"
"Ya no te llamaré hermanita"
"I will not call you little sister anymore"
"A partir de ahora te llamaré mamá"
"from now I will call you mamma"
"Todos los demás chicos tienen una mamá"
"all the other boys have a mamma"
"Y siempre he deseado tener también una mamá"
"and I have always wished to also have a mamma"
—¿Pero cómo te las arreglaste para crecer tan rápido?
"But how did you manage to grow so fast?"
—Eso es un secreto —dijo el hada—
"That is a secret," said the fairy
Pinocho quería saber, "enséñame tu secreto"
Pinocchio wanted to know, "teach me your secret"
"porque a mí también me gustaría crecer"
"because I would also like to grow"
"¿No ves lo pequeño que soy?"
"Don't you see how small I am?"
"Siempre no soy más grande que un bolo"
"I always remain no bigger than a ninepin"
—Pero tú no puedes crecer —replicó el Hada—
"But you cannot grow," replied the Fairy
"¿Por qué no puedo crecer?", preguntó Pinocho
"Why can't I grow?" asked Pinocchio
"Porque los títeres nunca crecen"
"Because puppets never grow"
"Cuando nacen son marionetas"
"when they are born they are puppets"

"**Y viven sus vidas como marionetas**"
"and they live their lives as puppets"
"**Y cuando mueren mueren como marionetas**"
"and when they die they die as puppets"
Pinocho se dio una bofetada
Pinocchio game himself a slap
"**¡Oh, estoy harto de ser un títere!**"
"Oh, I am sick of being a puppet!"
"**Es hora de que me convierta en un hombre**"
"It is time that I became a man"
—Y te convertirás en un hombre —prometió el hada—
"And you will become a man," promised the fairy
"**Pero hay que saber merecerlo**"
"but you must know how to deserve it"
"**¿Es esto verdad?, preguntó Pinocho**"
"Is this true?" asked Pinocchio
"**¿Y qué puedo hacer para merecer ser un hombre?**"
"And what can I do to deserve to be a man?"
"**Es muy fácil merecer ser un hombre**"
"it is a very easy thing to deserve to be a man"
"**Todo lo que tienes que hacer es aprender a ser un buen chico**"
"all you have to do is learn to be a good boy"
—¿Y crees que no soy un buen chico?
"And you think I am not a good boy?"
"**Eres todo lo contrario a un buen chico**"
"You are quite the opposite of a good boy"
"**Los chicos buenos son obedientes, y tú...**"
"Good boys are obedient, and you..."
"**Y nunca obedezco**, confesó Pinocho"
"And I never obey," confessed Pinocchio
"**A los chicos buenos les gusta aprender y trabajar, y a ti...**"
"Good boys like to learn and to work, and you..."
"**Y en lugar de eso, llevo una vida ociosa y vagabunda**"
"And I instead lead an idle, vagabond life"
"**Los chicos buenos siempre dicen la verdad**"
"Good boys always speak the truth"

"Y siempre digo mentiras", admitió Pinocho
"And I always tell lies," admitted Pinocchio
"Los chicos buenos van de buena gana a la escuela"
"Good boys go willingly to school"
"Y la escuela me da dolor en todo el cuerpo"
"And school gives me pain all over the body"
"Pero a partir de hoy voy a cambiar mi vida"
"But from today I will change my life"
—¿Me lo prometes? —preguntó el Hada
"Do you promise me?" asked the Fairy
"Prometo que me convertiré en un buen niño"
"I promise that I will become a good little boy"
"Y prometo ser el consuelo de mi papá"
"and I promise be the consolation of my papa"
"¿Dónde está mi pobre papá en este momento?"
"Where is my poor papa at this moment?"
Pero el hada no sabía dónde estaba su papá
but the fairy didn't know where his papa was
—¿Tendré alguna vez la dicha de volver a verlo?
"Shall I ever have the happiness of seeing him again?"
—¿Volveré a besarlo?
"will I ever kiss him again?"
—Creo que sí; de hecho, estoy seguro de ello"
"I think so; indeed, I am sure of it"
Ante esta respuesta, Pinocho se alegró
At this answer Pinocchio was delighted
tomó las manos del Hada
he took the Fairy's hands
Y comenzó a besarle las manos con gran fervor
and he began to kiss her hands with great fervour
Parecía fuera de sí de alegría
he seemed beside himself with joy
Entonces Pinocho alzó la cara
Then Pinocchio raised his face
Y él la miró con amor
and he looked at her lovingly
"Dime, mamarita":

"Tell me, little mamma:"
—¿Entonces no era cierto que estabas muerto?
"then it was not true that you were dead?"
—Parece que no —dijo el Hada, sonriendo—
"It seems not," said the Fairy, smiling
"Si supieras la pena que sentí"
"If you only knew the sorrow I felt"
"No te imaginas el apretón de mi garganta"
"you can't imagined the tightening of my throat"
"Leer lo que había en esa piedra casi me rompe el corazón"
"reading what was on that stone almost broke my heart"
"Sé lo que te hizo"
"I know what it did to you"
"y por eso te he perdonado"
"and that is why I have forgiven you"
"Lo vi por la sinceridad de tu dolor"
"I saw it from the sincerity of your grief"
"Vi que tienes un buen corazón"
"I saw that you have a good heart"
"Los chicos de buen corazón no están perdidos"
"boys with good hearts are not lost"
"Siempre hay algo que esperar"
"there is always something to hope for"
"Aunque sean bribones"
"even if they are scamps"
"Y aunque tengan malos hábitos"
"and even if they have got bad habits"
"Siempre hay esperanza de que cambien su forma de ser"
"there is always hope they change their ways"
"Por eso vine a buscarte aquí"
"That is why I came to look for you here"
"Seré tu mamá"
"I will be your mamma"
"¡Oh, qué delicia!", gritó Pinocho
"Oh, how delightful!" shouted Pinocchio
y la marioneta saltó de alegría
and the little puppet jumped for joy

"**Debes obedecerme, Pinocho**"
"You must obey me, Pinocchio"
"**y debes hacer todo lo que te mando**"
"and you must do everything that I bid you"
"**De buena gana te obedeceré**"
"I will willingly obey you"
"**¡Y haré lo que me digan!**"
"and I will do as I'm told!"
"**Mañana empezarás a ir a la escuela**"
"Tomorrow you will begin to go to school"
Pinocho se volvió de inmediato un poco menos alegre
Pinocchio became at once a little less joyful
"**Entonces debes elegir una operación a seguir**"
"Then you must choose a trade to follow"
"**Lo más que eliges es un trabajo según tus deseos**"
"you most choose a job according to your wishes"
Pinocho se puso muy serio al oír esto
Pinocchio became very grave at this
el Hada le preguntó con voz airada:
the Fairy asked him in an angry voice:
"**¿Qué estás murmurando entre dientes?**"
"What are you muttering between your teeth?"
"**Estaba diciendo...**" **gimió la marioneta en voz baja**
"I was saying..." moaned the puppet in a low voice
"**Me parece demasiado tarde para ir a la escuela ahora**"
"it seems to me too late for me to go to school now"
"**No, señor, no es demasiado tarde para que vaya a la escuela**"
"No, sir, it is not too late for you to go to school"
"**Hay que tener en cuenta que nunca es tarde**"
"Keep it in mind that it is never too late"
"**Siempre podemos aprender e instruirnos**"
"we can always learn and instruct ourselves"
"**Pero no quiero seguir un oficio**"
"But I do not wish to follow a trade"
—¿Por qué no quieres seguir un oficio?
"Why do you not wish to follow an trade?"

"Porque me cansa trabajar"
"Because it tires me to work"
—Hijo mío —dijo el Hada con cariño—
"My boy," said the Fairy lovingly
"Hay dos tipos de personas que hablan así"
"there are two kinds of people who talk like that"
"Hay quienes están en la cárcel"
"there are those that are in prison"
"Y hay los que están en el hospital"
"and there are those that are in hospital"
"Déjame decirte una cosa, Pinocho";
"Let me tell you one thing, Pinocchio;"
"Todo hombre, rico o pobre, está obligado a trabajar"
"every man, rich or poor, is obliged work"
"Tiene que ocuparse de algo"
"he has to occupy himself with something"
"¡Ay de los que llevan una vida perezosa!"
"Woe to those who lead slothful lives"
"La pereza es una enfermedad terrible"
"Sloth is a dreadful illness"
"Hay que curarla de una vez, en la infancia"
"it must be cured at once, in childhood"
"Porque nunca se puede curar una vez que se es viejo"
"because it can never be cured once you are old"
Pinocho se conmovió con estas palabras
Pinocchio was touched by these words
Levantando rápidamente la cabeza, dijo al Hada:
lifting his head quickly, he said to the Fairy:

"Estudiaré y trabajaré"
"I will study and I will work"
"Haré todo lo que me digas"
"I will do all that you tell me"
"porque en verdad me he cansado de ser un títere"
"for indeed I have become weary of being a puppet"
"Y deseo a toda costa convertirme en un niño"
"and I wish at any price to become a boy"
"Me prometiste que podría convertirme en un niño, ¿no es así?"

"You promised me that I can become a boy, did you not?"
"Te prometí que puedes convertirte en un niño"
"I did promise you that you can become a boy"
"Y que ahora te conviertas en un chico depende de ti mismo"
"and whether you become a boy now depends upon yourself"

El terrible pez-perro
The Terrible Dog-Fish

Al día siguiente, Pinocho fue a la escuela
The following day Pinocchio went to school
Te puedes imaginar el deleite de todos los pequeños pícaros
you can imagine the delight of all the little rogues
¡Un títere había entrado en su escuela!
a puppet had walked into their school!
Lanzaron una carcajada que nunca terminó
They set up a roar of laughter that never ended
Le jugaron todo tipo de malas pasadas
They played all sorts of tricks on him
Un muchacho se quitó la gorra
One boy carried off his cap
otro niño le cubrió la chaqueta de Pinocho
another boy pulled Pinocchio's jacket over him
Uno trató de darle un par de bigotes de tinta
one tried to give him a pair of inky mustachios
Otro niño intentó atarse cuerdas a los pies y las manos
another boy attempted to tie strings to his feet and hands
Y luego trató de hacerlo bailar
and then he tried to make him dance
Durante un breve periodo de tiempo Pinocho fingió que no le importaba
For a short time Pinocchio pretended not to care
Y se las arregló tan bien con la escuela como pudo
and he got on as well with school as he could
pero al fin perdió toda la paciencia
but at last he lost all his patience

Se volvió hacia los que más se burlaban de él
he turned to those who were teasing him most
"¡Cuidado, muchachos!", les advirtió
"Beware, boys!" he warned them
"No he venido aquí para ser tu bufón"
"I have not come here to be your buffoon"
"Respeto a los demás", dijo
"I respect others," he said
"y pretendo que me respeten"
"and I intend to be respected"
-¡Bien dicho, fanfarrón! -aullaban los jóvenes bribones-
"Well said, boaster!" howled the young rascals
"¡Has hablado como un libro!"
"You have spoken like a book!"
y se convulsionaron de risa loca
and they convulsed with mad laughter
Había un muchacho más impertinente que los demás
there was one boy more impertinent than the others
Trató de agarrar la marioneta por la punta de la nariz
he tried to seize the puppet by the end of his nose
Pero no pudo hacerlo lo suficientemente rápido
But he could not do so quickly enough
Pinocho sacó la pierna de debajo de la mesa
Pinocchio stuck his leg out from under the table
y le dio una gran patada en las espinillas
and he gave him a great kick on his shins
El chico rugió de dolor
the boy roared in pain
—¡Oh, qué pies tan duros tienes!
"Oh, what hard feet you have!"
y se frotó el moretón que le había dado la marioneta
and he rubbed the bruise the puppet had given him
-¡Y qué codos tienes! -dijo otro-
"And what elbows you have!" said another
"¡Son incluso más duros que sus pies!"
"they are even harder than his feet!"
Este chico también le había jugado malas pasadas

this boy had also played rude tricks on him
y había recibido un golpe en el estómago
and he had received a blow in the stomach
Pero, sin embargo, la patada y el golpe adquirieron simpatía
But, nevertheless, the kick and the blow acquired sympathy
y Pinocho se ganó la estima de los muchachos
and Pinocchio earned the esteem of the boys
Pronto todos se hicieron amigos de él
They soon all made friends with him
y pronto le gustaron de todo corazón
and soon they liked him heartily
Y hasta el maestro lo alabó
And even the master praised him
porque Pinocho era atento en clase
because Pinocchio was attentive in class
Era un estudiante estudioso e inteligente
he was a studious and intelligent student
Y siempre era el primero en llegar a la escuela
and he was always the first to come to school
y siempre era el último en irse cuando terminaban las clases
and he was always the last to leave when school was over
Pero tenía un defecto; Hizo demasiados amigos
But he had one fault; he made too many friends
y entre sus amigos había varios bribones
and amongst his friends were several rascals
Estos muchachos eran bien conocidos por su aversión al estudio
these boys were well known for their dislike of study
y les encantaba especialmente hacer travesuras
and they especially loved to cause mischief
El maestro le advertía sobre ellos todos los días
The master warned him about them every day
hasta el buen Hada no dejaba de decirle:
even the good Fairy never failed to tell him:
—¡Cuídate, Pinocho, con tus amigos!
"Take care, Pinocchio, with your friends!"
"Esos malos compañeros de escuela tuyos son un problema"

"Those bad school-fellows of yours are trouble"
"Te harán perder el amor por el estudio"
"they will make you lose your love of study"
"Incluso pueden traerte una gran desgracia"
"they may even bring upon you some great misfortune"
"¡No hay que temer eso!", respondió el títere
"There is no fear of that!" answered the puppet
y se encogió de hombros y se tocó la frente
and he shrugged his shoulders and touched his forehead
"¡Hay tanto sentido aquí!"
"There is so much sense here!"

un buen día Pinocho se dirigía a la escuela
one fine day Pinocchio was on his way to school
y se encontró con varios de sus compañeros habituales
and he met several of his usual companions
Acercándose a él, le preguntaron:
coming up to him, they asked:
"¿Has oído la gran noticia?"
"Have you heard the great news?"
"No, no he oído la gran noticia"
"No, I have not heard the great news"
"En el mar, cerca de aquí, ha aparecido un pez perro"
"In the sea near here a Dog-Fish has appeared"

"Es tan grande como una montaña"
"he is as big as a mountain"
"¿Es verdad?", preguntó Pinocho
"Is it true?" asked Pinocchio
—¿Puede ser el mismo Pez-Perro?
"Can it be the same Dog-Fish?"
"El Pez-Perro que estaba allí cuando mi papá se ahogó"
"The Dog-Fish that was there when my papa drowned"
"Vamos a la orilla a verlo"
"We are going to the shore to see him"
—¿Vendrás con nosotros?
"Will you come with us?"
—No; Voy a la escuela"
"No; I am going to school"
—¿Qué importancia tiene la escuela?
"of what great importance is school?"
"Podemos ir a la escuela mañana"
"We can go to school tomorrow"
"Una lección más o menos no importa"
"one lesson more or less doesn't matter"
"Siempre seremos los mismos burros"
"we shall always remain the same donkeys"
—¿Pero qué dirá el maestro?
"But what will the master say?"
"El maestro puede decir lo que quiera"
"The master may say what he likes"
"Le pagan para que se queje todo el día"
"He is paid to grumble all day"
—¿Y qué dirá mi mamá?
"And what will my mamma say?"
—Las mamás no saben nada —respondieron los niños malos—
"Mammas know nothing," answered the bad little boys
"¿Sabes lo que haré?", dijo Pinocho
"Do you know what I will do?" said Pinocchio
"Tengo razones para desear ver al Pez-Perro"
"I have reasons for wishing to see the Dog-Fish"

"pero iré a verlo cuando termine la escuela"
"but I will go and see him when school is over"
"¡Pobre burro!", exclamó uno de los muchachos
"Poor donkey!" exclaimed one of the boys
—¿Crees que un pez de ese tamaño esperará a tu conveniencia?
"Do you suppose a fish of that size will wait your convenience?"
"Cuando se canse de estar aquí se irá a otro lugar"
"when he is tired of being here he will go another place"
"Y entonces será demasiado tarde"
"and then it will be too late"
el Títere tenía que pensar en esto
the Puppet had to think about this
—¿Cuánto tiempo se tarda en llegar a la orilla?
"How long does it take to get to the shore?"
"Podemos ir y volver en una hora"
"We can be there and back in an hour"
"¡Entonces nos vamos!", gritó Pinocho
"Then off we go!" shouted Pinocchio
"¡Y el que corre más rápido es el mejor!"
"and he who runs fastest is the best!"
Y los muchachos corrieron a través de los campos
and the boys rushed off across the fields
y Pinocho fue siempre el primero
and Pinocchio was always the first
Parecía tener alas en los pies
he seemed to have wings on his feet
De vez en cuando se volvía para burlarse de sus compañeros
From time to time he turned to jeer at his companions
Estaban a cierta distancia
they were some distance behind
Los vio jadeando por respirar
he saw them panting for breath
y se cubrieron de polvo
and they were covered with dust
y sus lenguas colgaban de sus bocas

and their tongues were hanging out of their mouths
y Pinocho se echó a reír de buena gana al verlo
and Pinocchio laughed heartily at the sight
El desdichado muchacho no sabía lo que iba a suceder
The unfortunate boy did not know what was to come
¡Los terrores y los horribles desastres que se avecinaban!
the terrors and horrible disasters that were coming!

Pinocho es arrestado por los gendarmes
Pinocchio is Arrested by the Gendarmes

Pinocho llegó a la orilla
Pinocchio arrived at the shore
y miró hacia el mar
and he looked out to sea
pero no vio a ningún Pez-Perro
but he saw no Dog-Fish
El mar era tan liso como un gran espejo de cristal
The sea was as smooth as a great crystal mirror
"¿Dónde está el Pez Perro?", preguntó
"Where is the Dog-Fish?" he asked
Y se volvió hacia sus compañeros
and he turned to his companions
Todos los chicos se rieron juntos
all the boys laughed together
"Debe haber ido a desayunar"
"He must have gone to have his breakfast"
"O se ha tirado en la cama"
"Or he has thrown himself on to his bed"
"Sí, está durmiendo una pequeña siesta"
"yes, he's having a little nap"
Y se rieron aún más fuerte
and they laughed even louder
Sus respuestas parecían particularmente absurdas
their answers seemed particularly absurd
y su risa era muy tonta

and their laughter was very silly
Pinocho miró a sus amigos
Pinocchio looked around at his friends
Sus compañeros parecían estar haciendo el ridículo
his companions seemed to be making a fool of him
Le habían inducido a creer un cuento
they had induced him to believe a tale
Pero no había nada de cierto en la historia
but there was no truth to the tale
Pinocho no se tomó bien la broma
Pinocchio did not take the joke well
y habló airadamente con los muchachos
and he spoke angrily with the boys
"¿Y ahora?", gritó
"And now??" he shouted
"me contaste una historia del Pez-Perro"
"you told me a story of the Dog-Fish"
—¿Pero qué diversión encontraste en engañarme?
"but what fun did you find in deceiving me?"
"¡Oh, fue muy divertido!", respondieron los pequeños bribones
"Oh, it was great fun!" answered the little rascals
—¿Y en qué consistía esta diversión?
"And in what did this fun consist of?"
"Te hicimos perder un día de escuela"
"we made you miss a day of school"
"Y te convencimos para que vinieras con nosotros"
"and we persuaded you to come with us"
"¿No te avergüenzas de tu conducta?"
"Are you not ashamed of your conduct?"
"Siempre eres muy puntual a la escuela"
"you are always so punctual to school"
"Y siempre eres tan diligente en clase"
"and you are always so diligent in class"
"¿No te avergüenzas de estudiar tanto?"
"Are you not ashamed of studying so hard?"
"¿Y qué pasa si estudio mucho?"

"so what if I study hard?"
—¿Qué es lo que te preocupa?
"what concern is it of yours?"
"Nos preocupa en exceso"
"It concerns us excessively"
"Porque nos hace aparecer de mala manera"
"because it makes us appear in a bad light"
"¿Por qué te hace parecer una mala luz?"
"Why does it make you appear in a bad light?"
"Hay quienes no tenemos ganas de estudiar"
"there are those of us who have no wish to study"
"No tenemos ganas de aprender nada"
"we have no desire to learn anything"
"Los chicos buenos nos hacen parecer peores en comparación"
"good boys make us seem worse by comparison"
"Y eso es una lástima para ti"
"And that is too bad for you"
"¡Nosotros también tenemos nuestro orgullo!"
"We, too, have our pride!"
"Entonces, ¿qué debo hacer para complacerte?"
"Then what must I do to please you?"
"Debes seguir nuestro ejemplo"
"You must follow our example"
"Debes odiar la escuela como nosotros"
"you must hate school like us"
"Debes rebelarte en las lecciones"
"you must rebel in the lessons"
"Y debes desobedecer al maestro"
"and you must disobey the master"
"Esos son nuestros tres mayores enemigos"
"those are our three greatest enemies"
—¿Y si deseo continuar mis estudios?
"And if I wish to continue my studies?"
"En ese caso no tendremos nada más que ver contigo"
"In that case we will have nothing more to do with you"
"Y a la primera oportunidad te lo haremos pagar"

"and at the first opportunity we will make you pay for it"
—De verdad —dijo el títere, sacudiendo la cabeza—
"Really," said the puppet, shaking his head
"Me haces reír"
"you make me inclined to laugh"
—¡Eh, Pinocho! —gritó el más grande de los muchachos—
"Eh, Pinocchio," shouted the biggest of the boys
y se enfrentó directamente a Pinocho
and he confronted Pinocchio directly
"Nada de tu superioridad funciona aquí"
"None of your superiority works here"
"No vengas aquí a cacarear sobre nosotros"
"don't come here to crow over us"
"Si no nos tienen miedo, nosotros no les tenemos miedo a ustedes"
"if you are not afraid of us, we are not afraid of you"
"Recuerden que ustedes son uno contra siete"
"Remember that you are one against seven"
"Siete, como los siete pecados capitales", dijo Pinocho
"Seven, like the seven deadly sins," said Pinocchio
y gritó de risa
and he shouted with laughter
"¡Escúchalo! ¡Nos ha insultado a todos!".
"Listen to him! He has insulted us all!"
"¡Él nos llamó los siete pecados capitales!"
"He called us the seven deadly sins!"
"Toma eso para empezar", dijo uno de los muchachos
"Take that to begin with," said one of the boys
"Y guárdalo para tu cena de esta noche"
"and keep it for your supper tonight"
Y, diciendo esto, le dio un puñetazo en la cabeza
And, so saying, he punched him on the head
Pero fue un toma y daca
But it was a give and take
porque la marioneta inmediatamente devolvió el golpe
because the puppet immediately returned the blow
Esto no fue una gran sorpresa

this was no big surprise
Y la pelea rápidamente se volvió desesperada
and the fight quickly got desperate
es cierto que Pinocho estaba solo
it is true that Pinocchio was alone
pero se defendió como un héroe
but he defended himself like a hero
Usaba sus pies, que eran de la madera más dura
He used his feet, which were of the hardest wood
y mantuvo a sus enemigos a una distancia respetuosa
and he kept his enemies at a respectful distance
Dondequiera que sus pies tocaban dejaban un moretón
Wherever his feet touched they left a bruise
Los chicos se enfurecieron con él
The boys became furious with him
mano a mano no podían igualar a la marioneta
hand to hand they couldn't match the puppet
Así que tomaron otras armas en sus manos
so they took other weapons into their hands
Los muchachos se aflojaron las carteras
the boys loosened their satchels
y le arrojaron sus libros de texto
and they threw their school-books at him
gramáticas, diccionarios y libros de ortografía
grammars, dictionaries, and spelling-books
Libros de geografía y otras obras escolásticas
geography books and other scholastic works
Pero Pinocho no tardó en reaccionar
But Pinocchio was quick to react
y tenía ojos agudos para estas cosas
and he had sharp eyes for these things
Siempre se las arreglaba para agacharse a tiempo
he always managed to duck in time
Así que los libros pasaron por encima de su cabeza
so the books passed over his head

y en cambio los libros cayeron al mar
and instead the books fell into the sea
¡Imagínate el asombro de los peces!
Imagine the astonishment of the fish!
Pensaban que los libros eran algo para comer
they thought the books were something to eat
y todos llegaron en grandes cardúmenes de peces
and they all arrived in large shoals of fish
pero probaron un par de páginas
but they tasted a couple of the pages
Y rápidamente volvieron a escupir el papel
and they quickly spat the paper out again
y los peces hicieron muecas irónicas
and the fish made wry faces
"Esto no es comida para nosotros en absoluto"
"this isn't food for us at all"
"¡Estamos acostumbrados a algo mucho mejor!"
"we are accustomed to something much better!"
Mientras tanto, la batalla se había vuelto más feroz que nunca
The battle meantime had become fiercer than ever
Un gran cangrejo había salido del agua
a big crab had come out of the water

y había subido lentamente a la orilla
and he had climbed slowly up on the shore
—gritó con voz ronca
he called out in a hoarse voice
Sonaba como una trompeta con un fuerte resfriado
it sounded like a trumpet with a bad cold
"Basta de peleas, jóvenes rufianes"
"enough of your fighting, you young ruffians"
—¡Porque no sois más que rufianes!
"because you are nothing other than ruffians!"
"Estas peleas entre chicos rara vez terminan bien"
"These fights between boys seldom finish well"
"¡Seguro que ocurrirá algún desastre!"
"Some disaster is sure to happen!"
Pero el pobre cangrejo debería haberse ahorrado la molestia
but the poor crab should have saved himself the trouble
Bien podría haber predicado al viento
He might as well have preached to the wind
Incluso ese joven bribón, Pinocho, se dio la vuelta
Even that young rascal, Pinocchio, turned around
Lo miró burlonamente y dijo groseramente:
he looked at him mockingly and said rudely:
"¡Cállate la lengua, cangrejo fastidioso!"
"Hold your tongue, you tiresome crab!"
"Será mejor que chupes unas pastillas de regaliz"
"You had better suck some liquorice lozenges"
"Cura ese resfriado en tu garganta"
"cure that cold in your throat"
En ese momento los chicos no tenían más libros
Just then the boys had no more books
Al menos, no tenían libros propios
at least, they had no books of their own
divisaron a poca distancia la bolsa de Pinocho
they spied at a little distance Pinocchio's bag
y se apoderaron de sus cosas
and they took possession of his things
Entre sus libros había uno encuadernado en cartulina

Amongst his books there was one bound in card
Era un Tratado de Aritmética
It was a Treatise on Arithmetic
Uno de los muchachos se apoderó de este volumen
One of the boys seized this volume
y apuntó el libro a la cabeza de Pinocho
and he aimed the book at Pinocchio's head
Se lo arrojó con todas sus fuerzas
he threw it at him with all his strength
Pero el libro no dio en el clavo
but the book did not hit the puppet
En cambio, el libro golpeó a un compañero en la cabeza
instead the book hit a companion on the head
El chico se puso blanco como una sábana
the boy turned as white as a sheet
—¡Oh, madre! ¡Ayúdame, me estoy muriendo!"
"Oh, mother! help, I am dying!"
y cayó de cuerpo entero sobre la arena
and he fell his whole length on the sand
Los muchachos debieron pensar que estaba muerto
the boys must have thought he was dead
y corrieron tan rápido como sus piernas pudieron correr
and they ran off as fast as their legs could run
En pocos minutos se perdieron de vista
in a few minutes they were out of sight
Pero Pinocho se quedó con el niño
But Pinocchio remained with the boy
aunque él también hubiera preferido huir
although he would have rather ran off too
porque su miedo también era grande
because his fear was also great
Sin embargo, corrió hacia el mar
nevertheless, he ran over to the sea
y empapó su pañuelo en el agua
and he soaked his handkerchief in the water
Corrió de regreso a su pobre compañero de escuela
he ran back to his poor school-fellow

y comenzó a lavarse la frente
and he began to bathe his forehead
Lloró amargamente de desesperación
he cried bitterly in despair
Y siguió llamándolo por su nombre
and he kept calling him by name
Y le dijo muchas cosas:
and he said many things to him:
"¡Eugenio! ¡Mi pobre Eugenio!
"Eugene! my poor Eugene!"
"¡Abre los ojos y mírame!"
"Open your eyes and look at me!"
—¿Por qué no contestas?
"Why do you not answer?"
"Yo no te lo hice"
"I did not do it to you"
"¡No fui yo quien te lastimó tanto!"
"it was not I that hurt you so!"
"¡Créeme, no fui yo!"
"believe me, it was not me!"
"Abre los ojos, Eugenio"
"Open your eyes, Eugene"
"Si mantienes los ojos cerrados, yo también moriré"
"If you keep your eyes shut I shall die, too"
—¡Oh! ¿Qué debo hacer?"
"Oh! what shall I do?"
"¿Cómo volveré a casa?"
"how shall I ever return home?"
"¿Cómo podré tener el coraje de volver con mi buena mamá?"
"How can I ever have the courage to go back to my good mamma?"
—¿Qué será de mí?
"What will become of me?"
"¿A dónde puedo volar?"
"Where can I fly to?"
"¡Si solo hubiera ido a la escuela!"

- 195 -

"had I only gone to school!"
"¿Por qué escuché a mis compañeros?"
"Why did I listen to my companions?"
"Han sido mi ruina"
"they have been my ruin"
"El maestro me lo dijo"
"The master said it to me"
"Y mi mamá lo repetía a menudo"
"and my mamma repeated it often"
'¡Cuidado con las malas compañías!'
'Beware of bad companions!'
—¡Oh, querido! ¿Qué será de mí?"
"Oh, dear! what will become of me?"
Y Pinocho comenzó a llorar y sollozar
And Pinocchio began to cry and sob
y se golpeó la cabeza con los puños
and he struck his head with his fists
De repente escuchó el sonido de pasos
Suddenly he heard the sound of footsteps
Se volvió y vio a dos soldados
He turned and saw two soldiers
—¿Qué haces ahí?
"What are you doing there?"
"¿Por qué estás tirado en el suelo?"
"why are you lying on the ground?"
"Estoy ayudando a mi compañero"
"I am helping my school-fellow"
— ¿Le han hecho daño?
"Has he been hurt?"
"Parece que ha sido herido"
"It seems he has been hurt"
"¡Muy herido!", dijo uno de ellos
"Hurt indeed!" said one of them
y se inclinó para examinar de cerca a Eugenio
and he stooped down to examine Eugene closely
"Este chico ha sido herido en la cabeza"
"This boy has been wounded on the head"

"¿Quién lo hirió?", le preguntaron a Pinocho
"Who wounded him?" they asked Pinocchio
—Yo no —tartamudeó la marioneta sin aliento—
"Not I," stammered the puppet breathlessly
"Si no fuiste tú, ¿quién lo hizo?"
"If it was not you, who then did it?"
—Yo no —repitió Pinocho—
"Not I," repeated Pinocchio
—¿Y con qué fue herido?
"And with what was he wounded?"
"Le dolió este libro"
"he was hurt with this book"
Y el títere recogió del suelo su libro
And the puppet picked up from the ground his book
el Tratado de Aritmética
the Treatise on Arithmetic
Y le mostró el libro al soldado
and he showed the book to the soldier
—¿Y a quién pertenece esto?
"And to whom does this belong?"
—Me pertenece —respondió Pinocho con sinceridad—
"It belongs to me," answered Pinocchio, honestly
"Con eso basta, no se quiere nada más"
"That is enough, nothing more is wanted"
"Levántate y ven con nosotros de una vez"
"Get up and come with us at once"
"Pero yo..." Pinocho trató de objetar
"But I..." Pinocchio tried to object
"¡Ven con nosotros!", insistieron
"Come along with us!" they insisted
"Pero soy inocente", suplicó
"But I am innocent" he pleaded
Pero no escucharon. "¡Ven con nosotros!"
but they didn't listen. "Come along with us!"
Antes de irse, los soldados llamaron a un pescador que pasaba
Before they left, the soldiers called a passing fishermen

"**Te entregamos a este niño herido**"
"We give you this wounded boy"
"**Lo dejamos a su cuidado**"
"we leave him in your care"
"**Llévalo a tu casa y cuídalo**"
"Carry him to your house and nurse him"
"**Mañana vendremos a verlo**"
"Tomorrow we will come and see him"
Luego se dirigieron a Pinocho
They then turned to Pinocchio
"**¡Adelante! y caminar rápido**"
"Forward! and walk quickly"
"**O será peor para ti**"
"or it will be the worse for you"
Pinocho no necesitó que se lo dijeran dos veces
Pinocchio did not need to be told twice
El títere se puso en marcha por el camino que conducía al pueblo
the puppet set out along the road leading to the village
Pero el pobre diablillo apenas sabía dónde estaba
But the poor little Devil hardly knew where he was
Pensó que debía estar soñando
He thought he must be dreaming
¡Y qué sueño tan espantoso!
and what a dreadful dream it was!
Vio el doble y le temblaron las piernas
He saw double and his legs shook
Su lengua se aferró al paladar
his tongue clung to the roof of his mouth
y no podía pronunciar una palabra
and he could not utter a word
Y, sin embargo, en medio de su estupefacción y apatía
And yet, in the midst of his stupefaction and apathy
Su corazón fue traspasado por una cruel espina
his heart was pierced by a cruel thorn
Sabía por dónde tenía que pasar
he knew where he had to walk past

bajo las ventanas de la casa del hada buena
under the windows of the good Fairy's house
Y ella iba a verlo con los soldados
and she was going see him with the soldiers
Hubiera preferido morir
He would rather have died
Pronto llegaron a la aldea
soon they reached the village
una ráfaga de viento le arrancó la gorra de la cabeza a Pinocho
a gust of wind blew Pinocchio's cap off his head
"¿Me lo permitís?", dijo el títere a los soldados
"Will you permit me?" said the puppet to the soldiers
"¿Puedo ir a buscar mi gorra?"
"can I go and get my cap?"
"Vete, pues; pero date prisa"
"Go, then; but be quick about it"
El títere fue y recogió su gorra
The puppet went and picked up his cap
pero no se puso la gorra en la cabeza
but he didn't put the cap on his head
Se puso la gorra entre los dientes
he put the cap between his teeth
y comenzó a correr tan rápido como pudo
and began to run as fast as he could
¡Estaba corriendo hacia la orilla del mar!
he was running back towards the seashore!
Los soldados pensaron que sería difícil alcanzarlo
The soldiers thought it would be difficult to overtake him
Así que enviaron tras él un gran mastín
so they sent after him a large mastiff
Había ganado los primeros premios en todas las carreras caninas
he had won the first prizes at all the dog races
Pinocho corrió, pero el perro corrió más rápido
Pinocchio ran, but the dog ran faster
La gente se asomó a sus ventanas

The people came to their windows
y se agolparon en la calle
and they crowded into the street
Querían ver el final de la carrera desesperada
they wanted to see the end of the desperate race

Pinocho corre el peligro de ser frito en una sartén como un pescado
Pinocchio Runs the Danger of being Fried in a Pan like a Fish

La carrera no iba bien para el títere
the race was not going well for the puppet
y Pinocho creyó haber perdido
and Pinocchio thought he had lost
Alidoro, el mastín, había corrido velozmente
Alidoro, the mastiff, had run swiftly
y casi lo había alcanzado
and he had nearly caught up with him
La espantosa bestia estaba muy cerca de él
the dreadful beast was very close behind him
Podía oír el jadeo del perro
he could hear the panting of the dog
No había ni un palmo de ancho entre ellos
there was not a hand's breadth between them
Incluso podía sentir el aliento caliente del perro
he could even feel the dog's hot breath
Afortunadamente, la orilla estaba cerca
Fortunately the shore was close
y el mar estaba a pocos pasos
and the sea was but a few steps off
Pronto llegaron a las arenas de la playa
soon they reached the sands of the beach
Llegaron casi al mismo tiempo
they got there almost at the same time
Pero la marioneta dio un salto maravilloso
but the puppet made a wonderful leap

Una rana no podría haberlo hecho mejor
a frog could have done no better
y se zambulló en el agua
and he plunged into the water
Alidoro, por el contrario, quiso detenerse
Alidoro, on the contrary, wished to stop himself
pero se dejó llevar por el ímpetu de la raza
but he was carried away by the impetus of the race
También se metió en el mar
he also went into the sea
El desdichado perro no sabía nadar
The unfortunate dog could not swim
pero hizo grandes esfuerzos para mantenerse a flote
but he made great efforts to keep himself afloat
y nadaba lo mejor que podía con las patas
and he swam as well as he could with his paws
pero cuanto más luchaba, más se hundía
but the more he struggled the farther he sank
y pronto su cabeza quedó bajo el agua
and soon his head was under the water
Su cabeza se elevó por un momento sobre el agua
his head rose above the water for a moment
y sus ojos se ponían en blanco de terror
and his eyes were rolling with terror
Y el pobre perro ladró:
and the poor dog barked out:
"¡Me estoy ahogando! ¡Me estoy ahogando!"
"I am drowning! I am drowning!"
"¡Ahogaos!", gritó Pinocho desde lejos
"Drown!" shouted Pinocchio from a distance
Sabía que ya no corría peligro
he knew that he was in no more danger
—¡Ayúdame, querido Pinocho!
"Help me, dear Pinocchio!"
"¡Sálvame de la muerte!"
"Save me from death!"
en realidad, Pinocho tenía un corazón excelente

in reality Pinocchio had an excellent heart
Escuchó el grito agónico del perro
he heard the agonizing cry from the dog
y el títere se conmovió con compasión
and the puppet was moved with compassion
Se volvió hacia el perro y le dijo:
he turned to the dog, and said:
—Te salvaré —dijo Pinocho—
"I will save you," said Pinocchio
—¿Pero prometes no molestarme más?
"but do you promise to give me no further annoyance?"
"¡Lo prometo! ¡Lo prometo!", ladró el perro
"I promise! I promise!" barked the dog
"Sé rápido, por el amor de Dios"
"Be quick, for pity's sake"
"Si te demoras medio minuto más, estaré muerto"
"if you delay another half-minute I shall be dead"
Pinocho vaciló un momento
Pinocchio hesitated for a moment
Pero entonces recordó lo que su padre le había dicho a menudo
but then he remembered what his father had often told him
"Una buena acción nunca se pierde"
"a good action is never lost"
Rápidamente nadó hacia Alidoro
he quickly swam over to Alidoro
y le agarró la cola con ambas manos
and took hold of his tail with both hands
Pronto estuvieron de nuevo en tierra firme
soon they were on dry land again
y Alidoro estaba sano y salvo
and Alidoro was safe and sound
El pobre perro no podía mantenerse en pie
The poor dog could not stand
Había bebido mucha agua salada
He had drunk a lot of salt water
y ahora era como un globo

and now he was like a balloon
El títere, sin embargo, no confiaba del todo en él
The puppet, however, didn't entirely trust him
Pensó que era más prudente saltar de nuevo al agua
he thought it more prudent to jump again into the water
Nadó un poco en el agua
he swam a little distance into the water
Y llamó a su amigo al que había rescatado
and he called out to his friend he had rescued
-Adiós, Alidoro; Un buen viaje para ti"
"Good-bye, Alidoro; a good journey to you"
"Y llevo mis felicitaciones a todos en casa"
"and take my compliments to all at home"
-Adiós, Pinocho -respondió el perro-
"Good-bye, Pinocchio," answered the dog
"Mil gracias por haberme salvado la vida"
"a thousand thanks for having saved my life"
"Me has hecho un gran servicio"
"You have done me a great service"
"Y en este mundo lo que se da se devuelve"
"and in this world what is given is returned"
"Si se presenta una ocasión, no la olvidaré"
"If an occasion offers I shall not forget it"
Pinocho nadó a lo largo de la orilla
Pinocchio swam along the shore
Por fin creyó haber llegado a un lugar seguro
At last he thought he had reached a safe place
Así que echó un vistazo a lo largo de la orilla
so he gave a look along the shore
Vio entre las rocas una especie de cueva
he saw amongst the rocks a kind of cave
De la cueva salía una nube de humo
from the cave there was a cloud of smoke
"En esa cueva debe haber un fuego"
"In that cave there must be a fire"
"Tanto mejor", pensó Pinocho
"So much the better," thought Pinocchio

"Iré a secarme y calentarme"
"I will go and dry and warm myself"
—¿Y después? Pinocho se preguntaba
"and then?" Pinocchio wondered
"Y luego ya veremos", concluyó
"and then we shall see," he concluded
Habiendo tomado la resolución, nadó hacia tierra
Having taken the resolution he swam landwards
Estaba a punto de trepar por las rocas
he was was about to climb up the rocks
pero sintió algo bajo el agua
but he felt something under the water
lo que fuera se elevaba más y más alto
whatever it was rose higher and higher
y lo llevó por los aires
and it carried him into the air
Trató de escapar de ella
He tried to escape from it
pero ya era demasiado tarde para escapar.
but it was too late to get away
Se sorprendió mucho cuando vio lo que era
he was extremely surprised when he saw what it was
Se encontró encerrado en una gran red
he found himself enclosed in a great net
Estaba con un enjambre de peces de todos los tamaños y formas
he was with a swarm of fish of every size and shape
aleteaban y forcejeaban
they were flapping and struggling around
como un enjambre de almas desesperadas
like a swarm of despairing souls
En el mismo momento un pescador salió de la cueva
At the same moment a fisherman came out of the cave
El pescador era horriblemente feo
the fisherman was horribly ugly
y parecía un monstruo marino
and he looked like a sea monster

Su cabeza no estaba cubierta de pelo
his head was not covered in hair
en cambio, tenía un espeso arbusto de hierba verde
instead he had a thick bush of green grass
Su piel era verde y sus ojos eran verdes
his skin was green and his eyes were green
y su larga barba bajaba hasta el suelo
and his long beard came down to the ground
Y, por supuesto, su barba también era verde
and of course his beard was also green
Tenía la apariencia de un inmenso lagarto
He had the appearance of an immense lizard
un lagarto parado sobre sus patas traseras
a lizard standing on its hind-paws

El pescador sacó su red del mar
the fisherman pulled his net out of the sea
"¡Gracias a Dios!", exclamó muy satisfecho
"Thank Heaven!" he exclaimed greatly satisfied
—¡Hoy tendré un espléndido festín de peces!
"Again today I shall have a splendid feast of fish!"
Pinocho pensó para sí mismo por un momento
Pinocchio thought to himself for a moment
"¡Qué suerte que no sea un pez!"
"What a mercy that I am not a fish!"

y recobró un poco de coraje
and he regained a little courage
La red llena de peces fue llevada a la cueva
The netful of fish was carried into the cave
y la cueva estaba oscura y llena de humo
and the cave was dark and smoky
En el centro de la cueva había una gran sartén
In the middle of the cave was a large frying-pan
y la sartén estaba llena de aceite
and the frying-pan was full of oil
Había un olor sofocante a setas
there was a suffocating smell of mushrooms
Pero el pescador estaba muy emocionado
but the fisherman was very excited
"¡Ahora veremos qué peces hemos capturado!"
"Now we will see what fish we have taken!"
y metió en la red una mano enorme
and he put into the net an enormous hand
Su mano tenía las proporciones de una pala de panadero
his hand had the proportions of a baker's shovel
y sacó un puñado de pescado
and he pulled out a handful of fish
"¡Estos peces son buenos!", dijo
"These fish are good!" he said
y olió el pescado complacientemente
and he smelled the fish complacently
Y luego echó el pescado en una olla sin agua
And then he threw the fish into a pan without water
Repitió la misma operación muchas veces
He repeated the same operation many times
y al sacar el pescado se le hizo agua la boca
and as he drew out the fish his mouth watered
y el Pescador soltó una risita para sí mismo
and the Fisherman chuckled to himself
—¡Qué sardinas tan exquisitas he pescado!
"What exquisite sardines I've caught!"
"¡Estas caballas van a estar deliciosas!"

"These mackerel are going to be delicious!"
"¡Y estos cangrejos serán excelentes!"
"And these crabs will be excellent!"
—¡Qué preciosas anchoas son!
"What dear little anchovies they are!"
El último en quedar en la red de pesca fue Pinocho
The last to remain in the fisher's net was Pinocchio
Sus grandes ojos verdes se abrieron con asombro
his big green eyes opened with astonishment
"¿Qué especie de pez es esta?"
"What species of fish is this??"
"Pescado de este tipo no recuerdo haberlo comido"
"Fish of this kind I don't remember to have eaten"
Y volvió a mirarlo atentamente
And he looked at him again attentively
y lo examinó bien por todas partes
and he examined him well all over
"Lo sé: debe ser un cangrejo de río"
"I know: he must be a craw-fish"
Pinocho se sintió mortificado al ser confundido con un cangrejo de río
Pinocchio was mortified at being mistaken for a craw-fish
—¿Me tomas por un cangrejo de río?
"Do you take me for a craw-fish?"
"¡Esa no es forma de tratar a tus invitados!"
"that's no way to treat your guests!"
"Déjame decirte que soy un títere"
"Let me tell you that I am a puppet"
"¿Una marioneta?", respondió el pescador
"A puppet?" replied the fisherman
"Entonces debo decirte la verdad"
"then I must tell you the truth"
"Un títere es un pez bastante nuevo para mí"
"a puppet is quite a new fish to me"
"¡Pero eso es aún mejor!"
"but that is even better!"
"Te comeré con mayor placer"

"I shall eat you with greater pleasure"
"Puedes comerme todo lo que quieras"
"you can eat me all you want"
—¿Pero comprenderás que no soy un pez?
"but will you understand that I am not a fish?"
"¿No oyes que hablo?"
"Do you not hear that I talk?"
"¿No ves que razono como tú?"
"can you not see that I reason as you do?"
—Eso es muy cierto —dijo el pescador—
"That is quite true," said the fisherman
"De hecho, eres un pez con el talento de hablar"
"you are indeed a fish with the talent of talking"
"y tú eres un pez que puede razonar como yo"
"and you are a fish that can reason as I do"
"Debo tratarte con la atención adecuada"
"I must treat you with appropriate attention"
—¿Y cuál sería esta atención?
"And what would this attention be?"
"Déjame darte una muestra de mi amistad"
"let me give you a token of my friendship"
"Y permítanme mostrarles mi particular aprecio"
"and let me show my particular regard"
"Te dejaré elegir cómo te gustaría que te cocinaran"
"I will let you choose how you would like to be cooked"
"¿Te gustaría que te fríen en la sartén?
"Would you like to be fried in the frying-pan?
"¿O preferirías que te guisaran con salsa de tomate?"
"or would you prefer to be stewed with tomato sauce?"
"Déjame decirte la verdad", respondió Pinocho
"let me tell you the truth," answered Pinocchio
"Si tuviera que elegir, me gustaría ser libre"
"if I had to choose, I would like to be set free"
"¡Estás bromeando!", se rió el pescador
"You are joking!" laughed the fisherman
"¿Por qué perdería la oportunidad de probar un pescado tan raro?"

"why would I lose the opportunity to taste such a rare fish?"
"Te puedo asegurar que los peces títere son raros aquí"
"I can assure you puppet fish are rare here"
"No todos los días se pesca un pez títere"
"one does not catch a puppet fish every day"
"Déjame tomar la decisión por ti"
"Let me make the choice for you"
"Estarás con los otros peces"
"you will be with the other fish"
"Te freiré en la sartén"
"I will fry you in the frying-pan"
"Y quedarás muy satisfecho"
"and you will be quite satisfied"
"Siempre es un consuelo estar frito en compañía"
"It is always consolation to be fried in company"
Al oír estas palabras, el infeliz Pinocho se echó a llorar
At this speech the unhappy Pinocchio began to cry
Gritaba e imploraba misericordia
he screamed and implored for mercy
"¡Cuánto mejor hubiera sido si hubiera ido a la escuela!"
"How much better it would have been if I had gone to school!"
"No debí haber escuchado a mis compañeros"
"I shouldn't have listened to my companions"
"y ahora lo estoy pagando"
"and now I am paying for it"
Y se retorcía como una anguila
And he wriggled like an eel
e hizo esfuerzos indescriptibles para escabullirse
and he made indescribable efforts to slip out
pero estaba apretado en las garras del verde pescador
but he was tight in clutches of the green fisherman
y todos los esfuerzos de Pinocho fueron inútiles
and all of Pinocchio's efforts were useless
El pescador tomó una larga tira de junco
the fisherman took a long strip of rush
y ató las marionetas de pies y manos
and he bound the puppets hands and feet

El pobre Pinocho estaba atado como una salchicha
Poor Pinocchio was tied up like a sausage
y lo echó en la sartén con los otros peces
and he threw him into the pan with the other fish
Luego fue a buscar un cuenco de madera lleno de harina
He then fetched a wooden bowl full of flour
y uno a uno comenzó a enharinar cada pescado
and one by one he began to flour each fish
Pronto todos los pececillos estaban listos
soon all the little fish were ready
y los echó en la sartén
and he threw them into the frying-pan
Los primeros en bailar en el aceite hirviendo fueron las pobres pescadillas
The first to dance in the boiling oil were the poor whitings
Los cangrejos fueron los siguientes en seguir el baile
the crabs were next to follow the dance
Y luego llegaron también las sardinas
and then the sardines came too
y finalmente se echaron las anchoas
and finally the anchovies were thrown in
por fin había llegado el turno de Pinocho
at last it had come to Pinocchio's turn
Vio la horrible muerte que le esperaba
he saw the horrible death waiting for him
Y te puedes imaginar lo asustado que estaba
and you can imagine how frightened he was
Temblaba violentamente y con gran esfuerzo
he trembled violently and with great effort
y no le quedaba ni voz ni aliento para más súplicas
and he had neither voice nor breath left for further entreaties
¡Pero el pobre muchacho imploró con los ojos!
But the poor boy implored with his eyes!
Al pescador verde, sin embargo, no le importó lo más mínimo
The green fisherman, however, didn't care the least
y lo sumergió cinco o seis veces en la harina

and he plunged him five or six times in the flour
Finalmente estaba blanco de pies a cabeza
finally he was white from head to foot
y parecía una marioneta hecha de yeso
and he looked like a puppet made of plaster

Pinocho regresa a la casa de las hadas
Pinocchio Returns to the Fairy's House

Pinocho colgaba sobre la sartén
Pinocchio was dangling over the frying pan
El pescador estaba a punto de arrojarlo
the fisherman was just about to throw him in
Pero entonces un perro grande entró en la cueva
but then a large dog entered the cave
El perro había olido el sabroso olor del pescado frito
the dog had smelled the savoury odour of fried fish
y había sido atraído a la cueva
and he had been enticed into the cave
"¡Fuera!", gritó el pescador
"Get out!" shouted the fisherman
Sostenía la marioneta enharinada en una mano
he was holding the floured puppet in one hand
y amenazó al perro con la otra mano
and he threatened the dog with the other hand
Pero el pobre perro estaba tan hambriento como un lobo
But the poor dog was as hungry as a wolf
y gimió y meneó la cola
and he whined and wagged his tail
Si hubiera podido hablar, habría dicho:
if he could have talked he would have said:
"Dame un poco de pescado y te dejaré en paz"
"Give me some fish and I will leave you in peace"
"¡Fuera, te lo digo!", repitió el pescador
"Get out, I tell you!" repeated the fisherman
y estiró la pierna para darle una patada

and he stretched out his leg to give him a kick
Pero el perro no soportaba la frivolidad
But the dog would not stand trifling
Estaba demasiado hambriento para que se le negara la comida
he was too hungry to be denied the food
Empezó a gruñirle al pescador
he started growling at the fisherman
y mostró sus terribles dientes
and he showed his terrible teeth
En ese momento, una vocecita débil gritó
At that moment a little feeble voice called out
—¡Sálvame, Alidoro, por favor!
"Save me, Alidoro, please!"
"¡Si no me salvas, estaré frito!"
"If you do not save me I shall be fried!"
El perro reconoció la voz de Pinocho
The dog recognized Pinocchio's voice
Todo lo que vio fue el bulto enharinado en la mano del pescador
all he saw was the floured bundle in the fisherman's hand
De ahí debía de donde había venido la voz
that must be where the voice had come from
Entonces, ¿qué crees que hizo?
So what do you think he did?
Alidoro se acercó al pescador
Alidoro sprung up to the fisherman
y se apoderó del bulto en la boca
and he seized the bundle in his mouth
Sostuvo el bulto suavemente entre los dientes
he held the bundle gently in his teeth
Y volvió a salir corriendo de la cueva
and he rushed out of the cave again
Y luego desapareció como un relámpago
and then he was gone like a flash of lightning
El pescador estaba furioso
The fisherman was furious

El raro pez títere le había sido arrebatado
the rare puppet fish had been snatched from him
y corrió tras el perro
and he ran after the dog
Trató de recuperar su pescado
he tried to get his fish back
pero el pescador no corrió muy lejos
but the fisherman did not run far
porque le había cogido un ataque de tos
because he had been taken by a fit of coughing

Alidoro corrió casi hasta el pueblo
Alidoro ran almost to the village
Cuando llegó al camino se detuvo
when he got to the path he stopped
puso a su amigo Pinocho suavemente en el suelo
he put his friend Pinocchio gently on the ground
"¡Cuánto tengo que agradecerte!", dijo el títere
"How much I have to thank you for!" said the puppet
—No hay necesidad —replicó el perro—
"There is no necessity," replied the dog
"Tú me salvaste y yo te lo he devuelto"
"You saved me and I have now returned it"
"Sabes que todos debemos ayudarnos unos a otros en este mundo"
"You know that we must all help each other in this world"
Pinocho estaba feliz de haber salvado a Alidoro

Pinocchio was happy to have saved Alidoro

—¿Pero cómo entraste en la cueva?
"But how did you get into the cave?"

"Estaba tirado en la orilla más muerto que vivo"
"I was lying on the shore more dead than alive"

"Entonces el viento me trajo el olor a pescado frito"
"then the wind brought to me the smell of fried fish"

"El olor me abrió el apetito"
"The smell excited my appetite"

"Y seguí mi nariz"
"and I followed my nose"

"Si hubiera llegado un segundo después..."
"If I had arrived a second later..."

"¡No lo menciones!", suspiró Pinocho
"Do not mention it!" sighed Pinocchio

Todavía temblaba de miedo
he was still trembling with fright

"A estas alturas ya sería una marioneta frita"
"I would be a fried puppet by now"

"¡Me estremece solo de pensarlo!"
"It makes me shudder just to think of it!"

Alidoro se rió un poco ante la idea
Alidoro laughed a little at the idea

pero extendió su pata derecha hacia la marioneta
but he extended his right paw to the puppet

Pinocho sacudió la pata con entusiasmo
Pinocchio shook his paw heartily

Y luego se fueron por caminos separados
and then they went their separate ways

El perro tomó el camino a casa
The dog took the road home

y Pinocho se fue a una cabaña no muy lejos
and Pinocchio went to a cottage not far off

Había un viejecito calentándose al sol
there was a little old man warming himself in the sun

Pinocho le habló al viejecito
Pinocchio spoke to the little old man

—Dígame, buen hombre —comenzó—
"Tell me, good man," he started

—¿Sabes algo de un pobre muchacho llamado Eugenio?
"do you know anything of a poor boy called Eugene?"

"Fue herido en la cabeza"
"he was wounded in the head"

"El niño fue traído por unos pescadores a esta cabaña"
"The boy was brought by some fishermen to this cottage"

"y ahora no sé qué le pasó"
"and now I do not know what happened to him"

-¡Y ahora está muerto! -interrumpió Pinocho con gran tristeza-
"And now he is dead!" interrupted Pinocchio with great sorrow

—No, está vivo —interrumpió el pescador—
"No, he is alive," interrupted the fisherman

"Y ha sido devuelto a su casa"
"and he has been returned to his home"

-¿Es verdad? -exclamó la marioneta-
"Is it true?" cried the puppet

y Pinocho bailó con deleite
and Pinocchio danced with delight

—¿Entonces la herida no era grave?
"Then the wound was not serious?"

el viejecito respondió a Pinocho
the little old man answered Pinocchio

"Podría haber sido muy grave"
"It might have been very serious"

"Incluso podría haber sido fatal"
"it could even have been fatal"

"Le tiraron un libro grueso a la cabeza"
"they threw a thick book at his head"

—¿Y quién se lo tiró?
"And who threw it at him?"

"Uno de sus compañeros de escuela, llamado Pinocho"
"One of his school-fellows, by the name of Pinocchio"

"¿Y quién es este Pinocho?", preguntó el títere

"And who is this Pinocchio?" asked the puppet
y fingió su ignorancia lo mejor que pudo
and he pretended his ignorance as best he could
"Dicen que es un chico malo"
"They say that he is a bad boy"
"Un vagabundo, un inútil normal"
"a vagabond, a regular good-for-nothing"
"¡Calumnias! ¡Todas calumnias!".
"Calumnies! all calumnies!"
—¿Conoces a este Pinocho?
"Do you know this Pinocchio?"
"¡De vista!", respondió el títere
"By sight!" answered the puppet
—¿Y qué opinas de él? —preguntó el hombrecillo
"And what is your opinion of him?" asked the little man
"Me parece un chico muy bueno"
"He seems to me to be a very good boy"
"Está ansioso por aprender", agregó Pinocho
"he is anxious to learn," added Pinocchio
"Y es obediente y cariñoso con su padre y su familia"
"and he is obedient and affectionate to his father and family"
El títere disparó un montón de mentiras
the puppet fired off a bunch of lies
pero entonces se acordó de tocarse la nariz
but then he remembered to touch his nose
Su nariz parecía haber crecido más de una mano
his nose seemed to have grown by more than a hand
Muy alarmado, comenzó a gritar:
Very much alarmed he began to cry:
"No me creas, buen hombre"
"Don't believe me, good man"
"Lo que dije fueron todas mentiras"
"what I said were all lies"
"Conozco muy bien a Pinocho"
"I know Pinocchio very well"
"y te puedo asegurar que es un chico muy malo"
"and I can assure you that he is a very bad boy"

"Es desobediente y ocioso"
"he is disobedient and idle"
"En vez de ir a la escuela, se escapa con sus compañeros"
"instead of going to school, he runs off with his companions"
Apenas había terminado de hablar cuando su nariz se acortó
He had hardly finished speaking when his nose became shorter
y finalmente su nariz volvió a su tamaño anterior
and finally his nose returned to the old size
El viejecito se fijó en el color de los niños
the little old man noticed the boys' colour
—¿Y por qué estáis todos cubiertos de blanco?
"And why are you all covered with white?"
—Te diré por qué —dijo Pinocho—
"I will tell you why," said Pinocchio
"Sin observarlo me froté contra una pared"
"Without observing it I rubbed myself against a wall"
"No sabía que la pared había sido recién encalada"
"little did I know that the wall had been freshly whitewashed"
Le daba vergüenza confesar la verdad
he was ashamed to confess the truth
De hecho, había sido enharinado como un pescado
in fact he had been floured like a fish
—¿Y qué has hecho con tu chaqueta?
"And what have you done with your jacket?"
—¿Dónde están tus pantalones y tu gorra?
"where are your trousers, and your cap?"
"Me encontré con unos ladrones en mi viaje"
"I met some robbers on my journey"
"Y me quitaron todas mis cosas"
"and they took all my things from me"
"Buen viejo, tengo un favor que pedirte"
"Good old man, I have a favour to ask"
—¿Podrías darme algo de ropa para volver a casa?
"could you perhaps give me some clothes to return home in?"
"Hijo mío, me gustaría ayudarte"
"My boy, I would like to help you"

"pero no tengo más que un pequeño saco"
"but I have nothing but a little sack"
"no es más que un saco en el que guardo frijoles"
"it is but a sack in which I keep beans"
"Pero si lo necesitas, tómalo"
"but if you have need of it, take it"
Pinocho no esperó a que se lo pidieran dos veces
Pinocchio did not wait to be asked twice
Tomó el saco de inmediato
He took the sack at once
Y pidió prestadas unas tijeras
and he borrowed a pair of scissors
y hizo un agujero en el extremo del saco
and he cut a hole at the end of the sack
A cada lado, hizo pequeños agujeros para sus brazos
at each side, he cut out small holes for his arms
y se puso el saco como una camisa
and he put the sack on like a shirt
Y con su ropa nueva partió hacia el pueblo
And with his new clothing he set off for the village
Pero a medida que avanzaba, no se sentía nada cómodo
But as he went he did not feel at all comfortable
Por cada paso hacia adelante daba otro paso hacia atrás
for each step forward he took another step backwards
¿Cómo me presentaré a mi buena hada?
"How shall I ever present myself to my good little Fairy?"
—¿Qué dirá cuando me vea?
"What will she say when she sees me?"
—¿Me perdonará esta segunda escapada?
"Will she forgive me this second escapade?"
"¡Oh, estoy seguro de que ella no me perdonará!"
"Oh, I am sure that she will not forgive me!"
"Y me sirve bien, porque soy un sinvergüenza"
"And it serves me right, because I am a rascal"
"Siempre prometo corregirme"
"I am always promising to correct myself"
"¡Pero nunca cumplo mi palabra!"

"but I never keep my word!"
Cuando llegó a la aldea era de noche
When he reached the village it was night
y se había puesto muy oscuro
and it had gotten very dark
Una tormenta había llegado desde la orilla
A storm had come in from the shore
y la lluvia caía a torrentes
and the rain was coming down in torrents
fue directamente a la casa del Hada
he went straight to the Fairy's house
Estaba resuelto a llamar a la puerta
he was resolved to knock at the door
Pero cuando estuvo allí, le falló el coraje
But when he was there his courage failed him
En lugar de golpear, huyó unos veinte pasos
instead of knocking he ran away some twenty paces
Volvió a la puerta por segunda vez
He returned to the door a second time
Y tenía la aldaba en la mano
and he held the door knocker in his hand
Temblando, llamó un poco a la puerta
trembling, he gave a little knock at the door
Esperó y esperó a que su madre abriera la puerta
He waited and waited for his mother to open the door
Pinocho debió esperar no menos de media hora
Pinocchio must have waited no less than half an hour
Por fin se abrió una ventana en el último piso
At last a window on the top floor was opened
La casa tenía cuatro pisos de altura
the house was four stories high
y Pinocho vio un gran caracol
and Pinocchio saw a big Snail
Tenía una vela encendida en la cabeza para mirar hacia afuera
it had a lighted candle on her head to look out
—¿Quién está ahí a esta hora?

"Who is there at this hour?"

"¿Está el hada en casa?", preguntó el títere

"Is the Fairy at home?" asked the puppet

-El Hada está dormida -respondió el caracol-

"The Fairy is asleep," answered the snail

"Y no debe ser despertada"

"and she must not be awakened"

-¿Pero quién eres? -preguntó el Caracol

"but who are you?" asked the Snail

—Soy yo —respondió Pinocho—

"It is I," answered Pinocchio

"¿Quién soy yo?", preguntó el Caracol

"Who is I?" asked the Snail

—Soy yo, Pinocho —respondió Pinocho—

"It is I, Pinocchio," answered Pinocchio

-¿Y quién es Pinocho? -preguntó el Caracol

"And who is Pinocchio?" asked the Snail

"El títere que vive en la casa del Hada"

"The puppet who lives in the Fairy's house"

-¡Ah, ya entiendo! -dijo el Caracol-

"Ah, I understand!" said the Snail

"Espérame ahí"

"Wait for me there"

"Bajaré y abriré la puerta"

"I will come down and open the door"

"Sé rápido, por el amor de Dios"

"Be quick, for pity's sake"

"porque me muero de frío"

"because I am dying of cold"

"Hijo mío, soy un caracol"

"My boy, I am a snail"

"Y los caracoles nunca tienen prisa"

"and snails are never in a hurry"

Pasó una hora, y luego dos

An hour passed, and then two

y la puerta seguía sin abrirse

and the door was still not opened

Pinocho estaba mojado hasta la médula
Pinocchio was wet through and through
y temblaba de frío y miedo
and he was trembling from cold and fear
Por fin tuvo el valor de llamar de nuevo a la puerta
at last he had the courage to knock again
Esta vez golpeó más fuerte que antes
this time he knocked louder than before
A este segundo golpe se abrió una ventana del piso inferior
At this second knock a window on the lower story opened
y el mismo Caracol apareció en la ventana
and the same Snail appeared at the window
-¡Hermoso caracol! -exclamó Pinocho-
"Beautiful little Snail," cried Pinocchio
"¡He estado esperando durante dos horas!"
"I have been waiting for two hours!"
"Dos horas en una noche así parece más que dos años"
"two hours on such a night seems longer than two years"
"Sé rápido, por el amor de Dios"
"Be quick, for pity's sake"
-Niño mío -respondió el animalito tranquilo-
"My boy," answered the calm little animal
"sabes que soy un caracol"
"you know that I am a snail"
"Y los caracoles nunca tienen prisa"
"and snails are never in a hurry"
Y la ventana se volvió a cerrar
And the window was shut again
Poco después llegó la medianoche
Shortly afterwards midnight struck
Luego a la una, luego a las dos
then one o'clock, then two o'clock
y la puerta seguía sin abrirse
and the door still remained unopened
Pinocho finalmente perdió toda la paciencia
Pinocchio finally lost all patience
Agarró la aldaba de la puerta con rabia

he seized the door knocker in a rage
Tenía la intención de golpear la puerta tan fuerte como pudiera
he intended bang the door as hard as he could
Un golpe que resonaría por toda la casa
a blow that would resound through the house
La aldaba de la puerta estaba hecha de hierro
the door knocker was made from iron
pero de repente se convirtió en una anguila
but suddenly it turned into an eel
y la anguila se escapó de la mano de Pinocho
and the eel slipped out of Pinocchio's hand
Al final de la calle había un chorro de agua
down the street was a stream of water
y la anguila desapareció por la corriente
and the eel disappeared down the stream
Pinocho estaba cegado de rabia
Pinocchio was blinded with rage
—¡Ah! ¿Así que así son las cosas?
"Ah! so that's the way it is?"
"Entonces patearé con todas mis fuerzas"
"then I will kick with all my might"
Pinocho corrió un poco hacia la puerta
Pinocchio took a little run up to the door
y pateó la puerta con todas sus fuerzas
and he kicked the door with all his might
De hecho, fue una patada muy fuerte
it was indeed a mighty strong kick
y su pie atravesó la puerta
and his foot went through the door
Pinocho trató de sacar el pie
Pinocchio tried to pull his foot out
Pero luego se dio cuenta de su situación
but then he realized his predicament
Era como si le hubieran clavado el pie
it was as if his foot had been nailed down
¡Piensa en la situación del pobre Pinocho!

Think of poor Pinocchio's situation!
Tuvo que pasar el resto de la noche en un pie
He had to spend the rest of the night on one foot
y el otro pie estaba en el aire
and the other foot was in the air
Después de muchas horas, finalmente llegó el amanecer
after many hours daybreak finally came
y por fin se abrió la puerta
and at last the door was opened
el Caracol sólo había tardado nueve horas
it had only taken the Snail nine hours
Había venido desde el cuarto piso
he had come all the way from the fourth story
Es evidente que sus esfuerzos deben haber sido grandes
It is evident that her exertions must have been great
pero estaba igualmente confundida por Pinocho
but she was equally confused by Pinocchio
"¿Qué estás haciendo con el pie en la puerta?"
"What are you doing with your foot in the door?"
—Fue un accidente —respondió el títere—
"It was an accident," answered the puppet
"Oh hermoso caracol, por favor ayúdame"
"oh beautiful snail, please help me"
"Trato de sacar el pie de la puerta"
"try and get my foot out the door"
"Muchacho, eso es obra de carpintero"
"My boy, that is the work of a carpenter"
"Y nunca he sido carpintero"
"and I have never been a carpenter"
"¡En ese caso, por favor, tráeme el Hada!"
"in that case please get the Fairy for me!"
"El Hada sigue dormida"
"The Fairy is still asleep"
"Y no debe ser despertada"
"and she must not be awakened"
"Pero, ¿qué puedo hacer con mi pie atascado en la puerta?"
"But what can I do with me foot stuck in the door?"

"**Hay muchas hormigas en esta zona**"
"there are many ants in this area"
"**Diviértete contando todas las hormiguitas**"
"Amuse yourself by counting all the little ants"
"**Tráeme al menos algo de comer**"
"Bring me at least something to eat"
"**porque estoy bastante agotado y hambriento**"
"because I am quite exhausted and hungry"
-De inmediato -dijo el Caracol-
"At once," said the Snail
De hecho, fue casi tan rápido como había dicho
it was in fact almost as fast as she had said
después de tres horas regresó a Pinocho
after three hours she returned to Pinocchio
y sobre su cabeza había una bandeja de plata
and on her head was a silver tray
La bandeja contenía una hogaza de pan
The tray contained a loaf of bread
y había un pollo asado
and there was a roast chicken
y había cuatro albaricoques maduros
and there were four ripe apricots
"**Aquí está el desayuno que el Hada te ha enviado**"
"Here is the breakfast that the Fairy has sent you"
todas estas eran cosas que a Pinocho le gustaba comer
these were all things Pinocchio liked to eat
La marioneta se sintió muy reconfortada al verlo
The puppet felt very much comforted at the sight
Pero luego comenzó a comer la comida
But then he began to eat the food
y lo que más le disgustó fue el sabor
and he was most disgusted by the taste
Descubrió que el pan era de yeso
he discovered that the bread was plaster
El pollo estaba hecho de cartón
the chicken was made of cardboard
y los cuatro albaricoques eran de alabastro

and the four apricots were alabaster
El pobre Pinocho quería llorar
Poor Pinocchio wanted to cry
En su desesperación trató de tirar la bandeja
In his desperation he tried to throw away the tray
Tal vez fue por su dolor
perhaps it was because of his grief
O podría haber sido que estaba agotado
or it could have been that he was exhausted
y la pequeña marioneta se desmayó por el esfuerzo
and the little puppet fainted from the effort
Finalmente recuperó la conciencia
eventually he regained consciousness
y descubrió que estaba acostado en un sofá
and he found that he was lying on a sofa
y el hada buena estaba a su lado
and the good Fairy was beside him
—Te perdonaré una vez más —dijo el Hada—
"I will pardon you once more," the Fairy said
—¡Pero ay de ti si te portas mal por tercera vez!
"but woe to you if you behave badly a third time!"
Pinocho prometió y juró que estudiaría
Pinocchio promised and swore that he would study
y juró que siempre se comportaría bien
and he swore he would always conduct himself well
Y cumplió su palabra durante el resto del año
And he kept his word for the remainder of the year
Pinocho sacó muy buenas notas en la escuela
Pinocchio got very good grades at school
y tuvo el honor de ser el mejor alumno
and he had the honour of being the best student
Su comportamiento en general fue muy loable
his behaviour in general was very praiseworthy
y el Hada estaba muy contenta con él
and the Fairy was very much pleased with him
"Mañana tu deseo será cumplido"
"Tomorrow your wish shall be gratified"

"**¿Qué deseo era ese?**", preguntó Pinocho
"what wish was that?" asked Pinocchio
"Mañana dejarás de ser una marioneta de madera"
"Tomorrow you shall cease to be a wooden puppet"
"Y por fin te convertirás en un niño"
"and you shall finally become a boy"
no te hubieras imaginado la alegría de Pinocho
you could not have imagined Pinocchio's joy
y a Pinocho se le permitió hacer una fiesta
and Pinocchio was allowed to have a party
Todos sus compañeros de escuela debían ser invitados
All his school-fellows were to be invited
habría un gran desayuno en la casa del Hada
there would be a grand breakfast at the Fairy's house
Juntos celebrarían el gran acontecimiento
together they would celebrate the great event
El Hada había preparado doscientas tazas de café y leche
The Fairy had prepared two hundred cups of coffee and milk
y se cortaron cuatrocientos panecillos
and four hundred rolls of bread were cut
y todo el pan estaba untado con mantequilla por cada lado
and all the bread was buttered on each side
El día prometía ser de lo más feliz y delicioso
The day promised to be most happy and delightful
pero...
but...
Desgraciadamente en la vida de los títeres siempre hay un "pero" que lo estropea todo
Unfortunately in the lives of puppets there is always a "but" that spoils everything

La tierra de los piqueros
The Land of the Boobie Birds

Por supuesto, Pinocho le pidió permiso al Hada

Of course Pinocchio asked the Fairy's permission

—¿Puedo dar una vuelta por la ciudad para repartir las invitaciones?

"may I go round the town to give out the invitations?"

y el Hada le dijo:

and the Fairy said to him:

"Vete, si quieres, tienes mi permiso"

"Go, if you like, you have my permission"

"Invita a tus acompañantes a desayunar mañana"

"invite your companions for the breakfast tomorrow"

"Pero recuerda volver a casa antes de que oscurezca"

"but remember to return home before dark"

—¿Lo has entendido? —comprobó—

"Have you understood?" she checked

"Prometo volver en una hora"

"I promise to be back in an hour"

"¡Cuídate, Pinocho!", le advirtió

"Take care, Pinocchio!" she cautioned him

"Los chicos siempre están muy dispuestos a prometer"

"Boys are always very ready to promise"

"Pero, en general, a los chicos les cuesta cumplir su palabra"

"but generally boys struggle to keep their word"

"Pero yo no soy como los demás chicos"

"But I am not like other boys"

"Cuando digo algo, lo hago"

"When I say a thing, I do it"

"Veremos si cumples tu promesa"

"We shall see if you will keep your promise"

"Si eres desobediente, tanto peor para ti"

"If you are disobedient, so much the worse for you"

"¿Por qué iba a ser tanto peor para mí?"

"Why would it be so much the worse for me?"

"Hay chicos que no escuchan los consejos"

"there are boys who do not listen to the advice"
"Consejos de personas que saben más que ellos"
"advice from people who know more than them"
"Y siempre se encuentran con alguna desgracia"
"and they always meet with some misfortune or other"
"Yo lo he experimentado", dijo Pinocho
"I have experienced that," said Pinocchio
"pero nunca volveré a cometer ese error"
"but I shall never make that mistake again"
"Veremos si eso es cierto"
"We shall see if that is true"
y el títere se despidió de su buena Hada
and the puppet took leave of his good Fairy
el hada buena era ahora como una mamá para él
the good Fairy was now like a mamma to him
y salió de casa cantando y bailando
and he went out of the house singing and dancing
En menos de una hora todos sus amigos estaban invitados
In less than an hour all his friends were invited
Algunos aceptaron de inmediato de todo corazón
Some accepted at once heartily
otros, al principio, requirieron algo de convencimiento
others at first required some convincing
Pero luego se enteraron de que habría café
but then they heard that there would be coffee
y el pan iba a estar untado con mantequilla por ambos lados
and the bread was going to be buttered on both sides
"Nosotros también vendremos para complacerte"
"We will come also, to do you a pleasure"

Ahora debo decirte que Pinocho tenía muchos amigos
Now I must tell you that Pinocchio had many friends
Y había muchos chicos con los que iba a la escuela
and there were many boys he went to school with
Pero había un chico que le gustaba especialmente
but there was one boy he especially liked
Este niño se llamaba Romeo
This boy's name was Romeo
pero siempre se llamaba por su apodo
but he always went by his nickname

todos los muchachos lo llamaban Mecha de Vela
all the boys called him Candle-wick
porque era tan delgado, recto y brillante
because he was so thin, straight and bright
como la mecha nueva de una pequeña luz nocturna
like the new wick of a little nightlight
Mecha de vela era el más perezoso de los muchachos
Candle-wick was the laziest of the boys
Y también era más travieso que los otros chicos
and he was naughtier than the other boys too
pero Pinocho era devoto de él
but Pinocchio was devoted to him
había ido a la casa de Candela-mecha antes que los demás
he had gone to Candle-wick's house before the others
pero no lo había encontrado
but he had not found him
Regresó por segunda vez, pero Mecha de Vela no estaba allí
He returned a second time, but Candle-wick was not there
Fue por tercera vez, pero fue en vano
He went a third time, but it was in vain
¿Dónde podría buscarlo?
Where could he search for him?
Miró por aquí, por allá y por todas partes
He looked here, there, and everywhere
y al fin encontró a su amigo Mecha de Vela
and at last he found his friend Candle-wick
Estaba escondido en el porche de la cabaña de un campesino
he was hiding on the porch of a peasant's cottage
"¿Qué haces ahí?", preguntó Pinocho
"What are you doing there?" asked Pinocchio
"Estoy esperando la medianoche"
"I am waiting for midnight"
"Voy a salir corriendo"
"I am going to run away"
—¿Y a dónde vas?
"And where are you going?"
"Me voy a vivir a otro país"

"I am going to live in another country"
"El país más encantador del mundo"
"the most delightful country in the world"
"¡Una verdadera tierra de dulces!"
"a real land of sweetmeats!"
—¿Y cómo se llama?
"And what is it called?"
"Se llama la Tierra de los Piqueros"
"It is called the Land of Boobies"
—¿Por qué no vienes tú también?
"Why do you not come, too?"
"¿Yo? ¡No, aunque quisiera!"
"I? No, even if I wanted to!"
"Te equivocas, Pinocho"
"You are wrong, Pinocchio"
"Si no vienes, te arrepentirás"
"If you do not come you will repent it"
"¿Dónde podrías encontrar un país mejor para los chicos?"
"Where could you find a better country for boys?"
"Allí no hay escuelas"
"There are no schools there"
"Allí no hay maestros"
"there are no masters there"
"Y allí no hay libros"
"and there are no books there"
"En esa tierra deliciosa nadie estudia jamás"
"In that delightful land nobody ever studies"
"Los sábados nunca hay clases"
"On Saturday there is never school"
"cada semana consta de seis sábados"
"every week consists of six Saturdays"
"y el resto de la semana son domingos"
"and the remainder of the week are Sundays"
"Piensa en todo el tiempo que hay para jugar"
"think of all the time there is to play"
"las vacaciones de otoño comienzan el primero de enero"
"the autumn holidays begin on the first of January"

"**y terminan el último día de diciembre**"
"and they finish on the last day of December"

"**¡Ese es el país para mí!**"
"That is the country for me!"

"**¡Así deberían ser todos los países civilizados!**"
"That is what all civilized countries should be like!"

—¿Pero cómo son los días que se pasan en la Tierra de los Piqueros?
"But how are the days spent in the Land of Boobies?"

"**Los días se pasan jugando y divirtiéndose**"
"The days are spent in play and amusement"

"**Te diviertes desde la mañana hasta la noche**"
"you enjoy yourself from morning till night"

"**Y cuando llega la noche te vas a la cama**"
"and when night comes you go to bed"

"**Y luego vuelves a empezar la diversión al día siguiente**"
"and then you recommence the fun the next day"

—¿Qué te parece?
"What do you think of it?"

—¡Hum! —dijo Pinocho pensativo—
"Hum!" said Pinocchio thoughtfully

Y sacudió levemente la cabeza
and he shook his head slightly

El gesto parecía decir algo
the gesture did seem to say something

"**Esa es una vida que yo también llevaría de buena gana**"
"That is a life that I also would willingly lead"

Pero aún no había aceptado la invitación
but he had not accepted the invitation yet

"**Bueno, ¿quieres ir conmigo?**"
"Well, will you go with me?"

"**¿Sí o no? Resuelva rápidamente**"
"Yes or no? Resolve quickly"

"**No, no, no, y no otra vez**"
"No, no, no, and no again"

"**Le prometí a mi hada buena que sería un buen chico**"
"I promised my good Fairy to be good boy"

"Y cumpliré mi palabra"
"and I will keep my word"
"Pronto se pondrá el sol"
"the sun will soon be setting"
"Así que debo dejarte y huir"
"so I must leave you and run away"
"Adiós y un buen viaje"
"Good-bye, and a pleasant journey to you"
"¿A dónde te apresuras a ir con tanta prisa?"
"Where are you rushing off to in such a hurry?"
—Me voy a casa —dijo Pinocho—
"I am going home," said Pinocchio
"Mi buena hada desea que regrese antes de que oscurezca"
"My good Fairy wishes me to be back before dark"
"Espera otros dos minutos"
"Wait another two minutes"
"Me hará demasiado tarde"
"It will make me too late"
—Solo dos minutos —suplicó Mecha de Vela—
"Only two minutes," Candle-wick pleaded
—¿Y si el Hada me regaña?
"And if the Fairy scolds me?"
"Deja que te regañe", sugirió
"Let her scold you," he suggested
Mecha de Vela era un bribón bastante persuasivo
Candle-wick was quite a persuasive rascal
"Cuando haya regañado bien, se callará"
"When she has scolded well she will hold her tongue"
—¿Y qué vas a hacer?
"And what are you going to do?"
—¿Vas solo o con acompañantes?
"Are you going alone or with companions?"
"Oh, no te preocupes por eso, Pinocho"
"oh don't worry about that Pinocchio"
"No estaré solo en la Tierra de los Piqueros"
"I will not be alone in the Land of Boobies"
"Habrá más de cien chicos"

"there will be more than a hundred boys"
—¿Y haces el viaje a pie?
"And do you make the journey on foot?"
"Un autocar pasará en breve"
"A coach will pass by shortly"
"El carruaje me llevará a ese país feliz"
"the carriage will take me to that happy country"
"¡Qué no daría por el entrenador que pasara ahora!"
"What would I not give for the coach to pass by now!"
"¿Por qué quieres que el entrenador venga tanto?"
"Why do you want the coach to come by so badly?"
"para que pueda verlos a todos ir juntos"
"so that I can see you all go together"
"Quédate aquí un poco más, Pinocho"
"Stay here a little longer, Pinocchio"
"Quédate un poquito más y nos verás"
"stay a little longer and you will see us"
"No, no, tengo que irme a casa"
"No, no, I must go home"
"Espera otros dos minutos"
"just wait another two minutes"
"Ya me he retrasado demasiado"
"I have already delayed too long"
"El Hada estará ansiosa por mí"
"The Fairy will be anxious about me"
"¿Tiene miedo de que los murciélagos te coman?"
"Is she afraid that the bats will eat you?"
Pinocho se había vuelto un poco curioso
Pinocchio had grown a little curious
—¿Está seguro de que no hay escuelas?
"are you certain that there are no schools?"
"Ni siquiera hay la sombra de una escuela"
"there is not even the shadow of a school"
—¿Y tampoco hay maestros?
"And are there no masters either?"
"La Tierra de los Piqueros está libre de amos"
"the Land of the Boobies is free of masters"

—¿Y a nadie se le obliga a estudiar?
"And no one is ever made to study?"
"¡Nunca, nunca, y nunca más!"
"Never, never, and never again!"
A Pinocho se le hizo agua la boca ante la idea
Pinocchio's mouth watered at the idea
"¡Qué país tan delicioso!", exclamó Pinocho
"What a delightful country!" said Pinocchio
—Nunca he estado allí —dijo Mecha de Vela—
"I have never been there," said Candle-wick
"pero me lo imagino perfectamente"
"but I can imagine it perfectly well"
"¿Por qué no vienes tú también?"
"Why will you not come also?"
"Es inútil tentarme"
"It is useless to tempt me"
"Le hice una promesa a mi buena Hada"
"I made a promise to my good Fairy"
"Me convertiré en un chico sensato"
"I will become a sensible boy"
"Y no faltaré a mi palabra"
"and I will not break my word"
—Adiós, entonces —dijo Mecha de Vela—
"Good-bye, then," said Candle-wick
"Felicito a todos los chicos de la escuela"
"give my compliments to all the boys at school"
—Adiós, mecha de vela; Un viaje placentero para ti"
"Good-bye, Candle-wick; a pleasant journey to you"
"Diviértete en esta tierra agradable"
"amuse yourself in this pleasant land"
"Y piensa a veces en tus amigos"
"and think sometimes of your friends"
Diciendo esto, el títere dio dos pasos para andar
Thus saying, the puppet made two steps to go
Pero luego se detuvo a mitad de camino
but then he stopped halfway in his track
y, volviéndose a su amigo, le preguntó:

and, turning to his friend, he inquired:
—¿Pero está usted seguro de todo esto?
"But are you quite certain about all this?"
—¿En ese país todas las semanas consisten en seis sábados?
"in that country all the weeks consist of six Saturdays?"
—¿Y el resto de la semana consiste en domingos?
"and the rest of the week consists of Sundays?"
"todos los días de la semana constan sin duda de seis sábados"
"all the weekdays most certainly consist of six Saturdays"
"y el resto de los días son domingos"
"and the rest of the days are indeed Sundays"
—¿Y estás seguro de las fiestas?
"and are you quite sure about the holidays?"
"¿Las vacaciones definitivamente comienzan el primero de enero?"
"the holidays definitely begin on the first of January?"
—¿Y estás seguro de que las vacaciones terminan el último día de diciembre?
"and you're sure the holidays finish on the last day of December?"
"Estoy seguro de que esto es así"
"I am assuredly certain that this is how it is"
"¡Qué país tan delicioso!", repitió Pinocho
"What a delightful country!" repeated Pinocchio
y quedó encantado con todo lo que había oído
and he was enchanted by all that he had heard
esta vez Pinocho habló con más resolución
this time Pinocchio spoke more resolute
"Esta vez un adiós de verdad"
"This time really good-bye"
"Te deseo un buen viaje y vida"
"I wish you pleasant journey and life"
—Adiós, amigo mío —se inclinó Mecha de Vela—
"Good-bye, my friend," bowed Candle-wick
"¿Cuándo empiezas?", preguntó Pinocho
"When do you start?" inquired Pinocchio

"**Me iré muy pronto**"
"I will be leaving very soon"
"**¡Qué lástima que debas irte tan pronto!**"
"What a pity that you must leave so soon!"
"**Casi estaría tentado de esperar**"
"I would almost be tempted to wait"
—¿Y el Hada? —preguntó Mecha de Vela
"And the Fairy?" asked Candle-wick
—Ya es tarde —confirmó Pinocho—
"It is already late," confirmed Pinocchio
"**Puedo volver a casa una hora antes**"
"I can return home an hour sooner"
"**o puedo volver a casa una hora más tarde**"
"or I can return home an hour later"
"**Realmente será todo lo mismo**"
"really it will be all the same"
"**¿Pero qué pasa si el Hada te regaña?**"
"but what if the Fairy scolds you?"
"**¡Debo tener paciencia!**"
"I must have patience!"
"**Dejaré que me regañe**"
"I will let her scold me"
"**Cuando haya regañado bien, se callará**"
"When she has scolded well she will hold her tongue"
Mientras tanto, había llegado la noche
In the meantime night had come on
Y para entonces ya había oscurecido bastante
and by now it had gotten quite dark
De repente vieron a lo lejos una pequeña luz que se movía
Suddenly they saw in the distance a small light moving

Oyeron un ruido de conversaciones
they heard a noise of talking
y se oyó el sonido de una trompeta
and there was the sound of a trumpet
pero el sonido seguía siendo pequeño y débil
but the sound was still small and feeble
Así que el sonido todavía se parecía al zumbido de un mosquito
so the sound still resembled the hum of a mosquito
-¡Aquí está! -gritó Mecha de Vela, poniéndose en pie de un salto-
"Here it is!" shouted Candle-wick, jumping to his feet
"¿Qué pasa?", preguntó Pinocho en un susurro
"What is it?" asked Pinocchio in a whisper
"Es el carruaje que viene a llevarme"
"It is the carriage coming to take me"
"Entonces, ¿vendrás, sí o no?"
"so will you come, yes or no?"
"¿Pero es realmente cierto?", preguntó el títere
"But is it really true?" asked the puppet
—¿En ese país los muchachos nunca están obligados a estudiar?
"in that country boys are never obliged to study?"

"¡Nunca, nunca, y nunca más!"
"Never, never, and never again!"
"¡Qué país tan delicioso!"
"What a delightful country!"

Pinocho disfruta de seis meses de felicidad
Pinocchio Enjoys Six Months of Happiness

Por fin llegó la carreta
At last the wagon finally arrived
y llegó sin hacer el menor ruido
and it arrived without making the slightest noise
porque sus ruedas estaban atadas con lino y trapos
because its wheels were bound with flax and rags
Era tirado por doce parejas de burros
It was drawn by twelve pairs of donkeys
Todos los burros eran del mismo tamaño
all the donkeys were the same size
pero cada burro era de un color diferente
but each donkey was a different colour
Algunos de los burros eran grises
Some of the donkeys were gray
y algunos de los burros eran blancos
and some of the donkeys were white
y algunos asnos eran atigrados como pimienta y sal
and some donkeys were brindled like pepper and salt
y otros burros tenían grandes franjas amarillas y azules
and other donkeys had large stripes of yellow and blue
Pero había algo extraordinario en ellos
But there was something most extraordinary about them
no estaban herrados como otras bestias de carga
they were not shod like other beasts of burden
En sus pies, los burros tenían botas de hombre
on their feet the donkeys had men's boots
"¿Y el cochero?", te preguntarás
"And the coachman?" you may ask

Imagínate a ti mismo un hombrecito más ancho que largo
Picture to yourself a little man broader than long
flácido y grasoso como un trozo de mantequilla
flabby and greasy like a lump of butter
con una cara pequeña y redonda como una naranja
with a small round face like an orange
una boquita que siempre estaba riendo
a little mouth that was always laughing
y una voz suave y acariciadora de un gato
and a soft, caressing voice of a cat
Todos los chicos lucharon por su lugar en el vagón
All the boys fought for their place in the coach
todos querían ser conducidos a la Tierra de los Piqueros
they all wanted to be conducted to the Land of Boobies
El carruaje estaba, de hecho, bastante lleno de muchachos
The carriage was, in fact, quite full of boys
y todos los muchachos tenían entre ocho y catorce años
and all the boys were between eight and fourteen years
Los muchachos se amontonaban unos sobre otros
the boys were heaped one upon another
al igual que los arenques se exprimen en un barril
just like herrings are squeezed into a barrel
Estaban incómodos y apretados
They were uncomfortable and packed closely together
y apenas podían respirar
and they could hardly breathe
pero a ninguno de los muchachos se le ocurrió refunfuñar
but not one of the boys thought of grumbling
Fueron consolados por las promesas de su destino
they were consoled by the promises of their destination
Un lugar sin libros, sin escuelas y sin maestros
a place with no books, no schools, and no masters
Los hizo tan felices y resignados
it made them so happy and resigned
y no sintieron fatiga ni molestias
and they felt neither fatigue nor inconvenience
ni hambre, ni sed, ni falta de sueño

neither hunger, nor thirst, nor want of sleep
Pronto la carreta los alcanzó
soon the wagon had reached them
el hombrecillo se volvió directamente hacia la mecha de la vela
the little man turned straight to Candle-wick
Tenía mil sonrisas y muecas
he had a thousand smirks and grimaces
-Dígame, mi buen muchacho;
"Tell me, my fine boy;"
—¿A ti también te gustaría ir al país afortunado?
"would you also like to go to the fortunate country?"
"Ciertamente deseo ir"
"I certainly wish to go"
"Pero debo advertirte, mi querida niña"
"But I must warn you, my dear child"
"No queda ni un lugar en el vagón"
"there is not a place left in the wagon"
"Puedes ver por ti mismo que está bastante lleno"
"You can see for yourself that it is quite full"
—No importa —replicó Mecha de Vela—
"No matter," replied Candle-wick
"No necesito sentarme en el vagón"
"I do not need to sit in the wagon"
"Me sentaré en el arco de la rueda"
"I will sit on the arch of the wheel"
Y de un salto se sentó encima de la rueda
And with a leap he sat above the wheel
-¡Y tú, amor mío! -dijo el hombrecillo-
"And you, my love!" said the little man
y se volvió lisonjero hacia Pinocho
and he turned in a flattering manner to Pinocchio
—¿Qué piensas hacer?
"what do you intend to do?"
"¿Vienes con nosotros?
"Are you coming with us?
—¿O te vas a quedar atrás?

"or are you going to remain behind?"
—Me quedaré —respondió Pinocho—
"I will remain behind," answered Pinocchio
"Me voy a casa", respondió con orgullo
"I am going home," he answered proudly
"Tengo la intención de estudiar, como todos los chicos bien educados"
"I intend to study, as all well conducted boys do"
—¡Que te haga mucho bien!
"Much good may it do you!"
—¡Pinocho! —gritó Mecha de Vela—
"Pinocchio!" called out Candle-wick
"Ven con nosotros y nos divertiremos mucho"
"come with us and we shall have such fun"
"¡No, no, y otra vez no!", respondió Pinocho
"No, no, and no again!" answered Pinocchio
Un coro de cien voces gritó desde el carruaje
a chorus of hundred voices shouted from the the coach
"Ven con nosotros y nos divertiremos mucho"
"Come with us and we shall have so much fun"
Pero el títere no estaba del todo seguro
but the puppet was not at all sure
"Si vengo contigo, ¿qué dirá mi buena Hada?"
"if I come with you, what will my good Fairy say?"
y empezaba a ceder
and he was beginning to yield
"No turbes tu cabeza con pensamientos melancólicos"
"Do not trouble your head with melancholy thoughts"
"Considera solo lo delicioso que será"
"consider only how delightful it will be"
"nos vamos a la Tierra de los Piqueros"
"we are going to the Land of the Boobies"
"Todo el día tendremos libertad para descontrolarnos"
"all day we shall be at liberty to run riot"
Pinocho no respondió, pero suspiró
Pinocchio did not answer, but he sighed
Suspiró de nuevo y luego suspiró por tercera vez

he sighed again, and then sighed for the third time
finalmente Pinocho se decidió
finally Pinocchio made up his mind
"Hazme un poco de espacio"
"Make a little room for me"
"porque a mí también me gustaría venir"
"because I would like to come, too"
-Los lugares están todos llenos -replicó el hombrecillo-
"The places are all full," replied the little man
"Pero, déjame mostrarte lo bienvenido que eres"
"but, let me show you how welcome you are"
"Te dejaré tener mi asiento en el palco"
"I will let you have my seat on the box"
—¿Y dónde te sentarás?
"And where will you sit?"
"Oh, iré a pie"
"Oh, I will go on foot"
"No, de hecho, no podía permitirlo"
"No, indeed, I could not allow that"
"Preferiría montar uno de estos burros"
"I would rather mount one of these donkeys"
así que Pinocho subió al primer burro
so Pinocchio went up the the first donkey
e intentó montar al animal
and he attempted to mount the animal
pero el burrito se volvió contra él
but the little donkey turned on him
y el le dio un gran golpe en el estómago
and the donkey gave him a great blow in the stomach
y le dio la vuelta con las piernas en el aire
and it rolled him over with his legs in the air
Todos los chicos habían estado viendo esto
all the boys had been watching this
así que te puedes imaginar las risas desde el vagón
so you can imagine the laughter from the wagon
Pero el hombrecillo no se rió
But the little man did not laugh

Se acercó al burro rebelde
He approached the rebellious donkey
y al principio fingió besarlo
and at first he pretended to kiss him
pero luego se mordió la mitad de la oreja
but then he bit off half of his ear
Pinocho, mientras tanto, se había levantado del suelo
Pinocchio in the meantime had gotten up from the ground
Todavía estaba muy enfadado con el animal
he was still very cross with the animal
pero con un salto saltó sobre él
but with a spring he jumped onto him
y se sentó en el lomo del pobre animal
and he seated himself on the poor animal's back
Y saltó tan bien que los muchachos dejaron de reír
And he sprang so well that the boys stopped laughing
y empezaron a gritar: "¡Hurra, Pinocho!"
and they began to shout: "Hurrah, Pinocchio!"
y ellos aplaudieron y aplaudieron
and they clapped their hands and applauded him
Pronto los burros galopaban por el sendero
soon the donkeys were galloping down the track
y la carreta traqueteaba sobre las piedras
and the wagon was rattling over the stones
Pero el títere creyó oír una voz baja
but the puppet thought that he heard a low voice
"¡Pobre tonto! Deberías haber seguido tu propio camino"
"Poor fool! you should have followed your own way"
"¡Pero si te arrepentirás de haber venido!"
"but but you will repent having come!"
Pinocho estaba un poco asustado por lo que había oído
Pinocchio was a little frightened by what he had heard
Miró de un lado a otro para ver qué era
he looked from side to side to see what it was
Trató de ver de dónde podían haber salido esas palabras
he tried to see where these words could have come from
pero sin importar hacia dónde mirara, no veía a nadie

but regardless of of where he looked he saw nobody
Los burros galopaban y la carreta traqueteaba
The donkeys galloped and the wagon rattled
Y todo el tiempo los chicos de adentro dormían
and all the while the boys inside slept
La mecha de la vela roncaba como un lirón
Candle-wick snored like a dormouse
Y el hombrecillo se sentó en la caja
and the little man seated himself on the box
y cantaba canciones entre dientes
and he sang songs between his teeth
"Durante la noche todos duermen"
"During the night all sleep"
"Pero nunca duermo"
"But I sleep never"
Pronto habían recorrido otra milla
soon they had gone another mile
Pinocho volvió a oír la misma vocecita baja
Pinocchio heard the same little low voice again
—¡Tenlo en cuenta, tonto!
"Bear it in mind, simpleton!"
"Hay chicos que se niegan a estudiar"
"there are boys who refuse to study"
"Le dan la espalda a los libros"
"they turn their backs upon books"
"Piensan que son demasiado buenos para ir a la escuela
"they think they're too good to go to school
"Y no obedecen a sus amos"
"and they don't obey their masters"
"Pasan el tiempo jugando y divirtiéndose"
"they pass their time in play and amusement"
"Pero tarde o temprano terminan mal"
"but sooner or later they come to a bad end"
"Lo sé por experiencia"
"I know it from my experience"
"y te puedo decir cómo siempre termina"
"and I can tell you how it always ends"

"Llegará un día en que llorarás"
"A day will come when you will weep"
"Llorarás como yo estoy llorando ahora"
"you will weep just as I am weeping now"
"¡Pero entonces será demasiado tarde!"
"but then it will be too late!"
Las palabras habían sido susurradas en voz muy baja
the words had been whispered very softly
pero Pinocho podía estar seguro de lo que había oído
but Pinocchio could be sure of what he had heard
La marioneta estaba más asustada que nunca
the puppet was more frightened than ever
Saltó de la parte trasera de su burro
he sprang down from the back of his donkey
Y fue y agarró la boca del
and he went and took hold of the donkey's mouth
te puedes imaginar la sorpresa de Pinocho ante lo que vio
you can imagine Pinocchio's surprise at what he saw
¡El burro lloraba como un niño!
the donkey was crying just like a boy!
"¡Eh! -exclamó el cochero-
"Eh! Sir Coachman," cried Pinocchio
"¡Aquí hay una cosa extraordinaria!"
"here is an extraordinary thing!"
"Este burro está llorando"
"This donkey is crying"
-Que llore -dijo el cochero-
"Let him cry," said the coachman
"Se reirá cuando sea novio"
"he will laugh when he is a bridegroom"
—¿Pero por casualidad le has enseñado a hablar?
"But have you by chance taught him to talk?"
—No; pero pasó tres años con perros aprendidos"
"No; but he spent three years with learned dogs"
"Y aprendió a murmurar algunas palabras"
"and he learned to mutter a few words"
-¡Pobre bestia! -añadió el cochero-

"Poor beast!" added the coachman
—Pero no te preocupes —dijo el hombrecillo—
"but don't you worry," said the little man
"No perdamos el tiempo viendo llorar a un burro"
"don't let us waste time in seeing a donkey cry"
"Súbelo y sigamos"
"Mount him and let us go on"
"La noche es fría y el camino es largo"
"the night is cold and the road is long"
Pinocho obedeció sin decir una palabra más
Pinocchio obeyed without another word

Por la mañana, al amanecer, llegaron
In the morning about daybreak they arrived
ahora estaban a salvo en la Tierra de los Piqueros
they were now safely in the Land of Boobie Birds
Era un país diferente a cualquier otro país del mundo
It was a country unlike any other country in the world
La población estaba compuesta en su totalidad por varones
The population was composed entirely of boys
El mayor de los muchachos tenía catorce años
The oldest of the boys were fourteen
y los más pequeños apenas tenían ocho años
and the youngest were scarcely eight years old
En las calles había un gran júbilo
In the streets there was great merriment

Su visión era suficiente para hacer girar la cabeza de cualquiera
the sight of it was enough to turn anybody's head
Había tropas de muchachos por todas partes
There were troops of boys everywhere
Algunos jugaban con nueces que habían encontrado
Some were playing with nuts they had found
Algunos jugaban con Battledores
some were playing games with battledores
Muchos chicos jugaban al fútbol
lots of boys were playing football
Algunos montaban velocípedos, otros caballos de madera
Some rode velocipedes, others wooden horses
Un grupo de niños jugaba al escondite
A party of boys were playing hide and seek
Unos cuantos chicos se perseguían unos a otros
a few boys were chasing each other
Algunos recitaban y cantaban canciones
Some were reciting and singing songs
otros simplemente saltaban en el aire
others were just leaping into the air
Algunos se divertían caminando sobre sus manos
Some amused themselves with walking on their hands
otros arrastraban aros a lo largo de la carretera
others were trundling hoops along the road
y algunos se pavoneaban vestidos de generales
and some were strutting about dressed as generals
Llevaban cascos hechos de hojas
they were wearing helmets made from leaves
y estaban al mando de un escuadrón de soldados de cartón
and they were commanding a squadron of cardboard soldiers
Algunos se reían y otros gritaban
Some were laughing and some shouting
y algunos decían tonterías
and some were calling out silly things
otros aplaudían o silbaban
others clapped their hands, or whistled

algunos cloqueaban como una gallina que acaba de poner un huevo
some clucked like a hen who has just laid an egg
En todas las plazas se habían erigido teatros de lona
In every square, canvas theatres had been erected
y estaban abarrotados de muchachos todo el día
and they were crowded with boys all day long
En las paredes de las casas había inscripciones
On the walls of the houses there were inscriptions
"Vivan los juguetes"
"Long live the playthings"
"No tendremos más escuelas"
"we will have no more schools"
"Por el retrete con la aritmética"
"down the toilet with arithmetic"
y otros buenos sentimientos semejantes fueron escritos
and similar other fine sentiments were written
Por supuesto, todos los eslóganes estaban escritos con mala ortografía
of course all the slogans were in bad spelling
Pinocho, Candelabro y los otros muchachos fueron a la ciudad
Pinocchio, Candle-wick and the other boys went to the town
Estaban en medio del tumulto
they were in the thick of the tumult
y no necesito decirte lo divertido que fue
and I need not tell you how fun it was
En cuestión de minutos se familiarizaron con todo el mundo
within minutes they acquainted themselves with everybody
¿Dónde se podían encontrar niños más felices o más contentos?
Where could happier or more contented boys be found?
Las horas, los días y las semanas pasaron como un relámpago
the hours, days and weeks passed like lightning
El tiempo vuela cuando te diviertes
time flies when you're having fun

"¡Oh, qué vida tan deliciosa!", dijo Pinocho
"Oh, what a delightful life!" said Pinocchio
-¿Ves, pues, no tenía razón? -replicó Mecha de Vela
"See, then, was I not right?" replied Candle-wick
—¡Y pensar que no querías venir!
"And to think that you did not want to come!"
"imagina que hubieras regresado a casa con tu Hada"
"imagine you had returned home to your Fairy"
"¡Querías perder el tiempo estudiando!"
"you wanted to lose your time in studying!"
"Ahora estás libre de la molestia de los libros"
"now you are free from the bother of books"
"Debes reconocer que me lo debes"
"you must acknowledge that you owe it to me"
"Solo los amigos saben cómo prestar tan grandes servicios"
"only friends know how to render such great services"
-¡Es verdad, mecha de vela! -confirmó Pinocho-
"It is true, Candle-wick!" confirmed Pinocchio
"Si ahora soy un niño feliz, todo es obra tuya"
"If I am now a happy boy, it is all your doing"
—¿Pero sabes lo que decía el maestro?
"But do you know what the master used to say?"
"No te asocies con ese bribón de la mecha de la vela"
"Do not associate with that rascal Candle-wick"
"Porque es un mal compañero para ti"
"because he is a bad companion for you"
"¡Y solo te llevará a hacer travesuras!"
"and he will only lead you into mischief!"
-¡Pobre amo! -replicó el otro, meneando la cabeza-
"Poor master!" replied the other, shaking his head
"Sé muy bien que no le gustaba"
"I know only too well that he disliked me"
"Y se divertía haciéndome la vida difícil"
"and he amused himself by making my life hard"
"¡Pero yo soy generoso y lo perdono!"
"but I am generous, and I forgive him!"
"¡Eres un alma noble!", dijo Pinocho

"you are a noble soul!" said Pinocchio
y abrazó afectuosamente a su amigo
and he embraced his friend affectionately
y lo besó entre los ojos
and he kissed him between the eyes
Esta deliciosa vida había durado cinco meses
This delightful life had gone on for five months
Los días los había pasado enteramente jugando y divirtiéndose
The days had been entirely spent in play and amusement
No se dedicó ni un pensamiento a los libros o a la escuela
not a thought was spent on books or school
pero una mañana Pinocho se despertó con una sorpresa muy desagradable
but one morning Pinocchio awoke to a most disagreeable surprise
Lo que vio lo puso de muy mal humor
what he saw put him into a very bad humour

Pinocho se convierte en burro
Pinocchio Turns into a Donkey

cuando Pinocho despertó se rascó la cabeza
when he Pinocchio awoke he scratched his head
Al rascarse la cabeza descubrió algo...
when scratching his head he discovered something...
¡Le habían crecido más de una mano las orejas!
his ears had grown more than a hand!
Te puedes imaginar su sorpresa
You can imagine his surprise
porque siempre había tenido orejas muy pequeñas
because he had always had very small ears
Enseguida fue en busca de un espejo
He went at once in search of a mirror
Tenía que mirarse mejor a sí mismo
he had to have a better look at himself

pero no fue capaz de encontrar ningún tipo de espejo
but he was not able to find any kind of mirror
Llenó, pues, la vasija de agua
so he filled the basin with water
y vio un reflejo que nunca quiso ver
and he saw a reflection he never wished to see
¡Un magnífico par de orejas de burro embellecían su cabeza!
a magnificent pair of donkey's ears embellished his head!
¡Piensa en el dolor, la vergüenza y la desesperación del pobre Pinocho!
think of poor Pinocchio's sorrow, shame and despair!
Empezó a llorar y a rugir
He began to cry and roar
y se golpeó la cabeza contra la pared
and he beat his head against the wall
pero cuanto más lloraba, más crecían sus oídos
but the more he cried the longer his ears grew
y sus orejas crecieron, y crecieron, y crecieron
and his ears grew, and grew, and grew
y sus orejas se volvieron peludas hacia las puntas
and his ears became hairy towards the points
una pequeña marmota oyó los fuertes gritos de Pinocho
a little Marmot heard Pinocchio's loud cries
Al ver a la marioneta tan afligida, preguntó con seriedad:
Seeing the puppet in such grief she asked earnestly:
—¿Qué te ha sucedido, mi querido compañero de alojamiento?
"What has happened to you, my dear fellow-lodger?"
"Estoy enferma, mi querida marmota"
"I am ill, my dear little Marmot"
"Muy enfermo, y mi enfermedad me asusta"
"very ill, and my illness frightens me"
—¿Entiendes el pulso?
"Do you understand counting a pulse?"
—Un poco —sollozó Pinocho—
"A little," sobbed Pinocchio
"Entonces palpa y mira si por casualidad tengo fiebre"

"Then feel and see if by chance I have got fever"
La pequeña Marmota levantó la pata delantera derecha
The little Marmot raised her right fore-paw
y la pequeña Marmota sintió el pulso de Pinocho
and the little Marmot felt Pinocchio's pulse
Y ella le dijo, suspirando:
and she said to him, sighing:
"Amigo mío, me duele mucho"
"My friend, it grieves me very much"
—¡Pero me veo obligado a darte malas noticias!
"but I am obliged to give you bad news!"
"¿Qué es?", preguntó Pinocho
"What is it?" asked Pinocchio
"¡Tienes una fiebre muy fuerte!"
"You have got a very bad fever!"
—¿Qué fiebre es?
"What fever is it?"
Tienes un caso de fiebre del burro"
"you have a case of donkey fever"
"Esa es una fiebre que no entiendo"
"That is a fever that I do not understand"
pero lo entendía muy bien
but he understood it only too well
—Entonces te lo explicaré —dijo la marmota—
"Then I will explain it to you," said the Marmot
"Pronto dejarás de ser una marioneta"
"soon you will no longer be a puppet"
"No tardará más de dos o tres horas"
"it won't take longer than two or three hours"
"Tampoco serás un niño"
"nor will you be a boy either"
"Entonces, ¿qué seré?"
"Then what shall I be?"
"Serás un burrito de verdad"
"you will well and truly be a little donkey"
"Un burro como los que tiran de los carros"
"a donkey like those that draw the carts"

"Un burro que lleva coles al mercado"
"a donkey that carries cabbages to market"
"¡Oh, qué desdichado soy!", exclamó Pinocho
"Oh, how unfortunate I am!" cried Pinocchio
y se agarró las dos orejas con las manos
and he seized his two ears with his hands
y tiró y se rasgó las orejas furiosamente
and he pulled and tore at his ears furiously
Tiró como si hubieran sido las orejas de otra persona
he pulled as if they had been someone else's ears
—Mi querido muchacho —dijo la marmota—
"My dear boy," said the Marmot
Y ella hizo todo lo posible por consolarlo
and she did her best to console him
"No se puede hacer nada al respecto"
"you can do nothing about it"
"Tu destino es convertirte en burro"
"It is your destiny to become a donkey"
"Escrito está en los decretos de la sabiduría"
"It is written in the decrees of wisdom"
"Les pasa a todos los chicos que son perezosos"
"it happens to all boys who are lazy"
"Les pasa a los chicos a los que no les gustan los libros"
"it happens to the boys that dislike books"
"Les pasa a los chicos que no van a la escuela"
"it happens to the boys that don't go to schools"
"Y les pasa a los muchachos que desobedecen a sus amos"
"and it happens to boys who disobey their masters"
"Todos los chicos que pasan el tiempo entretenidos"
"all boys who pass their time in amusement"
"Todos los chicos que juegan todo el día"
"all the boys who play games all day"
"Chicos que se distraen con distracciones"
"boys who distract themselves with diversions"
"A todos esos muchachos les espera el mismo destino"
"the same fate awaits all those boys"
"Tarde o temprano se convierten en burritos"

"sooner or later they become little donkeys"

"¿Pero es realmente así?", preguntó el títere, sollozando

"But is it really so?" asked the puppet, sobbing

"¡Es muy cierto!"

"It is indeed only too true!"

"Y las lágrimas ya no sirven para nada"

"And tears are now useless"

"¡Deberías haberlo pensado antes!"

"You should have thought of it sooner!"

"Pero no fue mi culpa; créeme, pequeña Marmota"

"But it was not my fault; believe me, little Marmot"

—¡La culpa fue de Mecha de Vela!

"the fault was all Candle-wick's!"

—¿Y quién es esta mecha de la vela?

"And who is this Candle-wick?"

"Mecha de vela es uno de mis compañeros de escuela"

"Candle-wick is one of my school-fellows"

"Quería volver a casa y ser obediente"

"I wanted to return home and be obedient"

"Quería estudiar y ser un buen chico"

"I wished to study and be a good boy"

"pero Mecha de Vela me convenció de lo contrario"

"but Candle-wick convinced me otherwise"

'**¿Por qué deberías molestarte estudiando?**'

'Why should you bother yourself by studying?'

'**¿Por qué deberías ir a la escuela?**'

'Why should you go to school?'

'**Ven con nosotros a la Tierra de los Piqueros**'

'Come with us instead to the Land of Boobies Birds'

"Ahí ninguno de nosotros tendrá que aprender"

'there we shall none of us have to learn'

"Nos divertiremos de la mañana a la noche"

'we will amuse ourselves from morning to night'

"Y siempre seremos felices"

'and we shall always be merry'

"Ese amigo tuyo era falso"

"that friend of yours was false"

—¿Por qué seguiste su consejo?
"why did you follow his advice?"
"Porque, mi querida marmota, soy una marioneta"
"Because, my dear little Marmot, I am a puppet"
"No tengo sentido común ni corazón"
"I have no sense and no heart"
"Si hubiera tenido un corazón, nunca me habría ido"
"if I had had a heart I would never have left"
"Dejé a mi hada buena que me quería como a una mamá"
"I left my good Fairy who loved me like a mamma"
—**¡El hada buena que tanto había hecho por mí!**
"the good Fairy who had done so much for me!"
"Y yo ya no iba a ser una marioneta"
"And I was going to be a puppet no longer"
"A estas alturas ya me habría convertido en un niño pequeño"
"I would by this time have become a little boy"
"Y yo sería como los otros chicos"
"and I would be like the other boys"
Pero si me encuentro con Mecha de Vela, ¡ay de él!
"But if I meet Candle-wick, woe to him!"
—**¡Oirá lo que pienso de él!**
"He shall hear what I think of him!"
Y se dio la vuelta para salir
And he turned to go out
Pero entonces recordó que tenía orejas de burro
But then he remembered he had donkey's ears
Por supuesto que le daba vergüenza mostrar sus oídos en público
of course he was ashamed to show his ears in public
Entonces, ¿qué crees que hizo?
so what do you think he did?
Tomó un gran sombrero de algodón
He took a big cotton hat
y se puso el sombrero de algodón en la cabeza
and he put the cotton hat on his head
Y se bajó el sombrero por encima de la nariz

and he pulled the hat well down over his nose
Luego partió en busca de la mecha de la vela
He then set out in search of Candle-wick
Lo buscó por las calles
He looked for him in the streets
y lo buscó en los teatros
and he looked for him in the little theatres
Buscó en todos los lugares posibles
he looked in every possible place
pero no lo hallaba por donde miraba
but he could not find him wherever he looked
Preguntó por él a todos los que conocía
He inquired for him of everybody he met
pero nadie parecía haberlo visto
but no one seemed to have seen him
Luego fue a buscarlo a su casa
He then went to seek him at his house
y, habiendo llegado a la puerta, llamó a la puerta
and, having reached the door, he knocked
—¿Quién está ahí? —preguntó Mecha de Vela desde dentro
"Who is there?" asked Candle-wick from within
"¡Soy yo!", respondió el títere
"It is I!" answered the puppet
"Espera un momento y te dejaré entrar"
"Wait a moment and I will let you in"
Al cabo de media hora se abrió la puerta
After half an hour the door was opened
ahora puedes imaginar la sensación de Pinocho ante lo que vio
now you can imagine Pinocchio's feeling at what he saw
Su amigo también tenía un gran sombrero de algodón en la cabeza
his friend also had a big cotton hat on his head
A la vista del gorro, Pinocho se sintió casi consolado
At the sight of the cap Pinocchio felt almost consoled
y Pinocho pensó:
and Pinocchio thought to himself:

"**¿Mi amigo tiene la misma enfermedad que yo?**"
"Has my friend got the same illness that I have?"
—**¿También sufre de peste de los burros?**
"Is he also suffering from donkey fever?"
pero al principio Pinocho fingió no haberse dado cuenta
but at first Pinocchio pretended not to have noticed
Simplemente le hizo una pregunta casualmente, sonriendo:
he just casually asked him a question, smiling:
—**¿Cómo estás, mi querido Candela?**
"How are you, my dear Candle-wick?"
"**así como un ratón en un queso parmesano**"
"as well as a mouse in a Parmesan cheese"
—**¿Lo dices en serio?**
"Are you saying that seriously?"
"**¿Por qué debería decirte una mentira?**"
"Why should I tell you a lie?"
—**Pero, entonces, ¿por qué llevas un gorro de algodón?**
"but why, then, do you wear a cotton hat?"
"**Te tapa todos los oídos**"
"is covers up all of your ears"
"**El médico me ordenó que me lo pusiera**"
"The doctor ordered me to wear it"
"**porque me he lastimado esta rodilla**"
"because I have hurt this knee"
—**Y tú, querido títere** —**preguntó Mecha de Vela**
"And you, dear puppet," asked Candle-wick
—**¿Por qué te has pasado ese sombrero de algodón por la nariz?**
"why have you pulled that cotton hat passed your nose?"
"**El médico me lo ha recetado porque me he rozado el pie**"
"The doctor prescribed it because I have grazed my foot"
-**¡Oh, pobre Pinocho!** - **¡Oh, pobre mecha de vela!**
"Oh, poor Pinocchio!" - "Oh, poor Candle-wick!"
Después de estas palabras se hizo un largo silencio
After these words a long silence followed
Los dos amigos no hicieron más que mirarse burlonamente
the two friends did nothing but look mockingly at each other

Por fin, el títere dijo en voz baja a su compañero:
At last the puppet said in a soft voice to his companion:

"Satisface mi curiosidad, mi querida mecha de vela"
"Satisfy my curiosity, my dear Candle-wick"

"¿Alguna vez has sufrido de una enfermedad de los oídos?"
"have you ever suffered from disease of the ears?"

"¡Nunca he sufrido de una enfermedad de los oídos!"
"I have never suffered from disease of the ears!"

-¿Y tú, Pinocho? -preguntó Mecha de Vela
"And you, Pinocchio?" asked Candle-wick

"¿Alguna vez has sufrido de una enfermedad de los oídos?"
"have you ever suffered from disease of the ears?"

"Yo tampoco he padecido nunca esa enfermedad"
"I have never suffered from that disease either"

"Solo desde esta mañana me duele uno de los oídos"
"Only since this morning one of my ears aches"

"También me duele el oído"
"my ear is also paining me"

—¿Y cuál de tus orejas te duele?
"And which of your ears hurts you?"

"Me duelen los dos oídos"
"Both of my ears happen to hurt"

—¿Y tú?
"And what about you?"

"También me duelen las dos orejas"
"Both of my ears happen to hurt too"

¿Es posible que tengamos la misma enfermedad?
Can we have got the same illness?"

"Me temo que nos habrá cogido fiebre"
"I fear we might have caught a fever"

—¿Me harás un favor, Mecha de Vela?
"Will you do me a kindness, Candle-wick?"

"¡De buena gana! Con todo mi corazón"
"Willingly! With all my heart"

—¿Me dejas ver tus oídos?
"Will you let me see your ears?"

"¿Por qué iba a negar tu petición?"

"Why would I deny your request?"
"Pero antes, mi querido Pinocho, me gustaría ver el tuyo"
"But first, my dear Pinocchio, I should like to see yours"
"No: debes hacerlo primero"
"No: you must do so first"
—No, querido. ¡Primero tú y luego yo!"
"No, dear. First you and then I!"
—Bueno —dijo el títere—
"Well," said the puppet
"Pongámonos de acuerdo como buenos amigos"
"let us come to an agreement like good friends"
"Déjame saber en qué consiste este acuerdo"
"Let me hear what this agreement is"
"Los dos nos quitaremos el sombrero en el mismo momento"
"We will both take off our hats at the same moment"
—¿Estás de acuerdo en hacerlo?
"Do you agree to do it?"
"Estoy de acuerdo, y tienes mi palabra"
"I agree, and you have my word"
Y Pinocho empezó a contar en voz alta:
And Pinocchio began to count in a loud voice:
"¡Uno, dos, tres!", contó
"One, two, three!" he counted
A las tres, los dos muchachos se quitaron el sombrero
At "Three!" the two boys took off their hats
y lanzaron sus sombreros al aire
and they threw their hats into the air
Y deberías haber visto la escena que siguió
and you should have seen the scene that followed
Parecería increíble si no fuera cierto
it would seem incredible if it were not true
Vieron que ambos estaban golpeados por la misma desgracia
they saw they were both struck by the same misfortune
pero no sintieron mortificación ni dolor
but they felt neither mortification nor grief
en cambio, comenzaron a aguzar sus orejas desgarbadas
instead they began to prick their ungainly ears

y empezaron a hacer mil travesuras
and they began to make a thousand antics
Terminaron estallando en carcajadas
they ended by going into bursts of laughter
Y se reían, y reían, y reían
And they laughed, and laughed, and laughed
hasta que tuvieron que mantenerse unidos
until they had to hold themselves together

Pero en medio de su alegría algo sucedió
But in the midst of their merriment something happened
De repente, la mecha de la vela dejó de reír y bromear
Candle-wick suddenly stopped laughing and joking
Se tambaleó y cambió de color
he staggered around and changed colour
"¡Ayuda, ayuda, Pinocho!", gritó
"Help, help, Pinocchio!" he cried
"¿Qué te pasa?"
"What is the matter with you?"
"Ay, ya no puedo mantenerme erguido"
"Alas, I cannot any longer stand upright"
"Yo tampoco", exclamó Pinocho
"Neither can I," exclaimed Pinocchio
Y empezó a tambalearse y a llorar
and he began to totter and cry
Y mientras hablaban, los dos se doblaron

And whilst they were talking, they both doubled up
Y comenzaron a correr por la habitación con las manos y los pies
and they began to run round the room on their hands and feet
Y mientras corrían, sus manos se convertían en pezuñas
And as they ran, their hands became hoofs
sus rostros se alargaron hasta convertirse en hocicos
their faces lengthened into muzzles
y sus espaldas se cubrieron de un ligero canas
and their backs became covered with a light gray hairs
y sus cabellos estaban salpicados de negro
and their hair was sprinkled with black
Pero, ¿sabes cuál fue el peor momento?
But do you know what was the worst moment?
Un momento fue peor que todos los demás
one moment was worse than all the others
A los dos niños les crecieron colas de burro
both of the boys grew donkey tails
Los muchachos fueron vencidos por la vergüenza y el dolor
the boys were vanquished by shame and sorrow
y lloraron y se lamentaron de su suerte
and they wept and lamented their fate
¡Oh, si hubieran sido más sabios!
Oh, if they had but been wiser!
pero no podían lamentar su destino
but they couldn't lament their fate
porque solo podían rebuznar como asnos
because they could only bray like asses
y rebuznaban a coro: "¡Hee-haw!"
and they brayed loudly in chorus: "Hee-haw!"
Mientras esto sucedía, alguien llamó a la puerta
Whilst this was going on someone knocked at the door
Y había una voz afuera que decía:
and there was a voice on the outside that said:
"¡Abre la puerta! Yo soy el hombrecito"
"Open the door! I am the little man"
"Yo soy el cochero que te trajo a este país"

"I am the coachman who brought you to this country"
"¡Abre de una vez, o será peor para ti!"
"Open at once, or it will be the worse for you!"

Pinocho se entrena para el circo
Pinocchio gets Trained for the Circus

La puerta no se abría a sus órdenes
the door wouldn't open at his command
Así que el hombrecillo le dio a la puerta una violenta patada
so the little man gave the door a violent kick
Y el cochero irrumpió en la habitación
and the coachman burst into the room
Habló con su risita habitual:
he spoke with his usual little laugh:
"¡Bien hecho, muchachos! Rebuznaste bien"
"Well done, boys! You brayed well"
"Y os reconocí por vuestras voces"
"and I recognized you by your voices"
"Por eso estoy aquí"
"That is why I am here"
Los dos burritos estaban bastante estupefactos
the two little donkeys were quite stupefied
Se quedaron con la cabeza gacha
they stood with their heads down
tenían las orejas bajadas
they had their ears lowered
y tenían el rabo entre las piernas
and they had their tails between their legs
Al principio, el hombrecito los acariciaba y acariciaba
At first the little man stroked and caressed them
Luego sacó un peine de curry
then he took out a currycomb
y peinó bien a los burros
and he currycombed the donkeys well
Con este proceso los había pulido

by this process he had polished them
y los dos asnos brillaban como dos espejos
and the two donkeys shone like two mirrors
Les puso un cabestro alrededor del cuello
he put a halter around their necks
y los condujo a la plaza
and he led them to the market-place

Tenía la esperanza de venderlos
he was in hopes of selling them
Pensó que podría obtener una buena ganancia
he thought he could get a good profit
Y, en efecto, hubo compradores para los burros
And indeed there were buyers for the donkeys
La mecha de la vela fue comprada por un campesino
Candle-wick was bought by a peasant
Su burro había muerto el día anterior
his donkey had died the previous day
Pinocho fue vendido al director de una compañía
Pinocchio was sold to the director of a company
Eran una compañía de bufones y bailarines de funambulismo
they were a company of buffoons and tight-rope dancers
Lo compró para que le enseñara a bailar
he bought him so that he might teach him to dance

Podía bailar con los otros animales del circo
he could dance with the other circus animals
Y ahora, mis pequeños lectores, ustedes entienden
And now, my little readers, you understand
El hombrecito era solo un hombre de negocios
the little man was just a businessman
Y fue un negocio rentable el que llevó a cabo
and it was a profitable business that he led
El pequeño monstruo malvado con cara de leche y miel
The wicked little monster with a face of milk and honey
Realizó frecuentes viajes alrededor del mundo
he made frequent journeys round the world
prometía y halagaba dondequiera que iba
he promised and flattered wherever he went
y reunió a todos los muchachos ociosos
and he collected all the idle boys
y había muchos muchachos ociosos para recoger
and there were many idle boys to collect
todos los chicos a los que no les gustaban los libros
all the boys who had taken a dislike to books
y todos los chicos a los que no les gustaba la escuela
and all the boys who weren't fond of school
cada vez que su carreta se llenaba de estos muchachos
each time his wagon filled up with these boys
y los llevó a todos a la Tierra de los Piqueros
and he took them all to the Land of Boobie Birds
Aquí pasaban el tiempo jugando
here they passed their time playing games
y hubo alboroto y mucha diversión
and there was uproar and much amusement
pero la misma suerte les esperaba a todos los muchachos engañados
but the same fate awaited all the deluded boys
Demasiado juego y ningún estudio los convirtió en burros
too much play and no study turned them into donkeys
Luego se apoderó de ellos con gran deleite
then he took possession of them with great delight

y se los llevaba a las ferias y a los mercados
and he carried them off to the fairs and markets
Y de esta manera ganó montones de dinero
And in this way he made heaps of money
Lo que fue de la mecha de la vela no lo sé
What became of Candle-wick I do not know
pero sí sé lo que le pasó al pobre Pinocho
but I do know what happened to poor Pinocchio
Desde el primer día soportó una vida muy dura
from the very first day he endured a very hard life
Pinocho fue puesto en su puesto
Pinocchio was put into his stall
y su amo llenó el pesebre de paja
and his master filled the manger with straw
pero a Pinocho no le gustaba nada comer paja
but Pinocchio didn't like eating straw at all
y el burrito volvió a escupir la paja
and the little donkey spat the straw out again
Entonces su amo, refunfuñando, llenó el pesebre de heno
Then his master, grumbling, filled the manger with hay
pero el heno tampoco agradó a Pinocho
but hay did not please Pinocchio either
-¡Ah! -exclamó su amo con pasión-
"Ah!" exclaimed his master in a passion
—¿Tampoco te agrada el heno?
"Does not hay please you either?"
"Déjame a mí, mi burro fino"
"Leave it to me, my fine donkey"
"Veo que estás lleno de caprichos"
"I see you are full of caprices"
"¡Pero no te preocupes, encontraré la manera de curarte!"
"but worry not, I will find a way to cure you!"
Y golpeó las patas del con su látigo
And he struck the donkey's legs with his whip
Pinocho comenzó a llorar y a rebuznar de dolor
Pinocchio began to cry and bray with pain
"¡Hee-haw! ¡No puedo digerir la paja!"

"Hee-haw! I cannot digest straw!"
-¡Entonces come heno! -dijo su amo-
"Then eat hay!" said his master
Entendía perfectamente el dialecto estúpido
he understood perfectly the asinine dialect
"¡Hee-haw! El heno me da dolor de estómago"
"Hee-haw! hay gives me a pain in my stomach"
"Veo cómo es burrito"
"I see how it is little donkey"
"Te gustaría que te alimentaran con capones en gelatina"
"you would like to be fed with capons in jelly"
Y se enojó cada vez más
and he got more and more angry
y volvió a azotar al pobre Pinocho
and he whipped poor Pinocchio again
la segunda vez Pinocho se calló la lengua
the second time Pinocchio held his tongue
y aprendió a no decir nada más
and he learned to say nothing more
El establo fue entonces cerrado
The stable was then shut
y Pinocho se quedó solo
and Pinocchio was left alone
Hacía muchas horas que no comía
He had not eaten for many hours
y empezó a bostezar de hambre
and he began to yawn from hunger
Sus bostezos parecían tan anchos como un horno
his yawns seemed as wide as an oven
pero no encontró otra cosa que comer
but he found nothing else to eat
Así que se resignó a su destino
so he resigned himself to his fate
y cedió y masticó un poco de heno
and gave in and chewed a little hay
Masticó bien el heno, porque estaba seco
he chewed the hay well, because it was dry

y cerró los ojos y se lo tragó
and he shut his eyes and swallowed it
"Este heno no es malo", se dijo a sí mismo
"This hay is not bad," he said to himself
"¡Pero mejor hubiera sido si hubiera estudiado!"
"but better would have been if I had studied!"
"En lugar de heno, ahora podría estar comiendo pan"
"Instead of hay I could now be eating bread"
"y tal vez hubiera estado comiendo buenas salchichas"
"and perhaps I would have been eating fine sausages"
—¡Pero debo tener paciencia!
"But I must have patience!"
A la mañana siguiente se despertó de nuevo
The next morning he woke up again
Buscó en el pesebre un poco más de heno
he looked in the manger for a little more hay
pero ya no había heno
but there was no more hay to be found
porque se había comido todo el heno durante la noche
for he had eaten all the hay during the night
Luego tomó un bocado de paja picada
Then he took a mouthful of chopped straw
Pero tuvo que reconocer el horrible sabor
but he had to acknowledge the horrible taste
No sabía en lo más mínimo a macarrones o pastel
it tasted not in the least like macaroni or pie
"Espero que otros chicos traviesos aprendan de mi lección"
"I hope other naughty boys learn from my lesson"
—¡Pero debo tener paciencia!
"But I must have patience!"
y el burrito seguía masticando la paja
and the little donkey kept chewing the straw
-¡Paciencia de verdad! -exclamó su amo-
"Patience indeed!" shouted his master
Había entrado en ese momento en el establo
he had come at that moment into the stable
"Pero no te pongas demasiado cómodo, mi burrito"

"but don't get too comfortable, my little donkey"
"No te compré para darte comida y bebida"
"I didn't buy you to give you food and drink"
"Te compré para que trabajaras"
"I bought you to make you work"
"Te compré para que me ganes dinero"
"I bought you so that you earn me money"
—¡Levántate, pues, de una vez!
"Up you get, then, at once!"
"Tienes que venir conmigo al circo"
"you must come with me into the circus"
"Ahí te enseñaré a saltar a través de aros"
"there I will teach you to jump through hoops"
"Aprenderás a ponerte de pie sobre tus patas traseras"
"you will learn to stand upright on your hind legs"
"Y aprenderás a bailar valses y polkas"
"and you will learn to dance waltzes and polkas"
El pobre Pinocho tuvo que aprender todas estas cosas buenas
Poor Pinocchio had to learn all these fine things
y no puedo decir que haya sido fácil de aprender
and I can't say it was easy to learn
Tardó tres meses en aprender los trucos
it took him three months to learn the tricks
Recibió muchos latigazos que casi le arrancan la piel
he got many a whipping that nearly took off his skin
Al fin, su amo hizo el anuncio
At last his master made the announcement
muchos carteles de colores pegados en las esquinas de las calles
many coloured placards stuck on the street corners
"Gran representación de vestido completo"
"Great Full Dress Representation"
"ESTA NOCHE tendrán lugar las habituales hazañas y sorpresas"
"TONIGHT will Take Place the Usual Feats and Surprises"
"Actuaciones ejecutadas por todos los artistas y caballos"

"Performances Executed by All the Artists and horses"
"Y además; El famoso BURRITO PINOCHO"
"and moreover; The Famous LITTLE DONKEY PINOCCHIO"
"LA ESTRELLA DE LA DANZA"
"THE STAR OF THE DANCE"
"El teatro estará brillantemente iluminado"
"the theatre will be brilliantly illuminated"
Te puedes imaginar lo abarrotado que estaba el teatro
you can imagine how crammed the theatre was
El circo estaba lleno de niños de todas las edades
The circus was full of children of all ages
todos vinieron a ver bailar al famoso burrito Pinocho
all came to see the famous little donkey Pinocchio dance
La primera parte de la actuación había terminado
the first part of the performance was over
El director de la empresa se presentó al público
the director of the company presented himself to the public
Vestía un abrigo negro y calzones blancos
he was dressed in a black coat and white breeches
y grandes botas de cuero que le llegaban por encima de las rodillas
and big leather boots that came above his knees
Hizo una profunda reverencia a la multitud
he made a profound bow to the crowd
Comenzó con mucha solemnidad un discurso ridículo:
he began with much solemnity a ridiculous speech:
—¡Respetable público, señoras y señores!
"Respectable public, ladies and gentlemen!"
"Es un gran honor y un placer"
"it is with great honour and pleasure"
"Estoy aquí ante esta distinguida audiencia"
"I stand here before this distinguished audience"
"Y te presento el célebre burrito"
"and I present to you the celebrated little donkey"
"El burrito que ya ha tenido el honor"
"the little donkey who has already had the honour"
"el honor de bailar en presencia de Su Majestad"

"the honour of dancing in the presence of His Majesty"
"Y, agradeciéndote, te ruego que nos ayudes"
"And, thanking you, I beg of you to help us"
"Ayúdanos con tu presencia inspiradora"
"help us with your inspiring presence"
"Y por favor, estimado público, sean indulgentes con nosotros"
"and please, esteemed audience, be indulgent to us"
Este discurso fue recibido con muchas risas y aplausos
This speech was received with much laughter and applause
Pero los aplausos pronto fueron aún más fuertes que antes
but the applause soon was even louder than before
el burrito Pinocho hizo su aparición
the little donkey Pinocchio made his appearance
Y se paró en medio del circo
and he stood in the middle of the circus
Estaba engalanado para la ocasión
He was decked out for the occasion
Tenía una brida nueva de cuero pulido
He had a new bridle of polished leather
y llevaba hebillas y tachuelas de latón
and he was wearing brass buckles and studs
y tenía dos camelias blancas en las orejas
and he had two white camellias in his ears
Su melena estaba dividida y rizada
His mane was divided and curled
y cada rizo estaba atado con lazos de cinta de colores
and each curl was tied with bows of coloured ribbon
Tenía una cincha de oro y plata alrededor de su cuerpo
He had a girth of gold and silver round his body
Su cola estaba trenzada con amaranto y cintas de terciopelo azul
his tail was plaited with amaranth and blue velvet ribbons
¡Era, de hecho, un burrito del que enamorarse!
He was, in fact, a little donkey to fall in love with!
El director añadió estas pocas palabras:
The director added these few words:

—¡Mis respetables auditores!
"My respectable auditors!"
"No estoy aquí para decirte falsedades"
"I am not here to tell you falsehoods"
"Hubo grandes dificultades que tuve que superar"
"there were great difficulties I had to overcome"
"Comprendí y subyugué a esta mamífera"
"I understood and subjugated this mammifer"
"Estaba pastando en libertad entre las montañas"
"he was grazing at liberty amongst the mountains"
"Vivía en las llanuras de la zona tórrida"
"he lived in the plains of the torrid zone"
"Te ruego que observes el salvaje giro de sus ojos"
"I beg you will observe the wild rolling of his eyes"
"Se habían intentado en vano todos los medios para domesticarlo"
"Every means had been tried in vain to tame him"
"Lo he acostumbrado a la vida de cuadrúpedos domésticos"
"I have accustomed him to the life of domestic quadrupeds"
"y le ahorré el argumento convincente del látigo"
"and I spared him the convincing argument of the whip"
"Pero toda mi bondad no hizo más que aumentar su maldad"
"But all my goodness only increased his viciousness"
"Sin embargo, descubrí en su cráneo un cartílago óseo"
"However, I discovered in his cranium a bony cartilage"
"Lo hice inspeccionar en la Facultad de Medicina de París"
"I had him inspected by the Faculty of Medicine of Paris"
"No escatimé en gastos para el tratamiento de mi burrito"
"I spared no cost for my little donkey's treatment"
"En él los médicos encontraron la corteza regeneradora de la danza"
"in him the doctors found the regenerating cortex of dance"
"Por eso no solo le he enseñado a bailar"
"For this reason I have not only taught him to dance"
"pero también le enseñé a saltar a través de aros"
"but I also taught him to jump through hoops"
"¡Admíralo y luego da tu opinión sobre él!"

"Admire him, and then pass your opinion on him!"
Pero antes de despedirme de ti, permíteme esto;
"But before taking my leave of you, permit me this;"
"Señoras y señores, estimados miembros de la multitud"
"ladies and gentlemen, esteemed members of the crowd"
"Te invito a la actuación diaria de mañana"
"I invite you to tomorrow's daily performance"
Aquí el director hizo otra profunda reverencia
Here the director made another profound bow
y, volviéndose a Pinocho, dijo:
and, then turning to Pinocchio, he said:
—¡Ánimo, Pinocho! Pero antes de empezar:"
"Courage, Pinocchio! But before you begin:"
"Inclínense ante esta distinguida audiencia"
"bow to this distinguished audience"
Pinocho obedeció las órdenes de su amo
Pinocchio obeyed his master's commands
y dobló ambas rodillas hasta que tocaron el suelo
and he bent both his knees till they touched the ground
El director chasqueó su látigo y gritó:
the director cracked his whip and shouted:
—¡A paso de pie, Pinocho!
"At a foot's pace, Pinocchio!"
Entonces el burrito se levantó sobre sus cuatro patas
Then the little donkey raised himself on his four legs
y comenzó a caminar alrededor del teatro
and began to walk round the theatre
y todo el tiempo se mantuvo a paso de pie
and the whole time he kept at a foot's pace
Al cabo de un rato, el director volvió a gritar:
After a little time the director shouted again:
"¡Trota!" y Pinocho, obedeció la orden
"Trot!" and Pinocchio, obeyed the order
y cambió su paso a trote
and he changed his pace to a trot
«¡Galope!», y Pinocho rompió a galopar
"Gallop!" and Pinocchio broke into a gallop

«¡A todo galope!», y Pinocho se puso a galopar
"Full gallop!" and Pinocchio went full gallop
Corría por el circo como un caballo de carreras
he was running round the circus like a racehorse
Pero entonces el director disparó una pistola
but then the director fired off a pistol
A toda velocidad cayó al suelo
at full speed he fell to the floor
y el burrito fingió estar herido
and the little donkey pretended to be wounded
Se levantó del suelo en medio de un estallido de aplausos
he got up from the ground amidst an outburst of applause
Hubo gritos y aplausos
there were shouts and clapping of hands
Y naturalmente levantó la cabeza y miró hacia arriba
and he naturally raised his head and looked up
y vio en una de las cajas a una hermosa dama
and he saw in one of the boxes a beautiful lady
Llevaba al cuello una gruesa cadena de oro
she wore round her neck a thick gold chain
y de la cadena colgaba un medallón
and from the chain hung a medallion
En el medallón estaba pintado el retrato de un títere
On the medallion was painted the portrait of a puppet
"¡Ese es mi retrato!", se dio cuenta Pinocho
"That is my portrait!" realized Pinocchio
«¡Esa dama es el Hada!», se dijo Pinocho
"That lady is the Fairy!" said Pinocchio to himself
Pinocho la había reconocido de inmediato
Pinocchio had recognized her immediately
y, lleno de alegría, trató de llamarla
and, overcome with delight, he tried to call her
"¡Oh, mi pequeña Hada! ¡Oh, mi pequeña Hada!
"Oh, my little Fairy! Oh, my little Fairy!"
Pero en lugar de estas palabras, un rebuzno salió de su garganta
But instead of these words a bray came from his throat

un rebuzno tan prolongado que todos los espectadores se rieron
a bray so prolonged that all the spectators laughed
Y todos los niños del teatro se rieron especialmente
and all the children in the theatre especially laughed
Entonces el director le dio una lección
Then the director gave him a lesson
No es de buena educación rebuznar ante el público
it is not good manners to bray before the public
Con el mango de su látigo golpeó la nariz del burro
with the handle of his whip he smacked the donkey's nose
El pobre burrito sacó la lengua un centímetro
The poor little donkey put his tongue out an inch
y se lamió la nariz durante al menos cinco minutos
and he licked his nose for at least five minutes
Pensó que tal vez aliviaría el dolor
he thought perhaps that it would ease the pain
Pero cómo se desesperó al levantar la vista por segunda vez
But how he despaired when looking up a second time
Vio que el asiento estaba vacío
he saw that the seat was empty
¡Su buena Hada había desaparecido!
the good Fairy of his had disappeared!
Pensó que iba a morir
He thought he was going to die
Sus ojos se llenaron de lágrimas y comenzó a llorar
his eyes filled with tears and he began to weep
Nadie, sin embargo, se dio cuenta de sus lágrimas
Nobody, however, noticed his tears
"¡Ánimo, Pinocho!", gritó el director
"Courage, Pinocchio!" shouted the director
"Muéstrale al público la gracia con la que puedes saltar a través de los aros"
"show the audience how gracefully you can jump through the hoops"
Pinocho lo intentó dos o tres veces
Pinocchio tried two or three times

Pero pasar por el aro no es fácil para un burro
but going through the hoop is not easy for a donkey
y le resultó más fácil pasar por debajo del aro
and he found it easier to go under the hoop
Al fin dio un salto y pasó por el aro
At last he made a leap and went through the hoop
pero su pierna derecha desafortunadamente quedó atrapada en el aro
but his right leg unfortunately caught in the hoop
y eso hizo que cayera al suelo
and that caused him to fall to the ground
Estaba doblado en un montón al otro lado
he was doubled up in a heap on the other side
Cuando se levantó, estaba cojo
When he got up he was lame
Sólo con gran dificultad regresó al establo
only with great difficulty did he return to the stable
"¡Saquen a Pinocho!", gritaron todos los muchachos
"Bring out Pinocchio!" shouted all the boys
"¡Queremos el burrito!", rugió el teatro
"We want the little donkey!" roared the theatre
Estaban conmovidos y arrepentidos por el triste accidente
they were touched and sorry for the sad accident
Pero el burrito no se volvió a ver esa noche
But the little donkey was seen no more that evening
A la mañana siguiente, el veterinario lo visitó
The following morning the veterinary paid him a visit
Los veterinarios son médicos de los animales
the vets are doctors to the animals
y declaró que quedaría cojo de por vida
and he declared that he would remain lame for life
Entonces el director dijo al mozo de cuadra:
The director then said to the stable-boy:
—¿Qué crees que puedo hacer con un burro cojo?
"What do you suppose I can do with a lame donkey?"
"Comerá comida sin ganársela"
"He will eat food without earning it"

"Llévalo al mercado y véndelo"
"Take him to the market and sell him"
Cuando llegaron al mercado, se encontró un comprador de inmediato
When they reached the market a purchaser was found at once
Le preguntó al mozo de cuadra:
He asked the stable-boy:
—¿Cuánto quieres por ese burro cojo?
"How much do you want for that lame donkey?"
"Veinte dólares y te lo vendo"
"Twenty dollars and I'll sell him to you"
"Te daré dos dólares"
"I will give you two dollars"
"pero no creas que me serviré de él"
"but don't suppose that I will make use of him"
"Lo compro únicamente por su piel"
"I am buying him solely for his skin"
"Veo que su piel es muy dura"
"I see that his skin is very hard"
"Tengo la intención de hacer un tambor con él"
"I intend to make a drum with him"
¡Escuchó que estaba destinado a convertirse en un tambor!
he heard that he was destined to become a drum!
te puedes imaginar los sentimientos del pobre Pinocho
you can imagine poor Pinocchio's feelings
Los dos dólares fueron entregados
the two dollars were handed over
y al hombre se le dio su
and the man was given his donkey
Llevó al burrito a la orilla del mar
he led the little donkey to the seashore
Luego le puso una piedra alrededor del cuello
he then put a stone round his neck
Y le dio un empujón repentino en el agua
and he gave him a sudden push into the water
Pinocho estaba agobiado por la piedra
Pinocchio was weighted down by the stone

y se fue directo al fondo del mar
and he went straight to the bottom of the sea
Su dueño se aferraba con fuerza a la cuerda
his owner kept tight hold of the cord
Se sentó tranquilamente en un pedazo de roca
he sat down quietly on a piece of rock
Y esperó a que el burrito se ahogara
and he waited until the little donkey was drowned
y luego pretendía despellejarlo
and then he intended to skin him

Pinocho es tragado por el pez perro
Pinocchio gets Swallowed by the Dog-Fish

Pinocho había estado cincuenta minutos bajo el agua
Pinocchio had been fifty minutes under the water
Su comprador se dijo en voz alta:
his purchaser said aloud to himself:
"Mi burrito cojo ya debe estar bastante ahogado"
"My little lame donkey must by now be quite drowned"
"Por lo tanto, lo sacaré del agua"
"I will therefore pull him out of the water"
"Y haré de su piel un hermoso tambor"
"and I will make a fine drum of his skin"
Y empezó a tirar de la cuerda
And he began to haul in the rope
la cuerda que había atado a la pata del burro
the rope he had tied to the donkey's leg
y tiró, y tiró, y tiró
and he hauled, and hauled, and hauled
Arrastró hasta que por fin...
he hauled until at last...
¿Qué crees que apareció sobre el agua?
what do you think appeared above the water?
No tiró de un burro muerto para que aterrizara
he did not pull a dead donkey to land

En cambio, vio una pequeña marioneta viviente
instead he saw a living little puppet

¡Y esta pequeña marioneta se retorcía como una anguila!
and this little puppet was wriggling like an eel!
El pobre hombre pensó que estaba soñando
the poor man thought he was dreaming
y se quedó mudo de asombro
and he was struck dumb with astonishment
Finalmente se recuperó de su estupefacción
he eventually recovered from his stupefaction
Y le preguntó al títere con voz temblorosa:
and he asked the puppet in a quavering voice:
"¿Dónde está el burrito que arrojé al mar?"
"where is the little donkey I threw into the sea?"
"¡Yo soy el burrito!", dijo Pinocho
"I am the little donkey!" said Pinocchio
y Pinocho se rió de ser otra vez una marioneta
and Pinocchio laughed at being a puppet again
"¿¿Cómo puedes ser el burrito?"
"How can you be the little donkey??"
Yo era el burrito", respondió Pinocho
"I was the little donkey," answered Pinocchio
"y ahora vuelvo a ser una pequeña marioneta"
"and now I'm a little puppet again"

"**¡¡Ah, un joven bribón es lo que eres!!**"
"Ah, a young scamp is what you are!!"
"**¿Te atreves a burlarte de mí?**"
"Do you dare to make fun of me?"
"**¿Para burlarse de ti?**, preguntó Pinocho"
"To make fun of you?" asked Pinocchio
—¿Todo lo contrario, mi querido amo?
"Quite the contrary, my dear master?"
"**Hablo en serio con usted**"
"I am speaking seriously with you"
"**Hace poco eras un burrito**"
"a short time ago you were a little donkey"
"**¿Cómo puedes haberte convertido en una marioneta de madera?**"
"how can you have become a wooden puppet?"
"**¡Ser dejado en el agua no le hace eso a un burro!**"
"being left in the water does not do that to a donkey!"
"**Debe haber sido el efecto del agua de mar**"
"It must have been the effect of sea water"
"**El mar provoca cambios extraordinarios**"
"The sea causes extraordinary changes"
"**¡Cuidado, marioneta, no estoy de humor!**"
"Beware, puppet, I am not in the mood!"
"**No te imagines que puedes divertirte a costa mía**"
"Don't imagine that you can amuse yourself at my expense"
"**¡Ay de ti si pierdo la paciencia!**"
"Woe to you if I lose patience!"
—Bien, maestro, ¿desea conocer la verdadera historia?
"Well, master, do you wish to know the true story?"
"**Si me liberas la pierna, te lo diré**"
"If you set my leg free I will tell it you"
El buen hombre tenía curiosidad por escuchar la verdadera historia
The good man was curious to hear the true story
E inmediatamente desató el nudo
and he immediately untied the knot
Pinocho volvió a ser tan libre como un pájaro en el aire

Pinocchio was again as free as a bird in the air
Y comenzó a contar su historia
and he commenced to tell his story
"Debes saber que una vez fui una marioneta"
"You must know that I was once a puppet"
"es decir, no siempre fui un burro"
"that is to say, I wasn't always a donkey"
"Estuve a punto de convertirme en un niño"
"I was on the point of becoming a boy"
"Hubiera sido como los demás chicos del mundo"
"I would have been like the other boys in the world"
"pero como a los demás chicos, no me gustaba estudiar"
"but like other boys, I wasn't fond of study"
"y seguí el consejo de los malos compañeros"
"and I followed the advice of bad companions"
"y finalmente me escapé de casa"
"and finally I ran away from home"
"Un buen día, cuando me desperté, me encontré cambiada"
"One fine day when I awoke I found myself changed"
"Me había convertido en un burro con orejas largas"
"I had become a donkey with long ears"
"Y a mí también me había crecido una cola larga"
"and I had grown a long tail too"
"¡Qué vergüenza fue para mí!"
"What a disgrace it was to me!"
"¡Ni siquiera tu peor enemigo te lo infligiría!"
"even your worst enemy would not inflict it upon you!"
"Me llevaron al mercado para que me vendieran"
"I was taken to the market to be sold"
"y me compró una empresa ecuestre"
"and I was bought by an equestrian company"
"Querían hacerme bailarina famosa"
"they wanted to make a famous dancer of me"
"Pero una noche, durante una actuación, tuve una mala caída"
"But one night during a performance I had a bad fall"
"y me quedé con dos piernas cojas"

"and I was left with two lame legs"
"Ya no servía para el circo"
"I was of no use to the circus no more"
"Y de nuevo me llevaron al mercado
"and again I was taken to the market
—¡Y en el mercado fuiste mi comprador!
"and at the market you were my purchaser!"
—Muy cierto —recordó el hombre—
"Only too true," remembered the man
"Y pagué dos dólares por ti"
"And I paid two dollars for you"
"Y ahora, ¿quién me devolverá mi buen dinero?"
"And now, who will give me back my good money?"
—¿Y por qué me compraste?
"And why did you buy me?"
"¡Me compraste para hacer un tambor con mi piel!"
"You bought me to make a drum of my skin!"
-¡Muy cierto! -dijo el hombre-
"Only too true!" said the man
"Y ahora, ¿dónde encontraré otra piel?"
"And now, where shall I find another skin?"
"No se desespere, maestro"
"Don't despair, master"
"¡Hay muchos burritos en el mundo!"
"There are many little donkeys in the world!"
-Dime, bribón impertinente;
"Tell me, you impertinent rascal;"
—¿Tu historia termina aquí?
"does your story end here?"
—No —respondió el títere—
"No," answered the puppet
"Tengo otras dos palabras que decir"
"I have another two words to say"
"Y entonces mi historia habrá terminado"
"and then my story shall have finished"
"Me trajiste a este lugar para matarme"
"you brought me to this place to kill me"

"**Pero luego cediste a un sentimiento de compasión**"
"but then you yielded to a feeling of compassion"
"**Y preferiste atar una piedra alrededor de mi cuello**"
"and you preferred to tie a stone round my neck
"**Y me arrojaste al mar**"
"and you threw me into the sea"
"**Este sentimiento humano te honra mucho**"
"This humane feeling does you great honour"
"**Y siempre te estaré agradecido**"
"and I shall always be grateful to you"
"**Pero, sin embargo, querido maestro, olvidaste una cosa**"
"But, nevertheless, dear master, you forgot one thing"
"**¡Hiciste tus cálculos sin considerar al Hada!**"
"you made your calculations without considering the Fairy!"
—**¿Y quién es el Hada?**
"And who is the Fairy?"
—**Es mi mamá** —replicó Pinocho—
"She is my mamma," replied Pinocchio
"**Y se parece a todas las demás buenas mamás**"
"and she resembles all other good mammas"
"**Y todas las buenas mamás cuidan de sus hijos**"
"and all good mammas care for their children"
"**Madres que nunca pierden de vista a sus hijos**"
"mammas who never lose sight of their children""
"**Madres que ayudan a sus hijos con amor**"
"mammas who help their children lovingly"
"**Y los aman incluso cuando merecen ser abandonados**"
"and they love them even when they deserve to be abandoned"
"**Mi buena mamá me tenía a la vista**"
"my good mamma kept me in her sight"
"**y vio que estaba en peligro de ahogarme**"
"and she saw that I was in danger of drowning"
"**Así que inmediatamente envió un inmenso banco de peces**"
"so she immediately sent an immense shoal of fish"
"**Al principio pensaron que era un burrito muerto**"
"first they really thought I was a little dead donkey"

"Y así empezaron a comerme a grandes bocados"
"and so they began to eat me in big mouthfuls"
"¡Nunca supe que los peces eran más codiciosos que los niños!"
"I never knew fish were greedier than boys!"
"Algunos me comieron las orejas y el hocico"
"Some ate my ears and my muzzle"
"Y otros peces mi cuello y mi melena"
"and other fish my neck and mane"
"Algunos de ellos se comieron la piel de mis piernas"
"some of them ate the skin of my legs"
"Y otros se comieron mi piel"
"and others took to eating my fur"
"Entre ellos había un pececito especialmente educado"
"Amongst them there was an especially polite little fish"
"Y condescendió a comerme la cola"
"and he condescended to eat my tail"
El comprador se horrorizó por lo que escuchó
the purchaser was horrified by what he heard
"¡Juro que nunca volveré a tocar el pescado!"
"I swear that I will never touch fish again!"
"¡Imagínate abrir un salmonete y encontrar la cola de un burro!"
"imagine opening a mullet and finding a donkey's tail!"
—Estoy de acuerdo contigo —dijo el títere, riendo—
"I agree with you," said the puppet, laughing
"Sin embargo, debo contarte lo que pasó después"
"However, I must tell you what happened next"
"El pez había terminado de comerse la piel del burro"
"the fish had finished eating the donkey's hide"
"La piel de burro que me había cubierto"
"the donkey's hide that had covered me"
"Entonces, naturalmente, llegaron al hueso"
"then they naturally reached the bone"
"Pero no era hueso, sino madera"
"but it was not bone, but rather wood"
"porque, como ves, estoy hecho de la madera más dura"

"for, as you see, I am made of the hardest wood"
"Intentaron dar algunos bocados más"
"they tried to take a few more bites"
"Pero pronto descubrieron que no era para comer"
"But they soon discovered I was not for eating"
"Asqueados con una comida tan indigesta, se fueron nadando"
"disgusted with such indigestible food, they swam off"
"Y se fueron sin siquiera dar las gracias"
"and they left without even saying thank you"
"Y ahora, por fin, has oído mi historia"
"And now, at last, you have heard my story"
"Y por eso no encontraste un burro muerto"
"and that is why you didn't find a dead donkey"
"Y en su lugar encontraste una marioneta viviente"
"and instead you found a living puppet"
—Me río de tu historia —exclamó el hombre enfurecido—
"I laugh at your story," cried the man in a rage
"Solo sé que gasté dos dólares para comprarte"
"I only know that I spent two dollars to buy you"
"y me devolverán el dinero"
"and I will have my money back"
—¿Te diré lo que haré?
"Shall I tell you what I will do?"
"Te llevaré de vuelta al mercado"
"I will take you back to the market"
"Y te venderé al peso como leña curada"
"and I will sell you by weight as seasoned wood"
y el comprador puede encender fuegos contigo"
and the purchaser can light fires with you"
Pinocho no estaba demasiado preocupado por esto
Pinocchio was not too worried about this
"Véndeme si quieres; Estoy contento"
"Sell me if you like; I am content"
y se sumergió de nuevo en el agua
and he plunged back into the water
Nadó alegremente lejos de la orilla

he swam gaily away from the shore
y llamó a su pobre dueño
and he called to his poor owner
"Adiós, maestro, no me olvides"
"Good-bye, master, don't forget me"
"La marioneta de madera que querías por su piel"
"the wooden puppet you wanted for its skin"
"Y espero que algún día consigas tu tambor"
"and I hope you get your drum one day"
Y se echó a reír y siguió nadando
And he laughed and went on swimming
Y al cabo de un rato se dio la vuelta de nuevo
and after a while he turned around again
—Adiós, maestro —gritó más fuerte—
"Good-bye, master," he shouted louder
"Y acuérdate de mí cuando necesites leña bien curada"
"and remember me when you need well seasoned wood"
"Y piensa en mí cuando estés encendiendo un fuego"
"and think of me when you're lighting a fire"
pronto Pinocho había nadado hacia el horizonte
soon Pinocchio had swam towards the horizon
y ahora apenas se le veía desde la orilla
and now he was scarcely visible from the shore
Era una pequeña mancha negra en la superficie del mar
he was a little black speck on the surface of the sea
De vez en cuando sacaba del agua
from time to time he lifted out of the water
y saltó y brincó como un delfín feliz
and he leaped and capered like a happy dolphin
Pinocho estaba nadando y no sabía a dónde
Pinocchio was swimming and he knew not whither
Vio en medio del mar una roca
he saw in the midst of the sea a rock
La roca parecía estar hecha de mármol blanco
the rock seemed to be made of white marble
y en la cumbre había una hermosa cabra
and on the summit there stood a beautiful little goat

la cabra balaba amorosamente a Pinocho
the goat bleated lovingly to Pinocchio
Y el macho cabrío le hizo señas para que se acercara
and the goat made signs to him to approach
Pero lo más singular era esto:
But the most singular thing was this:
El pelo de la cabrita no era blanco ni negro
The little goat's hair was not white nor black
Tampoco era una mezcla de dos colores
nor was it a mixture of two colours
Esto es habitual con otras cabras
this is usual with other goats
pero el pelo de la cabra era de un azul muy vivo
but the goat's hair was a very vivid blue
un azul vivo como el cabello del hermoso Niño
a vivid blue like the hair of the beautiful Child
imagínense lo rápido que comenzó a latir el corazón de Pinocho
imagine how rapidly Pinocchio's heart began to beat
Nadó con fuerza y energía redobladas
He swam with redoubled strength and energy
Y en un abrir y cerrar de ojos estaba a mitad de camino
and in no time at all he was halfway there
pero entonces vio que algo salía del agua
but then he saw something came out the water
¡La horrible cabeza de un monstruo marino!
the horrible head of a sea-monster!
Tenía la boca abierta de par en par y cavernosa
His mouth was wide open and cavernous
Había tres hileras de dientes enormes
there were three rows of enormous teeth
incluso una foto de si te aterrorizaría
even a picture of if would terrify you
¿Y sabes lo que era este monstruo marino?
And do you know what this sea-monster was?
no era otro que ese gigantesco Pez-Perro
it was none other than that gigantic Dog-Fish

el Pez-Perro mencionado muchas veces en esta historia
the Dog-Fish mentioned many times in this story
Debería decirte el nombre de este terrible pez
I should tell you the name of this terrible fish
Atila de los peces y los pescadores
Attila of Fish and Fishermen
a causa de su matanza y voracidad insaciable
on account of his slaughter and insatiable voracity
pensemos en el terror del pobre Pinocho al verlo
think of poor Pinocchio's terror at the sight
Un verdadero monstruo marino nadaba hacia él
a true sea monster was swimming at him
Trató de evitar al Pez-Perro
He tried to avoid the Dog-Fish
Trató de nadar en otras direcciones
he tried to swim in other directions
Hizo todo lo que pudo para escapar
he did everything he could to escape
pero esa inmensa boca abierta era demasiado grande
but that immense wide-open mouth was too big
y venía con la velocidad de una flecha
and it was coming with the velocity of an arrow
La hermosa cabrita trató de balar
the beautiful little goat tried to bleat
—¡Date prisa, Pinocho, por piedad!
"Be quick, Pinocchio, for pity's sake!"
Y Pinocho nadó desesperadamente con todo lo que pudo
And Pinocchio swam desperately with all he could
sus brazos, su pecho, sus piernas y sus pies
his arms, his chest, his legs, and his feet
"¡Rápido, Pinocho, el monstruo está cerca de ti!"
"Quick, Pinocchio, the monster is close upon you!"
Y Pinocho nadó más rápido que nunca
And Pinocchio swam quicker than ever
Voló con la rapidez de una bala de pistola
he flew on with the rapidity of a ball from a gun
Casi había llegado a la roca

He had nearly reached the rock
y casi había llegado a la cabrita
and he had almost reached the little goat
y el cabrito se inclinó hacia el mar
and the little goat leaned over towards the sea
Estiró las patas delanteras para ayudarlo
she stretched out her fore-legs to help him
Tal vez podría sacarlo del agua
perhaps she could get him out of the water
¡Pero todos sus esfuerzos llegaron demasiado tarde!
But all their efforts were too late!
El monstruo había alcanzado a Pinocho
The monster had overtaken Pinocchio
Aspiró una gran bocanada de aire y agua
he drew in a big breath of air and water
y succionó a la pobre marioneta
and he sucked in the poor puppet
como si hubiera chupado un huevo de gallina
like he would have sucked a hen's egg
y el Pez-Perro se lo tragó entero
and the Dog-Fish swallowed him whole

Pinocho se le revolcó entre los dientes
Pinocchio tumbled through his teeth
y cayó por la garganta del Pez Perro

and he tumbled down the Dog-Fish's throat
y finalmente aterrizó pesadamente en su estómago
and finally he landed heavily in his stomach
Permaneció inconsciente durante un cuarto de hora
he remained unconscious for a quarter of an hour
pero finalmente volvió en sí
but eventually he came to himself again
No podía imaginar en lo más mínimo en qué mundo se encontraba
he could not in the least imagine in what world he was
A su alrededor no había más que oscuridad
All around him there was nothing but darkness
Era como si hubiera caído en un bote de tinta
it was as if he had fallen into a pot of ink
Escuchó, pero no oyó ningún ruido
He listened, but he could hear no noise
De vez en cuando grandes ráfagas de viento soplaban en su cara
occasionally great gusts of wind blew in his face
Al principio no podía entender de dónde venía
first he could not understand from where it came from
pero al fin descubrió la fuente
but at last he discovered the source
Salió de los pulmones del monstruo
it came out of the monster's lungs
hay una cosa que debes saber sobre el Dog-Fish
there is one thing you must know about the Dog-Fish
el Pez-Perro sufría mucho de asma
the Dog-Fish suffered very much from asthma
Cuando respiraba, era exactamente como el viento del norte
when he breathed it was exactly like the north wind
Pinocho, al principio, trató de mantener su coraje
Pinocchio at first tried to keep up his courage
Pero poco a poco se dio cuenta de la realidad de la situación
but the reality of the situation slowly dawned on him
Estaba realmente encerrado en el cuerpo de este monstruo marino

he was really shut up in the body of this sea-monster
y empezó a llorar, a gritar y a sollozar
and he began to cry and scream and sob
"¡Ayuda! ¡Ayuda! ¡Oh, qué desdichado soy!
"Help! help! Oh, how unfortunate I am!"
"¿Nadie vendrá a salvarme?"
"Will nobody come to save me?"
De la oscuridad llegó una voz
from the dark there came a voice
La voz sonaba como una guitarra desafinada
the voice sounded like a guitar out of tune
—¿Quién crees que podría salvarte, infeliz desgraciado?
"Who do you think could save you, unhappy wretch?"
Pinocho se quedó helado de terror al oír la voz
Pinocchio froze with terror at the voice
—¿Quién habla? —preguntó Pinocho por fin
"Who is speaking?" asked Pinocchio, finally
"¡Soy yo! Soy un pobre atún"
"It is I! I am a poor Tunny Fish"
"Fui tragado por el Pez-Perro junto contigo"
"I was swallowed by the Dog-Fish along with you"
—¿Y qué pez eres?
"And what fish are you?"
"No tengo nada en común con los peces"
"I have nothing in common with fish"
"Soy una marioneta", añadió Pinocho
"I am a puppet," added Pinocchio
—Entonces, ¿por qué te dejaste tragar?
"Then why did you let yourself be swallowed?"
"No me dejé tragar"
"I didn't let myself be swallowed"
"¡Fue el monstruo que me tragó!"
"it was the monster that swallowed me!"
"Y ahora, ¿qué vamos a hacer aquí en la oscuridad?"
"And now, what are we to do here in the dark?"
"No hay mucho que podamos hacer más que resignarnos"
"there's not much we can do but to resign ourselves"

"y ahora esperamos a que el Pez-Perro nos haya digerido"
"and now we wait until the Dog-Fish has digested us"
"¡Pero no quiero que me digieran!", aulló Pinocho
"But I do not want to be digested!" howled Pinocchio
Y se puso a llorar de nuevo
and he began to cry again
"Tampoco quiero que me digieran", agregó el Atún
"Neither do I want to be digested," added the Tunny Fish
"pero soy lo bastante filósofo como para consolarme"
"but I am enough of a philosopher to console myself"
"cuando uno nace un atún se le puede dar sentido a la vida"
"when one is born a Tunny Fish life can be made sense of"
"Es más digno morir en el agua que en el aceite"
"it is more dignified to die in the water than in oil"
"¡Todo eso es una tontería!", exclamó Pinocho
"That is all nonsense!" cried Pinocchio
-Es mi opinión -replicó el Atún-
"It is my opinion," replied the Tunny Fish
"Y las opiniones deben ser respetadas"
"and opinions ought to be respected"
"eso es lo que dicen los atunes políticos"
"that is what the political Tunny Fish say"
"En resumen, quiero irme de aquí"
"To sum it all up, I want to get away from here"
"Quiero escapar".
"I do want to escape."
"¡Escapa, si puedes!"
"Escape, if you are able!"
—**¿Es muy grande este pez-perro que nos ha tragado?**
"Is this Dog-Fish who has swallowed us very big?"
"¿Grande? Hijo mío, solo te lo puedes imaginar"
"Big? My boy, you can only imagine"
"Su cuerpo mide dos millas de largo sin contar su cola"
"his body is two miles long without counting his tail"
Mantuvieron esta conversación en la oscuridad durante algún tiempo
they held this conversation in the dark for some time

Finalmente, los ojos de Pinocho se adaptaron a la oscuridad
eventually Pinocchio's eyes adjusted to the darkness
Pinocho creyó ver una luz a lo lejos
Pinocchio thought that he saw a light a long way off
"¿Qué es esa lucecita que veo a lo lejos?"
"What is that little light I see in the distance?"
"Lo más probable es que sea algún compañero de infortunio"
"It is most likely some companion in misfortune"
"Él, como nosotros, está esperando a ser digerido"
"he, like us, is waiting to be digested"
"Iré a buscarlo"
"I will go and find him"
"Tal vez sea un pez viejo que sabe cómo moverse"
"perhaps it is an old fish that knows his way around"
"Espero que así sea, de todo corazón, querido títere"
"I hope it may be so, with all my heart, dear puppet"
"Adiós, atún" - "Adiós, marioneta"
"Good-bye, Tunny Fish" - "Good-bye, puppet"
"Y te deseo buena suerte"
"and I wish a good fortune to you"
—¿Dónde nos volveremos a encontrar?
"Where shall we meet again?"
"¿Quién puede ver tales cosas en el futuro?"
"Who can see such things in the future?"
"¡Es mejor ni siquiera pensar en eso!"
"It is better not even to think of it!"

Una feliz sorpresa para Pinocho
A Happy Surprise for Pinocchio

Pinocho se despidió de su amigo el Atún
Pinocchio said farewell to his friend the Tunny Fish
y comenzó a andar a tientas a través del Pez-Perro
and he began to grope his way through the Dog-Fish
Dio pequeños pasos en dirección a la luz
he took small steps in the direction of the light

la pequeña luz que brilla tenuemente a gran distancia
the small light shining dimly at a great distance
Cuanto más avanzaba, más brillante se volvía la luz
the farther he advanced the brighter became the light
Y caminó y caminó hasta que al fin lo alcanzó
and he walked and walked until at last he reached it
Y cuando llegó a la luz, ¿qué encontró?
and when he reached the light, what did he find?
Te dejaré tener mil y una conjeturas
I will let you have a thousand and one guesses
Lo que encontró fue una mesita preparada
what he found was a little table all prepared
Sobre la mesa había una vela encendida en una botella verde
on the table was a lighted candle in a green bottle
y sentado a la mesa había un viejecito
and seated at the table was a little old man
El viejecito estaba comiendo un poco de pescado vivo
the little old man was eating some live fish
y los pececillos vivos estaban muy vivos
and the little live fish were very much alive
Algunos de los pececillos incluso saltaron de su boca
some of the little fish even jumped out of his mouth
al ver esto, Pinocho se llenó de felicidad
at this sight Pinocchio was filled with happiness
Llegó a delirar casi de una alegría inesperada
he became almost delirious with unexpected joy
Quería reír y llorar al mismo tiempo
He wanted to laugh and cry at the same time
Quería decir mil cosas a la vez
he wanted to say a thousand things at once
pero todo lo que atinó a decir fueron unas pocas palabras confusas
but all he managed were a few confused words
Al fin logró lanzar un grito de alegría
At last he succeeded in uttering a cry of joy
Y rodeó con su brazo al viejecito
and he threw his arm around the little old man

"¡Oh, mi querido papá!", gritó de alegría
"Oh, my dear papa!" he shouted with joy
-¡Por fin te he encontrado! -exclamó Pinocho-
"I have found you at last!" cried Pinocchio
"Nunca, nunca, nunca, nunca te dejaré otra vez"
"I will never never never never leave you again"
El viejecito tampoco podía creerlo
the little old man couldn't believe it either
"¿Mis ojos dicen la verdad?", dijo
"are my eyes telling the truth?" he said
y se frotó los ojos para asegurarse de que
and he rubbed his eyes to make sure
—¿Entonces eres realmente mi querido Pinocho?
"then you are really my dear Pinocchio?"
"¡Sí, sí, soy Pinocho, realmente lo soy!"
"Yes, yes, I am Pinocchio, I really am!"
—Y tú me has perdonado, ¿verdad?
"And you have forgiven me, have you not?"
"¡Oh, mi querido papá, qué bueno eres!"
"Oh, my dear papa, how good you are!"
"Y pensar en lo mal que he sido contigo"
"And to think how bad I've been to you"
"pero si supieras por lo que he pasado"
"but if you only knew what I've gone through"
"todas las desgracias que he tenido se derramaron sobre mí"
"all the misfortunes I've had poured on me"
—¡Y todas las demás cosas que me han sucedido!
"and all the other things that have befallen me!"
"Oh, piensa en el día en que vendiste tu chaqueta"
"oh think back to the day you sold your jacket"
"Oh, debes haber tenido un frío terrible"
"oh you must have been terribly cold"
"Pero lo hiciste para comprarme un libro de ortografía"
"but you did it to buy me a spelling book"
"para poder estudiar como los demás chicos"
"so that I could study like the other boys"
"pero en lugar de eso me escapé para ver el espectáculo de

títeres"
"but instead I escaped to see the puppet show"
"Y el showman quería ponerme en el fuego"
"and the showman wanted to put me on the fire"
"para que yo pudiera asarle el cordero"
"so that I could roast his mutton for him"
"Pero luego el mismo showman me dio cinco monedas de oro"
"but then the same showman gave me five gold pieces"
"Quería que te diera el oro"
"he wanted me to give you the gold"
"pero entonces conocí al Zorro y al Gato"
"but then I met the Fox and the Cat"
"Y me llevaron a la posada de La Cangrejo Rojo"
"and they took me to the inn of The Red Craw-Fish"
"Y en la posada comieron como lobos hambrientos"
"and at the inn they ate like hungry wolves"
"Y me fui solo en medio de la noche"
"and I left by myself in the middle of the night"
"y me encontré con asesinos que corrieron detrás de mí"
"and I encountered assassins who ran after me"
"Y huí de los asesinos"
"and I ran away from the assassins"
"Pero los asesinos me siguieron igual de rápido"
"but the assassins followed me just as fast"
"Y huí de ellos lo más rápido que pude"
"and I ran away from them as fast as I could"
"pero siempre me seguían por muy rápido que corriera"
"but they always followed me however fast I ran"
"Y seguí corriendo para alejarme de ellos"
"and I kept running to get away from them"
"Pero al final me atraparon"
"but eventually they caught me after all"
"y me colgaron de una rama de un Roble Grande"
"and they hung me to a branch of a Big Oak"
"pero luego estaba el hermoso Niño de cabellos azules"
"but then there was the beautiful Child with blue hair"

"Envió un carruaje a buscarme"
"she sent a little carriage to fetch me"
"Y todos los médicos me miraron bien"
"and the doctors all had a good look at me"
"E inmediatamente hicieron el mismo diagnóstico"
"and they immediately made the same diagnosis"
"Si no está muerto, es una prueba de que sigue vivo"
"If he is not dead, it is a proof that he is still alive"
"y luego, por casualidad, dije una mentira"
"and then by chance I told a lie"
"Y mi nariz empezó a crecer y a crecer y a crecer"
"and my nose began to grow and grow and grow"
"y pronto ya no pude pasar por la puerta"
"and soon I could no longer get through the door"
"así que volví con el Zorro y el Gato"
"so I went again with the Fox and the Cat"
"Y juntos enterramos las cuatro piezas de oro"
"and together we buried the four gold pieces"
"porque una pieza de oro me la había gastado en la posada"
"because one piece of gold I had spent at the inn"
"y el loro empezó a reírse de mí"
"and the Parrot began to laugh at me"
"Y no había dos mil piezas de oro"
"and there were not two thousand pieces of gold"
"Ya no había piezas de oro"
"there were no pieces of gold at all anymore"
"así que fui al juez de la ciudad para decírselo"
"so I went to the judge of the town to tell him"
"Dijo que me habían robado y me metió en la cárcel"
"he said I had been robbed, and put me in prison"
"mientras escapaba vi un hermoso racimo de uvas"
"while escaping I saw a beautiful bunch of grapes"
"pero en el campo me atraparon en una trampa"
"but in the field I was caught in a trap"
"Y el campesino tenía todo el derecho de atraparme"
"and the peasant had every right to catch me"
"Me puso un collar de perro alrededor del cuello"

"he put a dog-collar round my neck"
"Y me hizo el perro guardián del corral"
"and he made me the guard dog of the poultry-yard"
"Pero él reconoció mi inocencia y me dejó ir"
"but he acknowledged my innocence and let me go"
"y la Serpiente de la cola humeante se echó a reír"
"and the Serpent with the smoking tail began to laugh"
"pero la Serpiente se rió hasta que rompió un vaso sanguíneo"
"but the Serpent laughed until he broke a blood-vessel"
"y así volví a la casa del hermoso Niño"
"and so I returned to the house of the beautiful Child"
"pero entonces el hermoso Niño estaba muerto"
"but then the beautiful Child was dead"
"y la Paloma pudo ver que estaba llorando"
"and the Pigeon could see that I was crying"
"Y la Paloma dijo: 'He visto a tu padre'"
"and the Pigeon said, 'I have seen your father'"
"Estaba construyendo un barquito para buscarte"
'he was building a little boat to search of you'
"Y yo le dije: '¡Oh! si yo también tuviera alas'".
"and I said to him, 'Oh! if I also had wings,'"
"Y él me dijo: '¿Quieres ver a tu padre?'"
"and he said to me, 'Do you want to see your father?'"
"Y yo dije: '¡Sin duda me gustaría verlo!'".
"and I said, 'Without doubt I would like to see him!'"
"'Pero, ¿quién me llevará a él?' Le pregunté"
"'but who will take me to him?' I asked"
"Y él me dijo: 'Te llevaré'".
"and he said to me, 'I will take you,'"
"Y yo le dije: '¿Cómo me vas a llevar?'".
"and I said to him, 'How will you take me?'"
"Y me dijo: 'Súbete a mi espalda'".
"and he said to me, 'Get on my back,'"
"Y así volamos toda esa noche"
"and so we flew through all that night"
"Y luego, por la mañana, estaban todos los pescadores"

"and then in the morning there were all the fishermen"
"Y los pescadores miraban hacia el mar"
"and the fishermen were looking out to sea"
"Y uno me dijo: 'Hay un pobre en una barca'"
"and one said to me, 'There is a poor man in a boat'"
"Está a punto de ahogarse"
"he is on the point of being drowned"
"Y te reconocí de inmediato, incluso a esa distancia
"and I recognized you at once, even at that distance
"Porque mi corazón me dijo que eras tú"
"because my heart told me that it was you"
"E hice señas para que volvieras a tierra"
"and I made signs so that you would return to land"
—Yo también te reconocí —dijo Geppetto—
"I also recognized you," said Geppetto
"Y de buena gana habría regresado a la orilla"
"and I would willingly have returned to the shore"
—¿Pero qué iba a hacer yo tan lejos en el mar?
"but what was I to do so far out at sea?"
"El mar estaba tremendamente furioso ese día"
"The sea was tremendously angry that day"
"Y una gran ola se acercó y volcó mi barco"
"and a great wave came over and upset my boat"
"Entonces vi al horrible Dog-Fish"
"Then I saw the horrible Dog-Fish"
"Y el horrible Pez-Perro también me vio"
"and the horrible Dog-Fish saw me too"
"y así vino a mí el horrible Pez-Perro"
"and so the horrible Dog-Fish came to me"
"Y sacó la lengua y me tragó"
"and he put out his tongue and swallowed me"
"como si hubiera sido una tarquita de manzana"
"as if I had been a little apple tart"
—¿Y cuánto tiempo llevas encerrado aquí?
"And how long have you been shut up here?"
"Ese día debe haber sido hace casi dos años"
"that day must have been nearly two years ago"

—Dos años, mi querido Pinocho —dijo—
"two years, my dear Pinocchio," he said
"¡Esos dos años parecieron dos siglos!"
"those two years seemed like two centuries!"
—¿Y cómo te las has arreglado para vivir?
"And how have you managed to live?"
—¿Y de dónde sacaste la vela?
"And where did you get the candle?"
"¿Y de dónde son los fósforos para la vela?
"And from where are the matches for the candle?
"Detente y te lo diré todo"
"Stop, and I will tell you everything"
"No fui el único en el mar ese día"
"I was not the only one at sea that day"
"La tormenta también había trastornado un buque mercante"
"the storm had also upset a merchant vessel"
"Todos los marineros del buque se salvaron"
"the sailors of the vessel were all saved"
"Pero la carga del buque se hundió hasta el fondo"
"but the cargo of the vessel sunk to the bottom"
"el Pez-Perro tenía un excelente apetito ese día"
"the Dog-Fish had an excellent appetite that day"
"Después de tragarme, se tragó la vasija"
"after swallowing me he swallowed the vessel"
—¿Cómo se tragó toda la vasija?
"How did he swallow the entire vessel?"
"Se tragó todo el bote de un bocado"
"He swallowed the whole boat in one mouthful"
"Lo único que escupió fue el mástil"
"the only thing that he spat out was the mast"
"Se le había clavado entre los dientes como una espina de pescado"
"it had stuck between his teeth like a fish-bone"
"Afortunadamente para mí, el buque estaba completamente cargado"
"Fortunately for me, the vessel was fully laden"
"Había carnes en conserva en latas, galletas"

"there were preserved meats in tins, biscuit"
"Y había botellas de vino y pasas secas"
"and there were bottles of wine and dried raisins"
"Y comí queso, café y azúcar"
"and I had cheese and coffee and sugar"
"Y con las velas había cajas de fósforos"
"and with the candles were boxes of matches"
"Con esto he podido vivir dos años"
"With this I have been able to live for two years"
"Pero he llegado al final de mis recursos"
"But I have arrived at the end of my resources"
"No queda nada en la despensa"
"there is nothing left in the larder"
"Y esta vela es la última que queda"
"and this candle is the last that remains"
—¿Y después de eso, qué haremos?
"And after that what will we do?"
—¡Oh, mi querido muchacho, Pinocho! —exclamó—
"oh my dear boy, Pinocchio," he cried
"Después de eso, ambos permaneceremos en la oscuridad"
"After that we shall both remain in the dark"
"Entonces, querido papá, no hay tiempo que perder"
"Then, dear little papa there is no time to lose"
"Hay que pensar en una forma de escapar"
"We must think of a way of escaping"
"¿Qué forma de escapar se nos ocurre?"
"what way of escaping can we think of?"
"Tenemos que escapar por la boca del Pez-Perro"
"We must escape through the mouth of the Dog-Fish"
"Hay que tirarse al mar y alejarse nadando"
"we must throw ourselves into the sea and swim away"
"Hablas bien, mi querido Pinocho"
"You talk well, my dear Pinocchio"
"pero no sé nadar"
"but I don't know how to swim"
"¿Qué importa eso?", replicó Pinocho
"What does that matter?" replied Pinocchio

"Soy un buen nadador", sugirió
"I am a good swimmer," he suggested
"Puedes subirte a mis hombros"
"you can get on my shoulders"
"Y te llevaré sano y salvo a la orilla"
"and I will carry you safely to shore"
-¡Todo son ilusiones, hijo mío! -replicó Geppetto-
"All illusions, my boy!" replied Geppetto
Y sacudió la cabeza con una sonrisa melancólica
and he shook his head with a melancholy smile
"mi querido Pinocho, apenas mides un metro de altura"
"my dear Pinocchio, you are scarcely a yard high"
"¿Cómo pudiste nadar conmigo sobre tus hombros?"
"how could you swim with me on your shoulders?"
"¡Pruébalo y verás!", respondió Pinocho
"Try it and you will see!" replied Pinocchio
Sin decir una palabra más, Pinocho tomó la vela
Without another word Pinocchio took the candle
"Sígueme y no tengas miedo"
"Follow me, and don't be afraid"
y caminaron un buen rato por el Dog-Fish
and they walked for some time through the Dog-Fish
Caminaron todo el camino a través del estómago
they walked all the way through the stomach
y allí comenzaba la garganta del Pez-Perro
and they were where the Dog-Fish's throat began
Y aquí pensaron que era mejor que se detuvieran
and here they thought they should better stop
y pensaron en el mejor momento para escapar
and they thought about the best moment for escaping
Ahora bien, debo decirte que el Pez-Perro era muy viejo
Now, I must tell you that the Dog-Fish was very old
y sufría de asma y palpitaciones cardíacas
and he suffered from asthma and heart palpitations
por lo que se vio obligado a dormir con la boca abierta
so he was obliged to sleep with his mouth open
y a través de su boca podían ver el cielo estrellado

and through his mouth they could see the starry sky
y el mar estaba iluminado por la hermosa luz de la luna
and the sea was lit up by beautiful moonlight
Pinocho se volvió cuidadosa y silenciosamente hacia su padre
Pinocchio carefully and quietly turned to his father
"Este es el momento de escapar", le susurró
"This is the moment to escape," he whispered to him
"el Pez-Perro está durmiendo como un lirón"
"the Dog-Fish is sleeping like a dormouse"
"El mar está en calma y es tan claro como el día"
"the sea is calm, and it is as light as day"
"Sígueme, querido papá", le dijo
"follow me, dear papa," he told him
"Y dentro de poco tiempo estaremos a salvo"
"and in a short time we shall be in safety"
treparon por la garganta del monstruo marino
they climbed up the throat of the sea-monster
y pronto llegaron a su inmensa boca
and soon they reached his immense mouth
Así que comenzaron a caminar de puntillas por su lengua
so they began to walk on tiptoe down his tongue
Estaban a punto de dar el salto definitivo
they were about to make the final leap
El títere se volvió hacia su padre
the puppet turned around to his father
—Súbete a mis hombros, querido papá —susurró—
"Get on my shoulders, dear Papa," he whispered
"Y pon tus brazos alrededor de mi cuello"
"and put your arms tightly around my neck"
"Yo me encargaré del resto", prometió
"I will take care of the rest," he promised
pronto Geppetto se asentó firmemente sobre los hombros de su hijo
soon Geppetto was firmly settled on his son's shoulders
Pinocho se tomó un momento para armarse de valor
Pinocchio took a moment to build up courage

y luego se tiró al agua
and then he threw himself into the water
y comenzó a nadar lejos del Pez-Perro
and began to swim away from the Dog-Fish
El mar estaba tan suave como el petróleo
The sea was as smooth as oil
La luna brillaba intensamente en el cielo
the moon shone brilliantly in the sky
y el Pez-Perro estaba profundamente dormido
and the Dog-Fish was in deep sleep
Ni siquiera los cañones lo habrían despertado
even cannons wouldn't have awoken him

Pinocho por fin deja de ser una marioneta y se convierte en un niño

Pinocchio at last Ceases to be a Puppet and Becomes a Boy

Pinocho nadaba rápidamente hacia la orilla
Pinocchio was swimming quickly towards the shore
Geppetto tenía las piernas sobre los hombros de su hijo
Geppetto had his legs on his son's shoulders
pero Pinocho descubrió que su padre temblaba
but Pinocchio discovered his father was trembling
Estaba temblando de frío como si tuviera fiebre
he was shivering from cold as if in a fever
Pero el frío no era la única causa de su temblor
but cold was not the only cause of his trembling
Pinocho pensaba que la causa del temblor era el miedo
Pinocchio thought the cause of the trembling was fear
y el Títere trató de consolar a su padre
and the Puppet tried to comfort his father
—¡Ánimo, papá! ¿Ves lo bien que sé nadar?"
"Courage, papa! See how well I can swim?"
"En unos minutos estaremos a salvo en tierra"
"In a few minutes we shall be safely on shore"
Pero su padre tenía un punto de vista más alto

but his father had a higher vantage point
"Pero, ¿dónde está esta bendita orilla?"
"But where is this blessed shore?"
Y se asustó aún más
and he became even more frightened
y entornó los ojos como un sastre
and he screwed up his eyes like a tailor
cuando enhebran una cuerda a través de una aguja
when they thread string through a needle
"He estado mirando en todas direcciones"
"I have been looking in every direction"
"y no veo más que el cielo y el mar"
"and I see nothing but the sky and the sea"
—Pero yo también veo la orilla —dijo el títere—
"But I see the shore as well," said the puppet
"Debes saber que soy como un gato"
"You must know that I am like a cat"
"Veo mejor de noche que de día"
"I see better by night than by day"
El pobre Pinocho estaba fingiendo
Poor Pinocchio was making a pretence
Intentaba mostrar optimismo
he was trying to show optimism
pero en realidad empezaba a sentirse desanimado
but in reality he was beginning to feel discouraged
Sus fuerzas le estaban fallando rápidamente
his strength was failing him rapidly
y jadeaba y jadeaba para respirar
and he was gasping and panting for breath
Ya no podía nadar mucho más
He could not swim much further anymore
y la orilla estaba aún lejos
and the shore was still far off
Nadó hasta que se quedó sin aliento
He swam until he had no breath left
y luego volvió la cabeza hacia Geppetto
and then he turned his head to Geppetto

"¡Papá, ayúdame, me estoy muriendo!", dijo
"Papa, help me, I am dying!" he said
El padre y el hijo estaban a punto de ahogarse
The father and son were on the point of drowning
pero escucharon una voz como una guitarra desafinada
but they heard a voice like an out of tune guitar
"¿Quién es el que se está muriendo?", dijo la voz
"Who is it that is dying?" said the voice
—¡Soy yo y mi pobre padre!
"It is I, and my poor father!"
"¡Conozco esa voz! ¡Tú eres Pinocho!".
"I know that voice! You are Pinocchio!"
"Precisamente; ¿Y tú?", preguntó Pinocho
"Precisely; and you?" asked Pinocchio
"Yo soy el Pez Atún", dijo su compañero de prisión
"I am the Tunny Fish," said his prison companion
"nos conocimos en el cuerpo del Pez-Perro"
"we met in the body of the Dog-Fish"
—¿Y cómo lograste escapar?
"And how did you manage to escape?"
"Seguí tu ejemplo"
"I followed your example"
"Me enseñaste el camino"
"You showed me the road"
"Y escapé detrás de ti"
"and I escaped after you"
"¡Atún, has llegado en el momento adecuado!"
"Tunny Fish, you have arrived at the right moment!"
"Te imploro que nos ayudes o estamos muertos"
"I implore you to help us or we are dead"
"Te ayudaré de buena gana con todo mi corazón"
"I will help you willingly with all my heart"
"Debéis agarrarme de la cola"
"You must, both of you, take hold of my tail"
"Déjame a mí que te guíe
"leave it to me to guide you
"Los llevaré a los dos a la orilla en cuatro minutos"

"I will take you both on shore in four minutes"
No hace falta que te diga lo felices que estaban
I don't need to tell you how happy they were
Geppetto y Pinocho aceptaron la oferta de inmediato
Geppetto and Pinocchio accepted the offer at once
Pero agarrar la cola no era lo más cómodo
but grabbing the tail was not the most comfortable
así que se subieron a la espalda del Pez Atún
so they got on the Tunny Fish's back

De hecho, el atún tardó solo cuatro minutos
The Tunny Fish did indeed take only four minutes
Pinocho fue el primero en saltar a la tierra
Pinocchio was the first to jump onto the land
De esa manera podría ayudar a su padre a dejar de pescar
that way he could help his father off the fish
Luego se volvió hacia su amigo el Atún
He then turned to his friend the Tunny Fish
"Amigo mío, le has salvado la vida a mi papá"
"My friend, you have saved my papa's life"
La voz de Pinocho estaba llena de emociones profundas
Pinocchio's voice was full of deep emotions
"No encuentro palabras con las que agradecerte debidamente"
"I can find no words with which to thank you properly"
"Permíteme al menos darte un beso"
"Permit me at least to give you a kiss"
"¡Es un signo de mi eterna gratitud!"
"it is a sign of my eternal gratitude!"
El Atún sacó la cabeza del agua
The Tunny put his head out of the water
y Pinocho se arrodilló en el borde de la orilla
and Pinocchio knelt on the edge of the shore
y lo besó tiernamente en la boca
and he kissed him tenderly on the mouth
El Pez Atún no estaba acostumbrado a un afecto tan cálido
The Tunny Fish was not used to such warm affection
Se sintió muy conmovido, pero también avergonzado
he felt both very touched, but also ashamed
porque se había puesto a llorar como un niño pequeño
because he had started crying like a small child
y se sumergió de nuevo en el agua y desapareció
and he plunged back into the water and disappeared
A esa hora ya había amanecido
By this time the day had dawned
A Geppetto apenas le quedaba aliento para mantenerse en pie

Geppetto had scarcely breath to stand
"Apóyate en mi brazo, querido papá, y vámonos"
"Lean on my arm, dear papa, and let us go"
"Caminaremos muy despacio, como las hormigas"
"We will walk very slowly, like the ants"
"Y cuando estemos cansados podemos descansar en el camino"
"and when we are tired we can rest by the wayside"
—¿Y adónde iremos? —preguntó Geppetto
"And where shall we go?" asked Geppetto
"Busquemos alguna casa o cabaña"
"let us search for some house or cottage"
"Allí nos darán un poco de caridad"
"there they will give us some charity"
"Tal vez recibamos un bocado de pan"
"perhaps we will receive a mouthful of bread"
"Y un poco de paja para que sirva de cama"
"and a little straw to serve as a bed"
Pinocho y su padre no habían caminado mucho
Pinocchio and his father hadn't walked very far
Habían visto a dos individuos de aspecto malvado
they had seen two villainous-looking individuals
el Gato y el Zorro estaban en el camino pidiendo limosna
the Cat and the Fox were at the road begging

pero apenas eran reconocibles
but they were scarcely recognizable
la Gata había fingido ceguera toda su vida
the Cat had feigned blindness all her life
Y ahora se quedó ciega en la realidad
and now she became blind in reality
y un destino similar debió de correr el Zorro
and a similar fate must have met the Fox
Su pelaje se había vuelto viejo y sarnoso
his fur had gotten old and mangy
Uno de sus lados estaba paralizado
one of his sides was paralyzed
y no le quedaba ni la cola
and he had not even his tail left
Había caído en la más miserable de las miserias
he had fallen in the most squalid of misery
y un buen día se vio obligado a vender su cola
and one fine day he was obliged to sell his tail
Un vendedor ambulante compró su hermosa cola
a travelling peddler bought his beautiful tail
y ahora su cola se usaba para ahuyentar moscas
and now his tail was used for chasing away flies
-¡Oh, Pinocho! -exclamó el zorro-
"Oh, Pinocchio!" cried the Fox
"Dar un poco de caridad a dos pobres enfermos"
"give a little in charity to two poor, infirm people"
—Gente enferma —repitió el Gato—
"Infirm people," repeated the Cat
"¡Váyanse, impostores!", respondió el títere
"Be gone, impostors!" answered the puppet
"Me engañaste una vez con tus trucos"
"You fooled me once with your tricks"
"Pero nunca me volverás a atrapar"
"but you will never catch me again"
"Esta vez debes creernos, Pinocho"
"this time you must believe us, Pinocchio"
"¡Ahora somos pobres y desafortunados!"

"we are now poor and unfortunate indeed!"
"Si eres pobre, te lo mereces"
"If you are poor, you deserve it"
y Pinocho les pidió que recordaran un proverbio
and Pinocchio asked them to recollect a proverb
"El dinero robado nunca fructifica"
"Stolen money never fructifies"
"¡Váyanse, impostores!", les dijo
"Be gone, impostors!" he told them
Y Pinocho y Geppetto siguieron su camino en paz
And Pinocchio and Geppetto went their way in peace
Pronto habían recorrido otros cien metros
soon they had gone another hundred yards
Vieron un camino que se adentraba en un campo
they saw a path going into a field
y en el campo vieron una bonita choza
and in the field they saw a nice little hut
La choza estaba hecha de tejas, paja y ladrillos
the hut was made from tiles and straw and bricks
"Esa choza debe estar habitada por alguien"
"That hut must be inhabited by someone"
"Vamos a llamar a la puerta"
"Let us go and knock at the door"
Así que fueron y llamaron a la puerta
so they went and knocked at the door
De la choza salió una vocecita
from in the hut came a little voice
"¿Quién está ahí?", preguntó la vocecita
"who is there?" asked the little voice
Pinocho respondió a la vocecita
Pinocchio answered to the little voice
"Somos un padre y un hijo pobres"
"We are a poor father and son"
"Estamos sin pan y sin techo"
"we are without bread and without a roof"
La misma vocecita volvió a hablar:
the same little voice spoke again:

"Gira la llave y la puerta se abrirá"
"Turn the key and the door will open"
Pinocho giró la llave y la puerta se abrió
Pinocchio turned the key and the door opened
Entraron y miraron a su alrededor
They went in and looked around
Miraban por aquí, por allá y por todas partes
they looked here, there, and everywhere
pero no pudieron ver a nadie en la choza
but they could see no one in the hut
Pinocho se sorprendió mucho de que la cabaña estuviera vacía
Pinocchio was much surprised the hut was empty
—¡Oh! ¿Dónde está el dueño de la casa?"
"Oh! where is the master of the house?"
-¡Aquí estoy, aquí arriba! -dijo la vocecita-
"Here I am, up here!" said the little voice
El padre y el hijo miraron hacia el techo
The father and son looked up to the ceiling
y en una viga vieron al pequeño grillo parlante
and on a beam they saw the talking little Cricket
-¡Oh, mi querido grillo! -exclamó Pinocho-
"Oh, my dear little Cricket!" said Pinocchio
y Pinocho se inclinó cortésmente ante el pequeño Grillo
and Pinocchio bowed politely to the little Cricket
—¡Ah! ahora me llamas tu querido Grillo"
"Ah! now you call me your dear little Cricket"
—¿Pero recuerdas cuándo nos conocimos?
"But do you remember when we first met?"
"Querías que me fuera de tu casa"
"you wanted me gone from your house"
"Y me tiraste el mango de un martillo"
"and you threw the handle of a hammer at me"
"¡Tienes razón, pequeño Grillo! ¡Ahuyentadme a mí también!"
"You are right, little Cricket! Chase me away also!"
"Tírame el mango de un martillo"

"Throw the handle of a hammer at me"
"Pero, por favor, ten piedad de mi pobre papá"
"but please, have pity on my poor papa"
"Tendré piedad tanto del padre como del hijo"
"I will have pity on both father and son"
"pero quería recordarte mis malos tratos"
"but I wished to remind you my ill treatment"
"los malos tratos que recibí de ti"
"the ill treatment I received from you"
"pero hay una lección que quiero que aprendas"
"but there's a lesson I want you to learn"
"La vida en este mundo no siempre es fácil"
"life in this world is not always easy"
"Cuando sea posible, debemos ser corteses con todos"
"when possible, we must be courteous to everyone"
"Solo así podemos esperar recibir cortesía"
"only so can we expect to receive courtesy"
"Porque nunca sabemos cuándo podemos estar necesitados"
"because we never know when we might be in need"
"Tienes razón, pequeño Grillo, tienes razón"
"You are right, little Cricket, you are right"
"Y tendré presente la lección que me has enseñado"
"and I will bear in mind the lesson you have taught me"
"Pero cuéntame cómo te las arreglaste para comprar esta hermosa cabaña"
"But tell me how you managed to buy this beautiful hut"
"Esta cabaña me la regalaron ayer"
"This hut was given to me yesterday"
"El dueño de la choza era una cabra"
"the owner of the hut was a goat"
"Y tenía lana de un hermoso color azul"
"and she had wool of a beautiful blue colour"
Pinocho se animó y sintió curiosidad por esta noticia
Pinocchio grew lively and curious at this news
"¿Y dónde se ha ido la cabra?", preguntó Pinocho
"And where has the goat gone?" asked Pinocchio
"No sé a dónde se ha ido"

"I do not know where she has gone"
"¿Y cuándo volverá la cabra?", preguntó Pinocho
"And when will the goat come back?" asked Pinocchio
"oh, me temo que nunca volverá"
"oh she will never come back, I'm afraid"
"Ayer se fue con gran dolor"
"she went away yesterday in great grief"
"Su balido parecía querer decir algo"
"her bleating seemed to want to say something"
"¡Pobre Pinocho! Nunca lo volveré a ver"
"Poor Pinocchio! I shall never see him again"
—¡A estas alturas el Pez-Perro debe haberlo devorado!
"by now the Dog-Fish must have devoured him!"
—¿De verdad dijo eso la cabra?
"Did the goat really say that?"
"Entonces fue ella, la cabra azul"
"Then it was she, the blue goat"
-Era mi querida hada -exclamó Pinocho-
"It was my dear little Fairy," exclaimed Pinocchio
y lloró y sollozó amargas lágrimas
and he cried and sobbed bitter tears
Después de haber llorado durante algún tiempo, se secó los ojos
When he had cried for some time he dried his eyes
y preparó un cómodo lecho de paja para Geppetto
and he prepared a comfortable bed of straw for Geppetto
Luego le pidió más ayuda al Grillo
Then he asked the Cricket for more help
"Dime, pequeño Grillo, por favor"
"Tell me, little Cricket, please"
"¿Dónde puedo encontrar un vaso de leche?"
"where can I find a tumbler of milk"
"Mi pobre papá no ha comido en todo el día"
"my poor papa has not eaten all day"
"A tres campos de aquí vive un jardinero"
"Three fields from here there lives a gardener"
"el jardinero se llama Giangio"

"the gardener is called Giangio"
"Y en su huerto también tiene vacas"
"and in his garden he also has cows"
"Te dejará tener la leche que quieras"
"he will let you have the milk you want"
Pinocho corrió hasta la casa de Giangio
Pinocchio ran all the way to Giangio's house
Y el jardinero le preguntó:
and the gardener asked him:
"¿Cuánta leche quieres?"
"How much milk do you want?"
—Quiero un vaso lleno —respondió Pinocho—
"I want a tumblerful," answered Pinocchio
"Un vaso de leche cuesta cinco céntimos"
"A tumbler of milk costs five cents"
"Empieza por darme los cinco centavos"
"Begin by giving me the five cents"
-No tengo ni un céntimo -replicó Pinocho-
"I have not even one cent," replied Pinocchio
y se entristeció de estar tan desprovisto de un centavo
and he was grieved from being so penniless
-Eso es malo, marioneta -respondió el jardinero-
"That is bad, puppet," answered the gardener
"Si tú no tienes ni un céntimo, yo no tengo ni una gota de leche"
"If you have not one cent, I have not a drop of milk"
"¡Debo tener paciencia!", dijo Pinocho
"I must have patience!" said Pinocchio
Y se dio la vuelta para volver a ir
and he turned to go again
—Espera un poco —dijo Giangio—
"Wait a little," said Giangio
"Podemos llegar a un acuerdo juntos"
"We can come to an arrangement together"
—¿Te encargarás de hacer girar la máquina de bombeo?
"Will you undertake to turn the pumping machine?"
"¿Qué es la máquina de bombeo?"

"What is the pumping machine?"
"Es una especie de tornillo de madera"
"It is a kind of wooden screw"
"Sirve para sacar el agua de la cisterna"
"it serves to draw up the water from the cistern"
"Y luego riega las verduras"
"and then it waters the vegetables"
"Puedo intentar hacer girar la máquina de bombeo"
"I can try to turn the pumping machine"
"genial, necesito cien cubos de agua"
"great, I need a hundred buckets of water"
"Y por el trabajo conseguirás un vaso de leche"
"and for the work you'll get a tumbler of milk"
"Tenemos un acuerdo", confirmó Pinocho
"we have an agreement," confirmed Pinocchio
Giangio luego llevó a Pinocho al huerto
Giangio then led Pinocchio to the kitchen garden
y le enseñó a girar la máquina de bombeo
and he taught him how to turn the pumping machine
Pinocho inmediatamente comenzó a trabajar
Pinocchio immediately began to work
pero cien cubos de agua era mucho trabajo
but a hundred buckets of water was a lot of work
El sudor le salía de la cabeza
the perspiration was pouring from his head
Nunca antes había sufrido tanta fatiga
Never before had he undergone such fatigue
el jardinero vino a ver el progreso de Pinocho
the gardener came to see Pinocchio's progress
"Mi burrito solía hacer este trabajo"
"my little donkey used to do this work"
"Pero el pobre animal se está muriendo"
"but the poor animal is dying"
"¿Me llevarás a verlo?", dijo Pinocho
"Will you take me to see him?" said Pinocchio
"Claro, por favor ven a ver a mi burrito"
"sure, please come to see my little donkey"

Pinocho entró en el establo
Pinocchio went into the stable
y vio un burrito hermoso
and he saw a beautiful little donkey
pero el estaba tendido sobre la paja
but the donkey was stretched out on the straw
Estaba agotado por el hambre y el exceso de trabajo
he was worn out from hunger and overwork
Pinocho estaba muy preocupado por lo que vio
Pinocchio was much troubled by what he saw
"¡Estoy seguro de que conozco a este burrito!"
"I am sure I know this little donkey!"
"Su rostro no es nuevo para mí"
"His face is not new to me"
y Pinocho se acercó al burrito
and Pinocchio came closer to the little Donkey
Y le habló en lenguaje estúpido:
and he spoke to him in asinine language:
"¿Quién eres?", preguntó Pinocho
"Who are you?" asked Pinocchio
El burrito abrió sus ojos moribundos
the little donkey opened his dying eyes
Y él respondió con palabras entrecortadas en el mismo idioma:
and he answered in broken words in the same language:
"Yo... soy... Mecha de vela"
"I... am... Candle-wick"
Y, habiendo vuelto a cerrar los ojos, murió
And, having again closed his eyes, he died
-¡Oh, pobre mecha de la vela! -exclamó Pinocho-
"Oh, poor Candle-wick!" said Pinocchio
y tomó un puñado de paja
and he took a handful of straw
y se secó una lágrima rodando por su rostro
and he dried a tear rolling down his face
el jardinero había visto llorar a Pinocho
the gardener had seen Pinocchio cry

—¿Te duele la muerte de un burro?
"Do you grieve for a dead donkey?"
"Ni siquiera era tu burro"
"it was not even your donkey"
"Imagínate cómo debo sentirme"
"imagine how I must feel"
Pinocho trató de explicar su dolor
Pinocchio tried to explain his grief
"¡Debo decirte que era mi amigo!"
"I must tell you, he was my friend!"
"¿Tu amigo?", se preguntó el jardinero
"Your friend?" wondered the gardener
—¡Sí, uno de mis compañeros de escuela!
"yes, one of my school-fellows!"
—¿Cómo? —gritó Giangio, riendo a carcajadas
"How?" shouted Giangio, laughing loudly
—¿Tenías burros como compañeros de escuela?
"Did you have donkeys for school-fellows?"
"¡Puedo imaginar la maravillosa escuela a la que fuiste!"
"I can imagine the wonderful school you went to!"
El títere se sintió mortificado al oír estas palabras
The puppet felt mortified at these words
pero Pinocho no contestó al jardinero
but Pinocchio did not answer the gardener
Tomó su vaso de leche caliente
he took his warm tumbler of milk
Y volvió a la choza
and he returned back to the hut
Durante más de cinco meses se levantó al amanecer
for more than five months he got up at daybreak
Todas las mañanas giraba la máquina de bombeo
every morning he turned the pumping machine
y cada día ganaba un vaso de leche
and each day he earned a tumbler of milk
La leche fue de gran beneficio para su padre
the milk was of great benefit to his father
porque su padre estaba en mal estado de salud

because his father was in a bad state of health
pero Pinocho se contentaba ahora con trabajar
but Pinocchio was now satisfied with working
Durante el día todavía tenía tiempo
during the daytime he still had time
Así que aprendió a hacer canastas de juncos
so he learned to make baskets of rushes
y vendía las canastas en el mercado
and he sold the baskets in the market
y el dinero cubría todos sus gastos
and the money covered all their expenses
También construyó una pequeña y elegante silla de ruedas
he also constructed an elegant little wheel-chair
Y sacó a su padre en la silla de ruedas
and he took his father out in the wheel-chair
y su padre pudo respirar aire fresco
and his father got to breathe fresh air
Pinocho era un niño muy trabajador
Pinocchio was a hard working boy
Y era ingenioso para encontrar trabajo
and he was ingenious at finding work
No solo logró ayudar a su padre
he not only succeeded in helping his father
Pero también se las arregló para ahorrar cinco dólares
but he also managed to save five dollars
Una mañana le dijo a su padre:
One morning he said to his father:
"Voy al mercado vecino"
"I am going to the neighbouring market"
"Me compraré una chaqueta nueva"
"I will buy myself a new jacket"
"y compraré una gorra y un par de zapatos"
"and I will buy a cap and pair of shoes"
y Pinocho estaba de buen humor
and Pinocchio was in jolly spirits
"Cuando regrese pensarás que soy un caballero"
"when I return you'll think I'm a gentleman"

Y comenzó a correr alegre y feliz
And he began to run merrily and happily along
De repente oyó que lo llamaban por su nombre
All at once he heard himself called by name
Se dio la vuelta y ¿qué vio?
he turned around and what did he see?
vio un caracol que salía arrastrándose del seto
he saw a Snail crawling out from the hedge
—¿No me conoces? —preguntó el Caracol
"Do you not know me?" asked the Snail
"Estoy seguro de que te conozco", pensó Pinocho
"I'm sure I know you," thought Pinocchio
"Y sin embargo no sé de dónde te conozco"
"and yet I don't know from where I know you"
—¿No te acuerdas del Caracol?
"Do you not remember the Snail?"
"el Caracol que era doncella de una dama"
"the Snail who was a lady's-maid"
"una doncella del Hada con el pelo azul"
"a maid to the Fairy with blue hair"
—¿No te acuerdas de cuando llamaste a la puerta?
"Do you not remember when you knocked on the door?"
"Y bajé las escaleras para dejarte entrar"
"and I came downstairs to let you in"
"Y tenías el pie atrapado en la puerta"
"and you had your foot caught in the door"
—Lo recuerdo todo —gritó Pinocho—
"I remember it all," shouted Pinocchio
"Dímelo rápido, mi hermoso caracol"
"Tell me quickly, my beautiful little Snail"
—¿Dónde has dejado a mi buena Hada?
"where have you left my good Fairy?"
—¿Qué está haciendo?
"What is she doing?"
—¿Me ha perdonado?
"Has she forgiven me?"
—¿Todavía se acuerda de mí?

"Does she still remember me?"
—¿Todavía me desea lo mejor?
"Does she still wish me well?"
—¿Está lejos de aquí?
"Is she far from here?"
—¿Puedo ir a verla?
"Can I go and see her?"
Eran muchas preguntas para un caracol
these were a lot of questions for a snail
pero ella respondió con su habitual flema
but she replied in her usual phlegmatic manner
—**Mi querido Pinocho —dijo el caracol—**
"My dear Pinocchio," said the snail
"**¡La pobre Hada está acostada en la cama del hospital!**"
"the poor Fairy is lying in bed at the hospital!"
—**¿En el hospital? —exclamó Pinocho—**
"At the hospital?" cried Pinocchio
—**Es muy cierto —confirmó el caracol—**
"It is only too true," confirmed the snail
"**Le han sobrevenido mil desgracias**"
"she has been overtaken by a thousand misfortunes"
"**Ha caído gravemente enferma**"
"she has fallen seriously ill"
"**No tiene ni para comprarse un bocado de pan**"
"she has not even enough to buy herself a mouthful of bread"
"**¿Es realmente así?**", **se preocupó Pinocho**
"Is it really so?" worried Pinocchio
"**¡Oh, qué dolor me has dado!**"
"Oh, what sorrow you have given me!"
—**¡Oh, pobre Hada! ¡Pobre hada! ¡Pobre Hada!**
"Oh, poor Fairy! Poor Fairy! Poor Fairy!"
"**Si tuviera un millón, correría y se lo llevaría**"
"If I had a million I would run and carry it to her"
"**pero solo tengo cinco dólares**"
"but I have only five dollars"
"**Iba a comprarme una chaqueta nueva**"
"I was going to buy a new jacket"

"**Toma mis monedas, hermoso caracol**"
"Take my coins, beautiful Snail"
"**y lleva las monedas de una vez a mi buena Hada**"
"and carry the coins at once to my good Fairy"
—¿Y tu chaqueta nueva? —preguntó el caracol
"And your new jacket?" asked the snail
"**¿Qué importa mi nueva chaqueta?**"
"What matters my new jacket?"
"**Vendería hasta estos trapos para ayudarla**"
"I would sell even these rags to help her"
"**Ve, caracol, y date prisa**"
"Go, Snail, and be quick"
"**Vuelve a este lugar, en dos días**"
"return to this place, in two days"
"**Espero poder darte algo más de dinero**"
"I hope I can then give you some more money"
"**Hasta ahora trabajaba para ayudar a mi papá**"
"Up to now I worked to help my papa"
"**a partir de hoy trabajaré cinco horas más**"
"from today I will work five hours more"
"**para que yo también pueda ayudar a mi buena mamá**"
"so that I can also help my good mamma"
—Adiós, caracol —dijo—
"Good-bye, Snail," he said
"**Te espero dentro de dos días**"
"I shall expect you in two days"
En este punto, el caracol hizo algo inusual
at this point the snail did something unusual
No se movía a su ritmo habitual
she didn't move at her usual pace
Corrió como un lagarto a través de piedras calientes
she ran like a lizard across hot stones
Esa noche Pinocho se quedó despierto hasta la medianoche
That evening Pinocchio sat up till midnight
y no hizo ocho canastas de juncos
and he made not eight baskets of rushes
pero esa noche se hicieron dieciséis canastas de juncos

but be made sixteen baskets of rushes that night
Luego se fue a la cama y se durmió
Then he went to bed and fell asleep
Y mientras dormía pensaba en el Hada
And whilst he slept he thought of the Fairy
vio al Hada, sonriente y hermosa
he saw the Fairy, smiling and beautiful
y soñó que ella le daba un beso
and he dreamt she gave him a kiss
-¡Bien hecho, Pinocho! -dijo el hada-
"Well done, Pinocchio!" said the fairy
"Te perdonaré todo lo pasado"
"I will forgive you for all that is past"
"Para recompensarte por tu buen corazón"
"To reward you for your good heart"
"Hay muchachos que ministran tiernamente a sus padres"
"there are boys who minister tenderly to their parents"
"Les ayudan en sus miserias y enfermedades"
"they assist them in their misery and infirmities"
"Esos muchachos son merecedores de grandes elogios y afecto"
"such boys are deserving of great praise and affection"
"aunque no puedan ser citados como ejemplos de obediencia"
"even if they cannot be cited as examples of obedience"
"Aunque su buen comportamiento no siempre sea evidente"
"even if their good behaviour is not always obvious"
"Intenta hacerlo mejor en el futuro y serás feliz"
"Try and do better in the future and you will be happy"
En ese momento su sueño terminó
At this moment his dream ended
y Pinocho abrió los ojos y despertó
and Pinocchio opened his eyes and awoke
Deberías haber estado allí para lo que sucedió después
you should have been there for what happened next
Pinocho descubrió que ya no era una marioneta de madera
Pinocchio discovered that he was no longer a wooden puppet

pero en vez de eso se había convertido en un chico de verdad
but he had become a real boy instead
Un chico de verdad como todos los demás chicos
a real boy just like all other boys
Pinocho echó un vistazo a la habitación
Pinocchio glanced around the room
pero las paredes de paja de la choza habían desaparecido
but the straw walls of the hut had disappeared
Ahora estaba en una bonita habitación
now he was in a pretty little room
Pinocho saltó de la cama
Pinocchio jumped out of bed
En el armario encontró un traje nuevo
in the wardrobe he found a new suit of clothes
y había una gorra y un par de botas nuevas
and there was a new cap and pair of boots
y su ropa nueva le quedaba muy bien
and his new clothes fitted him beautifully
Naturalmente, se metió las manos en el bolsillo
he naturally put his hands in his pocket
Y sacó una bolsita de marfil
and he pulled out a little ivory purse
En el bolso estaban escritas estas palabras:
on on the purse were written these words:
"Del Hada del pelo azul"
"From the Fairy with blue hair"
"Le devuelvo los cinco dólares a mi querido Pinocho"
"I return the five dollars to my dear Pinocchio"
"y le agradezco su buen corazón"
"and I thank him for his good heart"
Abrió el bolso para mirar dentro
He opened the purse to look inside
pero no había ni cinco dólares en la bolsa
but there were not five dollars in the purse
en su lugar, había cincuenta piezas de oro brillantes
instead there were fifty shining pieces of gold
Las monedas habían salido recién salidas de la prensa de

acuñación
the coins had come fresh from the minting press
Luego fue y se miró en el espejo
he then went and looked at himself in the mirror
y pensó que era otra persona
and he thought he was someone else
porque ya no veía su reflejo habitual
because he no longer saw his usual reflection
Ya no veía una marioneta de madera en el espejo
he no longer saw a wooden puppet in the mirror
En cambio, fue recibido por una imagen diferente
he was greeted instead by a different image
La imagen de un niño brillante e inteligente
the image of a bright, intelligent boy
Tenía el pelo castaño y los ojos azules
he had chestnut hair and blue eyes
Y se le veía tan feliz como puede serlo
and he looked as happy as can be
como si fueran las vacaciones de Semana Santa
as if it were the Easter holidays
Pinocho se sintió bastante desconcertado por todo aquello
Pinocchio felt quite bewildered by it all
No podía decir si estaba realmente despierto
he could not tell if he was really awake
Tal vez estaba soñando con los ojos abiertos
maybe he was dreaming with his eyes open
"¿Dónde puede estar mi papá?", exclamó de repente
"Where can my papa be?" he exclaimed suddenly
Y se fue a la habitación contigua
and he went into the next room
allí encontró bastante bien al viejo Geppetto
there he found old Geppetto quite well
Era vivaz y de buen humor
he was lively, and in good humour
tal como había sido antes
just as he had been formerly
Ya había reanudado su oficio de talla en madera

He had already resumed his trade of wood-carving
Y estaba diseñando un hermoso marco de fotos
and he was designing a beautiful picture frame
Había hojas, flores y cabezas de animales
there were leaves flowers and the heads of animals
—Satisface mi curiosidad, querido papá —dijo Pinocho—
"Satisfy my curiosity, dear papa," said Pinocchio
Y se echó los brazos al cuello
and he threw his arms around his neck
y lo cubrió de besos
and he covered him with kisses
"¿Cómo se puede explicar este cambio repentino?"
"how can this sudden change be accounted for?"
-Viene de todo lo que haces bien -respondió Geppetto-
"it comes from all your good doing," answered Geppetto
"¿Cómo podría venir de mi buena acción?"
"how could it come from my good doing?"
"Algo pasa cuando los chicos traviesos pasan página"
"something happens when naughty boys turn over a new leaf"
"Traen alegría y felicidad a sus familias"
"they bring contentment and happiness to their families"
—¿Y dónde se ha escondido el viejo Pinocho de madera?
"And where has the old wooden Pinocchio hidden himself?"
-Ahí está -respondió Geppetto-
"There he is," answered Geppetto
Y señaló a una gran marioneta apoyada en una silla
and he pointed to a big puppet leaning against a chair
el Títere tenía la cabeza de un lado
the Puppet had its head on one side
Sus brazos colgaban a los costados
its arms were dangling at its sides
y sus piernas estaban cruzadas y dobladas
and its legs were crossed and bent
Realmente fue un milagro que permaneciera en pie
it was really a miracle that it remained standing
Pinocho se volvió y lo miró
Pinocchio turned and looked at it

Y proclamó con gran complacencia:
and he proclaimed with great complacency:

"¡Qué ridículo era cuando era un títere!"
"How ridiculous I was when I was a puppet!"

"¡Y cuánto me alegro de haberme convertido en un niño que se porta bien!"
"And how glad I am that I have become a well-behaved little boy!"

www.ingramcontent.com/pod-product-compliance
Lightning Source LLC
Chambersburg PA
CBHW010019130526
44590CB00048B/3821